RECUEIL DE VERSIONS

POUR

L'ENSEIGNEMENT DU FRANÇAIS

EN PROVENCE

Par un Professeur

TROISIÈME PARTIE

AVIGNON
LIBRAIRIE AUBANEL FRÈRES, ÉDITEURS
IMPRIMEURS DE N. S. P. LE PAPE ET DE MONSEIGNEUR L'ARCHEVÊQUE

1876

PRÉFACE

« Décidément, s'écriait M. de Gabrielli, conseiller à la Cour d'Aix, le provençal s'en va ! C'est sa faute après tout ; que n'a-t-il produit des chefs-d'œuvre ou du moins des ouvrages remarquables ? Ils seraient pour lui comme autant d'appuis qui l'empêcheraient d'être entraîné par le torrent des âges »

Un demi-siècle environ s'est écoulé depuis que ces paroles ont été prononcées ; il est permis de dire aujourd'hui que le provençal ne s'en ira pas, car il a produit non-seulement des ouvrages remarquables, mais des chefs-d'œuvre qui l'empêcheront d'être entraîné par le torrent des âges.

Considérez la glorieuse renaissance de la littérature méridionale : l'enthousiasme s'est répandu comme la flamme féconde du soleil ; la poésie a gagné les cœurs comme la sève monte dans les rameaux aux ordres divins du printemps ; elle s'est épanouie dans une riche et gracieuse floraison. Puis des ouvriers diligents sont accourus de toutes parts. Aussi quelle moisson ! quel amas de gerbes dorées ! que de fruits aux brillantes couleurs ! Des concerts ailés réjouissent les taillis odorants, la lumière est splendide, l'ombre est suave : magnifique tableau d'une terre baignée de soleil et imprégnée de l'azur immaculé de la voûte céleste !

On y admire à la fois les beautés de la nature, la grandeur de l'homme, la magnificence et la majesté du Créateur.

Sur ce champ de bénédictions, une gerbe a été choisie ; elle est destinée dans la Provence à cette jeunesse intelligente qui s'est émue aux chants des Félibres. Elle écoutait de loin leur douce mélodie, et leurs voix harmonieuses inspirant le patriotisme et la foi ; nous avons voulu mettre à sa portée ces hymnes touchants d'où naissent l'élévation de la pensée, le sentiment du beau, le goût d'un travail sacré, noble, utile et consolant.

Les sujets recueillis appartiennent à l'idiome provençal qui fait les délices des lettrés dans la Finlande, la Suède, l'Allemagne, l'Angleterre, l'Espagne, le Portugal, l'Italie, et même dans le Nouveau-Monde. Aux qualités d'une littérature fondée par des œuvres de génie, cet idiome joindra, pour le Midi, un privilége spécial, celui de venir en aide au français si difficile pour ceux qui n'apprennent pas le latin ; il servira comme la langue de Virgile à parvenir plus sûrement à la connaissance du langage immortel de Racine et de Bossuet. Les élèves de l'enseignement primaire, n'ayant pas d'études comparatives, pourront suppléer à l'insuffisance des exercices classiques par *la traduction des morceaux d'une chrestomathie provençale* (1). On ne tardera pas à reconnaître l'utilité de cette méthode que l'enseignement secondaire, au moyen des langues mortes, pratique avec un succès incontesté.

Mais tout en admettant l'efficacité de la traduction et l'excellence de la littérature provençale, on supposera peut-être que ce procédé n'aura d'application que dans quelques localités restreintes. Il n'en sera point ainsi.

Les enfants de toutes les provinces du Midi n'éprouveraient aucune difficulté sérieuse à suivre cette méthode : les essais que l'on a tentés le prouvent victorieusement. En effet, on ne veut pas apprendre le provençal aux élèves. Pour eux c'est la langue maternelle, c'est la langue du cœur, et ils en ont la pleine possession ; la diversité de l'orthographe et de la prononciation ne constituent pas un obstacle réel, puisqu'il ne sagit ni d'écrire ni de parler un idiome.

L'élève fait directement la version française, et les dialectes n'ont pas assez de différence pour que, dans des pays méridionaux très-éloignés, cette version ne soit pas la même.

---

(1) Un savant professeur du collége de France a dit : « Loin de nuire à l'étude du français, le provençal en est le plus utile auxiliaire. On ne connaît bien une langue que quand on la rapproche d'une autre de même origine. » — (Michel Bréal).
QUELQUES MOTS SUR L'INSTRUCTION PUBLIQUE EN FRANCE. — PARIS, LIBRAIRIE HACHETTE.

L'Avignonais voyant : *Lis ome soun mourtau ;*
le Toulousain : *Les omes soun mourtals ;*
le Marseillais : *Leis ome soun mourtau ;*
et le Gascon : *Lous omes soun mourtals ;*

traduiront tous également : Les hommes sont mortels.

Le provençal, ainsi que le grec et l'italien, se divise en plusieurs dialectes : le limousin, le gascon, le languedocien, le marseillais et le rhodanien ; ce dernier est le plus riche : nous y avons puisé largement pour la composition de ce livre.

De hauts témoignages de bienveillance et d'encouragement ont soutenu la publication de cet ouvrage. Nous l'offrons à la jeunesse studieuse ; elle y trouvera la fleur des jouissances littéraires avec le froment de la sagesse. Ici le mistral souffle et passe dans l'air glacé ; là, dans une modeste plainte le poëte déplore le touchant chagrin de l'orpheline. Ailleurs, on croit entendre avec le chantre de Mai le murmure du ruisseau jaseur, on respire avec lui sous les délicieux ombrages. Avignon, Venise et la Catalogne voient resplendir les illustrations de leur passé et luire l'espérance d'un avenir couronné de gloire. Aux chants guerriers se mêle l'humble élégie. Puis l'inspiration s'exalte jusqu'aux sublimes élévations des plus pures croyances, et le patriotisme s'émeut profondément à la voix de Mistral dans cette solennelle invocation : « France, avec toi conduis ta sœur la Provence, dit son dernier roi. Je meurs. Dirigez-vous ensemble, là-bas vers l'avenir, à la grande œuvre qui vous appelle... Tu es la force, elle est la beauté ; vous verrez la nuit rebelle fuir devant la splendeur de vos fronts réunis. »

Aux accents si doux de la poésie provençale, le jeune étudiant sentira son cœur tressaillir, son intelligence s'éveiller, et naître en lui le généreux désir de traduire en bon français les beautés du provençal.

J. L.

TAULO

            I Counsacracien 5
           II O Crux ave. 6
          III Au bord dóu Rose. 6
           IV Li Voulountàri 6
            V La Cabano. 7
           VI La Flour de Lerin 8
          VII Plagnun. 8
         VIII A-n-uno estello. 9
           IX Lou Chambroun. 10
            X Dous bouton de Roso. 10
           XI Lou parpaioun 11
          XII Deman. 11
         XIII L'oulivié en flous 12
          XIV Sus un ligre pinta. 13
           XV L'ourfanello 13
          XVI Dóu tèms que Berto fielavo. 14
         XVII Avignoun 14
        XVIII Lou mes de Maio. 15
          XIX A la Crous. 16
           XX L'errour 16
          XXI Passerounet 17
         XXII Lou parla de Prouvènço. 17
        XXIII La Chavano 18
         XXIV L'entre-lusido. 19
          XXV Aubo et tremount 20
         XXVI L'enfant 21
        XXVII Li gibet. 22
       XXVIII La pauro Maire. 22
         XXIX Sant Vincèn de Pol. 23
          XXX A Lamartine 25
         XXXI La Cigalo 25
        XXXII A Nosto-Damo de Prouvènço 26
       XXXIII La messo de mort 27
        XXXIV Espandimen 28
         XXXV Lis enfant de la Prouvenço 29
        XXXVI L'escalié di Gigant 30
       XXXVII A-n-un bèl enfant 31
      XXXVIII Matinado. 32
        XXXIX Lou rigau. 34
           XL Pantai de maire. 35
          XLI Souveni 36
         XLII Lou Labouraire et seis Enfant 37
        XLIII La Chato avuglo. 38
         XLIV Plueio e soulèu. 40

XLV	A Caroun.	41
XLVI	Dous Agnèu.	42
XLVII	Lis armounlo d'uno niue de Mai.	44
XLVIII	Santo roso de Mai.	45
XLIX	La Coumunioun di Sant.	46
L	I Labouraire prouvençau	48
LI	La Courouno.	50
LII	La Coucourdeto.	51
LIII	Au Soulèu.	53
LIV	La Vaco de la vèuso.	55
LV	Lous bords de Gardou.	56
LVI	Lis iue-de-l'Enfant-Jèsu.	57
LVII	Cesar.	59
LVIII	La Toumbado di fueio.	60
LIX	Glourificacien dou Galoubet.	62
LX	Lou Poutoun dóu divèndre sant.	63
LXI	Madaleno e lou tavau.	65
LXII	Hòu! de l'oustau!	67
LXIII	La Clouco et lou Pouletou	69
LXIV	Resignacioun.	70
LXV	Ma Dindouleto	72
LXVI	Lou paure paire.	74
LXVII	La darriero pensado.	76
LXVIII	Fau respeta lis aucelet.	78
LXIX	Caïus Marius.	80
LXX	La Mar.	83
LXXI	Soun iroundello	85
LXXII	Lou descoucounage.	88
LXXIII	La Sàuvi.	90
LXXIV	L'arribado di meissounié.	91
LXXV	Balado de Catalougno.	94
LXXVI	L'envasioun de Carle-Quint.	96
LXXVII	Lou paure.	99
LXXVIII	Nono-Nounet.	102
LXXIX	Mèste-Coulau e si tres drole	105
LXXX	La Vierge de la baumo.	109
LXXXI	Lou Baile Sufrèn	111
LXXXII	Se fa nue.	115
LXXXIII	Pèr Toussant.	117
LXXXIV	Cassis.	120
LXXXV	Lou Magnan e la Cacalauso	123
LXXXVI	Lis Esclau.	126
LXXXVII	Lou Saume de la penitènçi.	129
LXXXVIII	Li Fournigo	133
LXXXIX	Proumetiéu.	137
XC	Lis Innoucènt	143
XCI	A la Grand-Chartrouso.	149
XCII	L'Ermitan dóu Ventour.	150
XCIII	Lou Mège de Cucugnan.	165
XCIV	Li Santo	170

RECUEIL DE VERSIONS

POUR

L'ENSEIGNEMENT DU FRANÇAIS

EN PROVENCE

I

Counsacracien

Te counsacre mei cant, o Segnour de moun amo,
  Sublime e sant Esperitau !
De dre tout te revèn : acord, lumiero e flamo,
  Tout nous gisclant d'eilamoundaut.

Se l'auceloun ravi dins lei fue de l'aubeto
  Pèr tu desplego sa cansoun,
Se pèr tu lou grihet creniho dins l'erbeto,
  Pèr tu zounzouno lou mouissoun,

Ieù tambèn, au councert de la grando naturo
  Mesclarai ma pichoto voues :
Diéu bon, l'agues à grat mies que dei creaturo
  De l'aigo, de l'èr e dei boues !...

      (A. B. Crousillat)

II

O crux ave

O crux, ave ! sourgènt d'inmourtalo lumiero !
Emé lou sang d'un Diéu o testamen escri !
La Prouvènço à ti pèd se clinè la proumièro :
Assousto la Prouvènço, o Crous de Jèsu-Cri !

III

Au bord dou Rose

Flume que plan-plan debanes
Toun riban d'argènt, tis ausso
Luson un moumen, poulido,
I poutoun di souleiado :
Lèsto, soun camin seguisson,
Desparèisson e s'escafon...

O flume, coume tis erso
Soun, ai las ! mis esperanço :
Vènon de liuen resplendènto,
Remounton, brihon e passon.

(VITOUR BALAGUER)

IV

Li Voulountàri

D'eici soun que tres cènt ; mai, enfant de la Franço,
An jamai renega ni si paire ni Diéu ;
Volon de soun païs coumpli la deliéuranço :
Vincre o mouri, vaqui perqu'an pres lou fusiéu.

Soun tres milo d'eila. Fort de l'assegurenço
De si canoun d'acié, s'avançon, negre niéu,
Brulant e massacrant : uno guerro d'òutrançe,
Orre espavènt di maire e tuadou di fiéu !

Un contro dès, sias proun, o jouvènt ! Vòsti rèire
Coumtavon l'enemi quand l'avien mes au sòu...
Coume éli, zóu avans ! e cridas : Diéu lou vòu !

— Alor, li bras dubert, coumpagnoun d'armo, un prèire
S'aubouro, e li benis au trouna di canoun...
E fuguèron li fort : s'èron mes à geinoun !

(Roso-Anais Roumanille)

V

La Cabano

Coume fai bon, quand lou mistrau
Pico à la porto emé si bano,
Èstre soulet dins la cabano,
Tout soulet coume un mas de Crau,

E vèire pèr un pichot trau,
Alin, bèn liuen, dins lis engano
Lusi li palun de Girau,

E rèn ausi que lou mistrau
Picant la porto emé si bano,
Pièi, de tèms en tèms, li campano
Di rosso de la Tour-dóu-Brau !...

(Anfos Daudet)

VI

La Flour de Lerin

Es sus d'un sòu·bagna pèr leis erso marino
E pèr lei riéu de sang dei martire, à Lerin,
O flour, que si durbè ta courolo sanguino,
Bressado plan-planet pèr l'auro dóu matin.

S'entre milo t'ai presso, o flour ! dins lei rouïno
Dóu triste mounastiè véuse de cant divin,
Es que lou sang vermèi poumpa pèr tei racino
Briho coume un courau sus toun velout tant fin.

Rouseto, desempièi que ma man t'a culido,
As perdu tei perfum, emai te sies passido ;
Oh ! mai de-longo auras uno mistico óudour :

Es l'óudour dei vertu que Lerin, relicàri
Que gardo emé respèt lei sòci de Pourcàri,
Au couer de tout fidèu rapelara toujour.

LOU NOUVÈU MOUNGE DIS ISCLO D'OR.

VII

Plagnun

Sus la terro d'abord que siéu tant malurouso,
Me ie laisses pas mai langui dins la doulour !
Mando-me lèu la mort : sa voues tant esfraiouso
M'agradara, moun Diéu, coume un bèu cant d'amour ;

Qu'eiçabas lou bonur es taca de lagremo ;
Lis ouro li mai douço an soun degout de fèu ;
Ma pauro nau, pecaire ! a pòu de la mar semo :
Lou sènte, sarai bèn qu'amoundaut dins toun Cèu !

Pecaire ! avèn jamai de mèu sènso amaresso ;
Vesèn trepa de niéu dins l'azur lou plus bèu ;
Li jour li mai urous an si nue de tristesso,
E lou brès dóu bonur èi souvènt soun toumbèu !..

Tambèn, sono vers tu moun amo presouniero ;
Prene-la pèr t'ama dins l'eterne sejour...
Vole mouri, moun Diéu ! escouto ma preiero,
Que lou jour de ma mort sara moun plus bèu jour !

(Antounieto de bèu-caire)

VIII

A-n-uno estello

Tóuti li niue, vese uno estello
Que davalo vers lou Pounènt :
Fan esvani, si rai ardènt,
La luno palo e blanquinello.

Flour dóu cèu, douço cabridello,
Me sèmblo que nous couneissèn ;
M'espinchaves en sourrisènt,
Aniue, quand durbiès ti parpello.

Sies-ti l'iue de l'ange gardian
Que Diéu douno i pichots enfant,
E que li gardo e que li guido ?...

Astre brihant, belugo d'or,
Sies-ti l'amo di pàuri mort
Qu'avèn couneigu dins la vido ?

(G. Charvet)

IX

Lou Chambroun

l'a dins un caire lou carriòu,
l'a de titèi abandounado ;
l'a si jouguet, i'a pèr lou sòu
Sa camiseto festounado.

Li perlo que pourtavo au còu
A-n-un clavèu soun pendoulado ;
E la póusso coume un linçòu
Cuerbe la brèsso desoulado.

Si soulié blu, tant lèst, tant viéu,
Soun au mitan, e proun, moun Diéu !
Soun esta courrèire e jougaire...

Mai vèn quaucun... Barras, e chut !
Sus aquéu chambroun fugués mut :
l'es pancaro intrado la maire !

(Roso-Anaïs Roumanille)

X

Dous boutoun de roso

Vènes de naisse, fres boutoun,
Au mitan di roso flourido ;
Dóu soulèu encaro un poutoun,
E vas èstre flour espandido ;

E pièi saras sus toun bouissoun
Uno perlo, e la mai poulido ;
E pièi ti fueio à-n-un mouloun,
Vèngue deman, saran passido !

Enfant, sies un boutoun que nais ;
Ma mignoto, as un galant biais ;
Se Diéu lou vòu, vendras fiheto.

A vint an, te maridaras ;
Avans trento, te passiras ;
Pièi... mouriras, Margarideto !

(J. ROUMANILLE)

XI

Lou parpaioun

Quand la naturo en flour au printèms se marido,
      Superbe parpaioun,
Te vesèn alisca toun galant troumpetoun,
Mai óublides, di roso en furnant li boutoun,
Que n'èrès enca ièr qu'uno toro abourrido.

Sabes dounc pas quau es que t'a fa tant pouli ?
      — Uno primo alenado
Que sus tu lou bon Diéu d'amoundaut a boufado,
Un pessu de pous d'or, estras de si peiado,
Que l'aureto, se vòu, subran pòu avali.

Parpaiounejo, vai ! Que tis alo espoumpido
      T'adugon sus li flour ;
Espandisse au soulèu ti lusènti coulour ;
Volo, volo, mignot ! mais souvèn-te toujour
Que n'èrès enca ièr qu'uno toro abourrido.

(L. ROUMIEUX)

XII

Deman

N'i'a que fan de long roumavage,
Pàuris aucèu, liuen, liuen dóu nis ;
N'i'en a bèn liuen de si vilage,

N'i'en a dins Roumo e dins Paris.
Basto li vèire quauque viage,
Se jamai tournon au païs !

Èi de chatouno bèn amado,
Èi peréu de bràvi jouvènt ;
N'i'a que soun couscri à l'armado,
N'i'a que soun moungeto au couvènt ;
S'acampon plus à la vihado,
Mai parlan d'éli bèn souvènt.

E fau toujour que quaucun lande
Di vièis ami : ah ! sian pas tant !
Tóuti li jour, de noste brande
Uno man laisso uno autro man.
Iéu, i'a de fes que me demande :
Quau èi que partira deman ?

(Teodor AUBANEL)

XIII

L'oulivié en flous

Souto lei rai de Jun l'óulivié palinèu
Espandis, en risènt, dins sa ramo argentalo,
De rasinet courous, de floureto de nèu :
Dins sa blancour sa tèsto es encaro mai palo.

Sa flouresoun trespiro uno aleno de mèu
Que lou fres ventoulet empouerto sus soun alo ;
È dirias qu'a móusu de soun gounfle mamèu
Lou la courous qu'embaimo en terro prouvençalo.

Dins ta liéurèio ries, bèl aubre enrasina,
De ta courouno en flous lou front encabana :
Tei perfum aboundous poutounejon la narro.

Chasque rasin de nèu plus tard aura soun fais
De frucho amadurado e pleno d'òli d'Ais,
Or blound e redoulènt que raio dins lei jarro.

(J.-B. Gaut)

XIV

Sus un tigre pinta

O tigre, en te vesènt tant terrible e tant bèu,
Lou frejoulun m'arrapo, e, treboula dins l'amo,
Sènte la tressusour dóu pastre e de l'agnèu !
Uno masco atubè de toun regard la flamo
Que, coume un orre uiau quand trelusis, la niue,
Au cassaire Nembrod farié clina lis iue !
La lavo, au lio de sang, regoulo dins ti veno...
As rugi.... Mounte sian ?... Arle, dins tis Areno,
Un esclau a dubert dóu tigre la presoun :
La maire de Cesar, amoundaut sus l'estrado,
Tremolo, entre si bras tapant soun enfantoun ;
E dóu gladiatour l'espaso bèn trempado,
Que n'avié, proun de fes, estrassa mai que d'un,
Flaquejo, dins si man, coume un jounc de palun.

(Amadiéu Pichot)

XV

L'Ourfanello

Mai d'ounte vèn que sies souleto.
Au cementèri tant matin ?
Digo-me dounc, ma bravo Agueto :
Que vènes faire eici dedin ?

Ounte se plouro, risouleto,
Perqué fouligaudes ansin ?
Acampes de flour ?... Ai ! paureto !
Se couneissiés aquest jardin !

Courres pas tant, gènto ourfanello :
Poudriés t'entrava, ma bello,
En quauco negro crous de mort....

Menes pas de brut, que ta maire,
Despièi toun bateja, pecaire !
Couchado souto l'erbo, dor.

(J. ROUMANILLE)

XVI
Dóu tèms que Berto fielavo

Quand l'emperaire Enri tenié sa court dins la vilo de Pado emé la rèino Berto sa mouié, aquesto se trouvavo un jour à la grand glèiso pèr ausi la messo ; e veici qu'uno païsano, que peréu ie disien Berto, vesènt la rèino moudestamen vestido d'uno raubo coumuno, s'imaginè qu'aquesto èro desprouvesido. E diguè à si cambarado : « Nosto rèino, pecaire, es gaire bèn vestido ; ai idèio de i'ana pourta moun fiéu. » Ço que faguè. Talamen que, toumbant à geinoui davans elo, ie diguè : « O segnouresso, se vous fasié pas peno, vous dounariéu de bon cor aquest miéu fiéu pèr vous faire un autre vièsti. » Adounc la rèino, em'un visage sourrisènt, ourdounè à sa gàrdi de recebre lou fiéu e de douna à-n-aquelo Berto em'à soun ome autant de terro que ço que n'i'anarié dins l'estendudo d'aquéu fiéu. Lis àutri païsano, vesènt acò-d'aqui, se meteguèron tóuti à pourta si cabedèu emé sis escagno à l'emperairis, en cresènt de recebre la memo recoumpènso. Mai la rèino ie diguè : *A passa lou tèms que Berto fielavo !*

(F. MISTRAL)

XVII
Avignoun

Véuso e crestiano es Avignoun,
L'antico e noblo segnouresso ;
A lou soulèu pèr coumpagnoun,
Soun rire esvarto l'amaresso.

L'auro desnouso soun tignoun ;
La santo Glèiso emé tendresso,
L'endor au son de si trignoun,
E lou grand Rose la caresso.

Trelusènto de resplendour,
Coumo au tèms de Lauro e Petrarco,
De sant Pèire amarro la barco

E gardo si bèu troubadour
Qu'i quatre caire de Prouvènço
Largon lou lume e la cresènço

(Ansèume Mathieu)

XVIII

Lou mes de Mario

Tout canto au mes de Mai... La terro reviéudado,
Bello coume un autar engarlanda de flour,
Emé li milo voues di baus, di valounado,
Mando un inne soulènne à Diéu soun creatour.

Vers tu, dins aquéu mes, o Vierge benurado !
Mounton, emé l'encèns, li cantico d'amour ;
Dins la glèiso à ti pèd li chatouno acampado
Dison em'afecioun ta glòri e ti lausour.

Bessai n'èi pas plus dous de la court angelico
L'hosanna celestiau que toun noum glourifico !
E bessai qu'en ausènt li poulit cant maien,

Pèr lou councert dóu Cèu, o Maire pietadouso,
Prenes l'umble councert de la terro amistouso,
E lis ange mourtau pèr li paradisen !

(G. Azaïs)

XIX

A la Crous

Ère dins la fourèst un aubre souloumbrous ;
Lou proumié de l'eigagno aviéu li perlo blanco,
Dóu soulèu matinau li poutoun arderous,
E li pichots aucèu cantavon sus mi branco.

Dins ma ramo lou nis trouvavo uno calanco ;
Lou lassige dourmié souto moun oumbro urous ;
Mai à cop de destrau un bourrèu m'espalanco,
E de iéu taio un bos de suplice, uno crous.

Di brassado e di plour de Jan, di sànti femo
Siéu encaro brulanto ; ai begu li lagremo,
Lou sang de Diéu, rançoun de l'ome que peris.

De l'infèr siéu l'esfrai, l'espèr dóu purgatòri :
La Mort gagnè 'mé iéu sa darriero vitòri
Lou jour que dins mi bras espirè Jèsu-Crist.

(Teodor Aubanel)

XX

L'errour

Di blound mouissau l'eissame nous dardaio,
La terro abrado a besoun de frescour.
Veici la niue !... Leissas aqui li daio :
Lou soulèu ten li nivo de l'errour.

Veici la niue !... Abas dins li grand draio,
S'enauro au cèu coume un long cant d'amour ;
Aut e póussous, lou grand càrri trantraio ;
Lis ome las s'entournon dóu labour.

L'enfant galoi arribo de l'escolo ;
Di bouvatié la cantadisso molo
Au bram di biòu se vai embessouna ;

L'ase, jouvènt, an, zóu !.. que s'encabèstre ;
Veici l'errour !.. es l'ouro dóu bèn-èstre;
D'aut ! que matin se fau destressouna !

(Marius GIRARD)

XXI

Passerounet

Passerounet, que sies urous !...
De pau de jour ta vido es facho;
Se la branco rufo te cacho,
Sus la mousso as un nis pu dous.
L'ome vai, vèn, mounto e davalo,
Amasso e n'a pas jamai proun :
Tu, vers Aquéu que t'a fa d'alo,
Voles e mandes ta cansoun...
Pèr de fum, d'auro e de babiolo,
L'ome s'alasso que-noun-sai.
Mai tu, pauro e sajo bestiolo,
Au bon Dieu demandes pas mai,
Pas mai qu'un nis dins la ramiho,
Proun grand pèr poudre i'ana dous,
Un degout d'aigo, uno graniho...
Passerounet, que sies urous !

(A. BIGOT)

XXII

Lou parla de Prouvènço

Se jamai lou grand soulèu,
Resplendènt e bon e bèu,
O se li clàris estello,
Bloundo e siavo e sounjarello,

Pèr la gràci dóu bon Diéu,
Poudien, à lèi de naturo,
Parla coume vous e iéu,
De-segur sa parladuro,
Sarié dins la lengo d'or,
L'idiomo dous e fort,
L'idiomo que regalo :
Dins la lengo prouvençalo !

Se jamai li gènti flour,
Fresco, fino, facho au tour;
Se jamai la roso amado,
Bello, douço, perfumado,
Avien gàubi pèr canta,
Aurien, à lèi de naturo,
La lengo de la Bèuta
E de la Courtesié puro ;
Aurien lou parla pouli
Que me fai, iéu, trefouli
D'alegresso, de jouvènço :
Lou parla de la Prouvènço !

(Guihèn C. Bonaparte-Wyse)

XXIII

La Chavano

Vène dins ma cabano,
Vène lèu t'assousta :
Veses pas la chavano
Que va tout coulanta ?

Li a'no baumeto eiça, poues li coucha tei fedo,
Emé leis agnelet, toun bestiàri tendroun ;
E, vai, n'es pas necit de li bouta de cledo,
Que, la raisso gisclant, s'amoulounaran proun.

> Vène dins ma cabano,
> Vène lèu t'assousta :
> Veses pas la chavano
> Que va tout coulanta ?

Laisso de tei cabrit l'escarradoun sóuvàgi
Toundre sus la coustiero e l'erbo e leis avaus.
Bouto, se 'n-cop tout aro espousco lou nivàgi,
Lèu que s'acamparan sout lou tèume dei fau.

> Vène dins ma cabano,
> Vène dounc t'assousta :
> Veses pas la chavano
> Que va tout coulanta ?

Lou tron barrulo alin dins uno emparo sourno ;
Un vènt s'esmòu, lou nièu mounto... plus de soulèu !
Dins lou boues en cridant l'auretiho s'enfourno....
Tu peréu sauvo-te, Nini, sauvo-te lèu !...

> Intro dins ma cabano,
> Vène dounc t'assousta :
> Vesiés pas la chavano
> Que poudié t'aganta ?

(A. B. Crousillat)

XXIV

L'entre-lusido

Aiguilous, comte de Magalouno, se permenavo un jour dins la Vau-fèro, rode adounc sóuvertous, arèbre, abouscassi, vuei un di grand quartié de Mount-pelié.

Venié, dins l'esfraiouso sourniero de la séuvo ramudo, descata li secrèt de l'esdevenidou, acoumpagna d'un Jusiòu, pouderous enmascaire.

Subran, o meraviho ! forò de terro pounchejon dos primi jitello que, en un vira-d'iue, crèisson, escalon, vènon dous aubre estendènt de pertout, larg e dru, si rampau. Pièi la grueio se duerb, li pège se rejougnon, li branco plan-planet s'entre-mesclon ; se foundon à cha-pau li dous aubre l'un dins l'autre e lèu fan plus qu'un soulet aubras, auturous e fort mai que mai.

Enterin dos piéucello se mostron : iue blu, caro angelico, courouno d'or sus la tèsto, e cantant coume d'ourgueno. — Tourna-mai, li vaqui que s'avançon, s'aprochon, s'embrasson, se counfoundon l'uno emé l'autro, e noun rèsto à la fin au pèd dóu soulet aubras qu'uno souleto piéucello, graciouso, avenènto coume uno chato d'Arle o de Mountpelié.

Es ansin que Franço e Espagno fan plus qu'un cor e qu'uno amo, coume li dous aubret un soul aubras !

Es ansin que Catalougno e Prouvènço, — li dos chato sèmpre galoio e cantarello, — s'embrasson e se counfoundon pèr noun faire qu'uno literaturo, qu'uno famiho, qu'un couble frairenau.

(A. Lieutaud)

XXV

Aubo e tremount

Emé li det rousen e li trenello bloundo,
L'Aubo de la niue negro amosso lou calèu,
E, tre sourti de l'oundo,
Duerb lou pourtique d'or di palais dóu soulèu.

E lou caste Apouloun, que lou trelus inoundo,
Dins lis espàci blous largo soun càrri, — e, lèu !
De la terro fegoundo
Un inne trefouli s'aubouro vers lou cèu !

———

Lou soulèu tremounto, e di serre blu
l'a'ncaro un trelus que dauro li cimo ;
De sis inne Amour largo li belu,
La terro s'esmòu, la mar s'apasimo.

Dis aubre gigant li fièr capelu
Enauron de Diéu la glòri sublimo,
E pèr ameisa lou dòu qu'abasimo,
l'a dins li fourèst milo cant alu.

(Jan Monné)

XXVI

L'enfant

Emai l'enfant doune de peno,
Emai empache de dourmi,
L'enfant es la plus bello estreno
Que Diéu fai en dous cor ami.

L'enfant es l'esperanço blouso
Qu'acoumpagno nòsti vièis an,
Lou jouièu qu'embelis l'espouso
Bèn miéus qu'un coulié de diamant.

L'enfant, dóu paure es la richesso,
Dóu travaiaire es lou soulas ;
Quand sian triste, es nosto alegresso,
Noste courage, quand sian las.

L'enfant es l'aubo rejouïdo
Que resplendis sus lou lindau;
L'enfant es lou gréu de la vido,
L'enfant es l'amo de l'oustau.

L'enfant es l'aucèu que piéutejo
Dins li brout de l'aubre ramu :
Quand l'ivèr sourne lou coussejo,
Li bos vènon tristas e mut....

O tu, que pèr chasco ramiho
Abarisses un auceloun,
Moun Diéu ! counservo la famiho
E benesisse l'enfantoun !

(Anfos Tavan)

XXVII

Li grihet

— Mai coume vai, pichot grihet,
Negre e lusènt coume jaiet,
Que, de-jour, n'en disès pas uno
E que, de-tard, emé la luno
Cantas li Vèspro dóu bouié ?

— Ah ! dins lou jour, talo babiho
Fan li tavan e lis abiho
Que noste cant sarié 'nterra,
O s'arribavo à s'enaura,
Nous acabarié l'auceliho.

— Pàuri grihet ! — Mai au moumen
Que s'estrèmo avisadamen
Dono Fournigo, nautre, d'aise,
En esperant que tout se taise,
Sus li mouto tenèn d'à ment ;

E pièi, pecaire, plan-planeto
Apoundèn nòsti voues naneto
Pèr que brusigon un pau mai ;
E la luno, en fielant si rai,
Escouto nosto cansouneto.

(F. Mistral)

XXVIII

La pauro Maire

I

Lou front clin sus lou brès, uno doulènto maire
Plouravo que-noun-sai un poulit enfantoun
Que l'Ange de la mort venié querre, pecaire !
    Pèr l'adurre eilamount !

E de sa bouco en van caufavo la bouqueto
De soun paure innoucènt quàsi mort dins soun lie;
Si gauto d'angeloun èron deja vióuleto,
  È la maire disiè:

II

La nèu blanquejo plus au front de la mountagno;
L'aureto dóu printèms boufo dins la campagno;
L'óulivié dins lou gres noun a pòu de peri,
  E moun fiéu vai mouri!

La roso di bouissoun sara lèu espandido;
La branco dòu perié de flour sara vestido;
Lou poumié dóu jardin es tout-aro flouri,
  E moun fiéu vai mouri!

Lou pichot roussignòu canto dins lou fuiage;
La bravo dindouleto arribo de soun viage;
Dins li blad, dóu grihet iéu ause lou cri-cri,
  E moun fiéu vai mouri!

Lou riéu dins li draiòu permeno soun eigueto
Entre la courbo-douo e la margarideto;
Lou jouine parpaioun voulastrejo is abri,
  E moun fiéu vai mouri!

III

E l'ange dóu bon Diéu plus matinié que l'aubo,
Davalo sus lou brès, espincho lou nistoun,
L'arrapo plan-planet, l'amago dins sa raubo
  E l'adus eilamount!

(J. THEOBALD)

XXIX

Sant Vincèn de Pol

Que destrounen lous rèis, que fasquen pats ou guerro,
  Que nivèlen fourtuno e rèng,

Lou lendouma, veiran de paures sul la terro...
Or dounc, la Caritat sara Rèino en tout tèm ;
E Sant Vincèn de Pol, soun grand representènt,
Escampilhan pertout soun armado noumbrouso,
  E counsoulairo e pietadouso,
   Dins lou mounde, jusqu'à sa fi,
   Aura, chas la misèro ountouso,
De larmos à seca,... de plagos à gari !
Tabé sous vièls drapèus, sas ensignos nouvellos
Coumton mai de souldats que lou cèl n'a d'estellos !
Grand Sant de nostre tèms, pèl co ses fèit l'ainat
De l'Esprit, de la Glèiso e de la Caritat....

Aluquèt l'amo fredo à soun amo burlento ;
Apelèt sul l'oustal la bountat del palai ;
La Pietat visitèt la vieilhesso soufrento ;
Lous mainages al brès que perdion uno mai,
  Proche d'el n'en troubavon trento !
Al mitan dels plasés fasiò toumba de plous
Que cambiavo talèu en mèl pèl malurous ;
Mai d'un mèstre, à sa voues, fasquèt libre l'esclavo ;
Mai d'un rèi, pèr li plaire, en grand se mestrejavo ;
  E dison meme qu'à Paris,
  Mai d'un cop, dins de bals, an vist
De rèinos, al moumen ount lou sage quistavo,
Se derrega des piels diamants e rubis,
E se descourouna pès paures que pintravo !....

  Pèr canta soun drapèu tan bèl,
Dax, servèn dins toun fil la causo la melhouno,
E lou pouèto i gagno uno doublo courouno,
Car Sant Vincèn de Pol estaco à soun ramèl
La glòrio de la terro... e lou perfum del cèl !

        (JASMIN)

XXX
A Lamartine

S'ai l'ur que moun barquet sus l'oundo s'amatine,
  Sènso cregne l'ivèr,
A tu benedicioun, o divin Lamartine,
  Que n'as pres lou gouvèr !

S'à ma pro i'a'n bouquet, bouquet de lausié flòri,
  Es tu que me l'as fa ;
E se ma velo es gounflo, es l'auro de ta glòri
  Que dedins i'a boufa.

Adounc, coume un pilot que d'uno glèiso bloundo
  Escalo lou coulet
E sus l'autar dóu sant que l'a garda sus l'oundo
  Pendoulo un veisselet,

Te counsacre Mirèio : es moun cor e moun amo,
  Es la flour de mis an ;
Es un rasin de Crau qu'emé touto sa ramo
  Te porge un païsan.

Alargant coume un rèi, quand tu m'enlusiguères
  Au mitan de Paris,
Sabes qu'à toun oustau lou jour que me diguères :
  Tu Marcellus eris,

Coume fai la mióugrano au rai que l'amaduro,
  Moun cor se durbiguè,
E, noun poudènt trouva plus tèndro parladuro,
  En plour s'espandiguè.

(F. Mistral)

XXXI
La Cigalo

Sus uno branco flourido
Atrouvère, un bèu matin,
Uno cigalo poulido
Que disié soun gai refrin

Tant m'agradè soun aubado
Que prenguère sus soun gréu
La cantarello afiscado,
Et l'empourtère emé iéu.

Ie diguère : « Cigaleto,
Sariés gènto que-noun-sai,
Se ta douço cansouneto
Vouliés jougne à mi pantai.

» La banqueto de ma vido
Es batudo pèr lou sort,
E ta voues tant rejouïdo
Me regalarié lou cor... »

Mai soun cant, pauro pichoto !
Semblavo un cant de doulour :
« Oh ! dins toun canta, mignoto,
Coume vai que i'a de plour ? »

La paureto me cascaio :
« Lou soulèu me fai canta...
Se me vos revèire gaio,
Rènde-me la liberta ! »

(Antounieto de Bèu-caire)

XXXII

A Nosto-Damo de Prouvènço

La Prouvènço te suplico
Dins soun viei e dous parla,
La Prouvènço es catoulico :
Nosto-Damo, escouto-la !

REFRIN.

Prouvençau e catouli,
Nosto fe n'a pas fali ;
Canten tóuti trefouli,
Prouvençau e catouli !

Autre-tèms de-vers Toulouso
Quand l'aurige se levè,
D'uno fin espetaclouso
Toun rousàri nous sauvè.

Li felen, coume li reire,
Te saren toujour fidèu ;
Creiren tout ço qu'es de creire
E viéuren coume se dèu.

Nòsti fiéu, o bono Maire,
Gardo-lèi di faus savènt ;
Mantèn-ie la fe di paire,
Car s'aubouro un marrit vènt.

Se dóu Nord l'auro glaçado
Sus si champ vèn mai boufa,
S'armaran pèr la Crousado
Sus l'autar que t'avèn fa.

Mai esvarto tron e guerro
Liuen di paire, liuen di fiéu,
E flourigue nosto terro
Dins la douço pas de Diéu !

Sousto dounc, o Ciéutadello,
Tóuti li generacioun ;
Pièi acampo, o Rèino bello,
Tout toun pople dins Sioun !

(M. Frizet)

XXXIII

La messo de mort

Éu cargo la chasublo à bouquet blanc e negre;
Sa caro es noblo e palo... A proun obro pèr segre
L'enfant que vai davans e porto lou missau ;
Es vièi, lou capelan... Quant à d'an ? Qu lou saup!

De sa cabeladuro en anèu blanc l'abounde
Floutavo. Quand disié, se virant vers lou mounde,
Dominus vobiscum, si pàuri vièii man
Tremoulavon dóu-tèms, e li cire cremant
Ie fasien un trelus dóu rebat de si flamo.
Avié plus rèn de l'ome ansin, èro qu'uno amo ;
E si bèus iue leva vers lou mounde à veni
Vesien segur la joio e lou dan infini.
Aquéu regard tant linde e prefound vous treboulo !
Contro li vitro, amount, lou vènt-terrau gingoulo,
E dins lou bram dóu vènt, de-fes, sentès passa
Emé de long quilet lou plang di trespassa...

Diguè : *Requiescant in pace* ! La supremo
Preiero sus si bouco espirè. Dos lagremo
Bagnèron en toumbant la napo de l'autar.
Lou clerjoun disavert, trouvant que se fai tard,
Mai souvènt que noun fau brando la campaneto,
E ris, e tèms-en-tèms jogo emé la bouneto :
Éu, grave, à miejo voues prègo... E fernisse alor,
Me semblant que lou vièi dis sa messo de mort.

(Teodor Aubanel)

XXXIV

Espandimen

Oh ! que fai bon ana soulet
Long dóu camin e dins la draio,
Quand au piéu-piéu dis aucelet
Se mesclo un brut de font que raio
E lou murmur di ventoulet.

Coume fai bon, es pas de dire,
De leissa 'sta peno e doulour,
E d'ana querre lou dous rire
Que s'espandis au front di flour
Pèr aléuja li cor martire.

Fai bon peréu, long di ribiero
O dins li tousco d'agarrus,
De permena, lis ouro entiero ;
E de senti l'oudour di brusc
E de cènt planto bouscassiero.

Fai bon, segur, e bèn me plai,
En m'espaçant vers la mountagno,
Quand l'aire es pur e fres e gai,
Qu'en perlo d'or toumbo l'eigagno,
De saluda lou mes de Mai.

Dins li campas de ferigoulo,
Ounte moun cor respiro eisa,
I'a ni trebau ni farandoulo,
E ièu noun pode me teisa,
Car lou tèms siau me reviscoulo.

Adounc venès ! Long dóu camin
Chasque bouissoun jito de roso ;
Flourisson mai lis aubespin...
Veirés lou cèu que lis arroso
Emé l'eigueto dóu matin.

(Roumié Marcelin)

XXXV
Lis enfant de la Prouvenço

Sian lis enfant de la Prouvènço,
E nosto maire nous fai gau.
Sourti dóu pople prouvençau,
Voulèn garda nòsti cresènço ;
Pèr quand faudra nous metre en trin,
Voulèn garda lou tambourin...

Voulèn garda di roumavage
La joio sano e l'amista ;

Voulèn garda la franqueta
E la simplesso dóu vilage :
Quand dins lou mounde es tout blesi,
Voulèn garda li vièi plesi.

Au paraulis di fièr troubaire
Voulèn resta sèmpre fidèu ;
Voulèn parla coume se dèu
Lou gènt parla de nòsti paire ;
Pèr li vendémio e li meissoun
Voulèn garda nòsti cansoun.

Tant que lou Rose e la Durènço
Carrejaran d'aigo à la mar ;
Tant que veiren noste cèu clar
Azureja sus la Prouvènço,
O bello terro dóu Miejour,
Te gardaren nòstis amour.

(Anfos Michèu)

XXXVI

L'escalié di Gigant

Escalié di Gigant, dins ti paret superbo
La reguindoulo esquiho, e, folo, flouris l'erbo ;
Mars e Netune, fièr, subre si pedestau
Soun sèmpre dre, mai res arribo dóu pourtau,
Ni lou Counsèu di Dès ni Doge e Dougaresso,
E i'es, i diéu de mabre, uno grando amaresso
Que li papo e li rèi au palais tournon plus.
Coume de fouletoun, pèr fes, dins lou trelus,
Li pijoun famihié volon e vènon béure
I cisterno de brounze ounte s'agrafo l'èurre.
Dins ta clastro deserto, o vièi palais ducau,
S'entènd que lou pas fin di chato à pèd descau
Que courron tira d'aigo, e lou ferrat que toumbo.

Touto ta meraviho es pèr iéu uno toumbo
Recatant noublamen lou passat venician,
Palma, lou Verounés, Tintouret, lou Tician...
Ta Republico morto e sa terriblo voio,
O Veniso toumbado i man de la Savoio !

E, mau-grat lou soulèu qu'enfioco ti paret,
Quau trèvo ta ciéuta — dins li mesoulo a fre.

Mai, coume un chin fidèu lipant li pèd dóu mèstre,
O Veniso, mau-grat lou tèms, lis escaufèstre,
La mar te rèsto amigo e d'un bais tremoulant
Poutouno sènso fin ti pont de mabre blanc.
Sies sa nòvio fidèlo encaro, Adriatico !
Te souvèn de sa glòri e de la noço antico ;
Te souvèn, en bagnant lou ribeirés latin,
De la rèino di mar e dóu poumpous matin :
Quand, davans li jouvènt, davans li blóundi fiho
Dins sa belour mesclant l'Europo emé l'Asìo,
Davans lou Senat mut, davans li pescadou
Lèst à se traire au founs dóu verd engloutidou,
Lou Doge magnifique, amount, dóu Bucentaure
Se clinavo, esperant que l'ounde à-n-éu s'enaure,
E leissavo toumba la bago sus toun sen !

Ansin soul isto l'art : fau que nàutri passen.

Enterin lou lioun de sant Marc que te gardo,
En fernissènt dis alo, o vièi palais, regardo
Li barrulaire estrange, anglés, american,
Mounta, pàli nanet, l'escalié di Gigant.

(Teodor AUBANEL)

XXXVII

A-n-un bèl enfant

Coume un rai de soulèu au mitan d'uno sourno,
    Tristo cafourno,
Ta caro, bèl enfant, me trèvo, mounte vau,
    E me fai gau ;

Me fai gau, me seguis l'aus d'or de ti trenello,
 E tis iue mai blaven
 Que l'aigo d'un aven
E de toun pichot biais la gràci riserello.

Quand duerbes ti bouqueto, alenant d'uno flour
 La douço óudour,
Toun bresihage clar es vounvoun de couquiho
 A mis auriho :
Lou brut dóu couquihage es lou resson marin
 De l'oundo meirenalo,
 E ta voues que regalo
Es coume un souveni dóu Paradis, alin !

O raioulet de mèu dintre nosto amaresso !
 Cando alegresso
Intrado sènso pòu dins esto vau de plour
 E de coumbour !
Agnèu sènso pecat au mitan di pecaire !
 En Janvié jour de Mai !
 Iéu t'ame que-noun-sai,
Mai te plagne tambèn e m'escride : Pecaire !

Que malur, enfantoun, s'ères tu destina
 A t'engana,
A veni, tu, tant pur, coume la moulounado
 Empouisounado !
Car l'alen dóu matin es trop souvènt segui
 Pèr l'auro treboulanto
 E la caumo estoufanto...
E la bèuta de l'ile es astrado à peri !

(W. C. Bonaparte-Wyse)

XXXVIII

Matinado

Dins la pradello em'i jardin
Li flour soun gaio e frescouleto,

E sus la ribo dóu camin
Chasque brèu d'erbo a sa perleto.

La niue s'esvano e l'aubo ris ;
Alin bluiejo la mountagno ;
E dins lou cèu encaro gris
Se tamiso la douço eigagno.

E iéu countènt coume un bon rèi
Qu'en soun palais rèn empestello,
Lèu siéu pèr draio quand parèis
La matiniero Bello-Estello.

Renaisse emé lou jour nouvèu,
E de soulas ai moun abounde
Quand, sus soun càrri, lou soulèu
S'aubouro esbrihaudant lou mounde.

E dins la prado em'i jardin
Li flour soun gaio e frescouleto,
E sus la ribo dóu camin
Chasque brèu d'erbo a sa perleto.

Au fres alen d'un pichot èr,
La tiro-agasso e li lambrusco
Fan la coutigo is aubre verd
E s'entourtouion à sa rusco.

E sus la branco l'auceloun
Sautejo gai e cantourlejo ;
Lou rièu s'encour dins lou valoun,
E de bonur cascarelejo.

De la grand mar aù mount Ventour
Tout se reviéudo e s'escarcaio ;
Di roso l'auro a la sentour...
E lou felibre, urous, pantaio.

E dins la prado em'i jardin
Li flour soun gaio e frescouleto,
E sus la ribo dòu camin
Chasque brèu d'erbo a sa perleto.

(Roumié MARCELIN)

XXXIX
Lou rigau

Nous arrivo is óulivado,
I mai sóurni jour de l'an,
Un pau avans li jalado,
Un pau après la Toussant.

Un matin que l'auro frejo
A desvaria li baus,
Que li fueio que coussejo
S'amoulounon dins l'enclaus,

Que di rai, di flour, dis alo
An fini lis estrambord,
E que lou nivo davalo
Coume un susàri de mort,

Un auceloun frèule e rouge
Se viéuto e ris dins lou vènt,
E met dins lou cèu ferouge
Coume un rebat de printèms.

Es un riset dins li lagno,
Un beluguet sus lou gèu,
Dins l'oumbrun de la baragno
Es un raioun de soulèu.

Meraviho de l'ausido,
Fasènt l'aleto o pèr sòu,
Es l'estè, lou cant, la vido
De noste campèstre en dòu.

Es lou Rigau, voues galoio,
L'esperitoun de l'ivèr,
Lou Rigau, valènço e joio
E dóu reviéure l'espèr.

(Jan de la Tourmagno)

XL

Pantai de maire

Sian à l'autouno :
Souto la touno
Uno chatouno
Vèn, charmantouno,
Se balança.

Assetadeto
Sus la bardeto
De la courdeto,
L'auro caudeto
La vèn bressa.

Dóu tèms, pecaire !
Plouro en un caire
Sa pauro maire
Que n'i'en fau gaire
Pèr s'amoussa.

Sènt que sa vido
Es anouïdo,
E qu'alouvido,
La mort avido
Vai l'empassa.

E, sounjarello,
Se dis entre elo :
Quand la bourrello
Separarello
M'aura troussa,

O ma paureto,
Iéu, ta meireto,
Vendrai, oumbreto,
Emé l'aureto
Te caressa !

(J. Brunet)

XLI

Souveni

Aquest an, se vesias acò !
A Paris vous fasèn ligueto
De rasin, de figo blanqueto,
E de pessègue, e d'ambricot.

Li marcat, qu'appellon lis *alo*,
Soun plen rèn que de gros mouloun
E de pastèco e de meloun
E d'ourtoulaio prouvençalo.

Li camin de fèrri, dedin
Dous o tres an, vendran tout querre ;
Paris sara Mèste Jan-Pierre,
E la Prouvènço soun jardin.

Li vagoun, dins de canestello
Carrejon tout, e lèu, lèu, lèu !....
Mai carrejon pas lou soulèu,
Mai carrejon pas lis estello !

Carrejaran jamai l'estiéu,
L'estièu qu'amaduro li triho,
E lou cèu, que fai la patrio :
Acò regardo lou bon Diéu.

Lou frui part, lis aubre demoron
E li bèus amelié flouri,
Pas tant bèsti d'ana mouri
Ounte li bèus amourié moron.

Lou Nord, aura tout ço qu'avié :
D'òrdi, de blad e de civado ;
Mai n'aura pas lis óulivado,
E gardaren lis óulivié...

. . . .

O bello terro dóu Miejour,
Jardin au mitan de la terro,
Despièi que Dieu a di mounte èro
Que regarde emé mai d'amour !

O bèu vilage de Cabano,
Que m'as di, lou jour que sièu na,
Lou proumié noum que m'a souna,
E que sounèron li campano,

Se jamai t'óublide à Paris,
Vole mouri mounte demore....
E vole pas, se 'n-cop ièu more,
T'óublida dins lou Paradis !

(Adóufe Dumas)

XLII

Lou Labouraire e seis Enfant

Lou bèn nourris toujour soun mèstre,
 Quand lou païsan li saup èstre.

Un Labouraire eisa, sentènt veni sa fin,
A seis Enfant disié, dins soun simple lengàgi :
— Meis amì, gardas-vous de vendre l'eiretàgi
Que de moun sèni-grand nous vèn en dre camin,
 S'un-cop pàrti pèr lou long viàgi.
 Souto la terro lia'n tresor :
 En lou cercant troubarés d'or ;
Mai vous fau pèr acò devira leis ouliero,
 Destapa tóutei lei carrat,
 Quand aurés fa de bouen gara;

E cava founs tóutei lei tiero,
En terro, enfin, si troubara. —
Arribo que lou Labouraire
Mouere, coumo tóutei lei paire,
E leis Enfant, alor, emé lou fèrri en man,
Un lou bechas, l'autre l'araire,
De tout coustat vague de faire
De saunié dintre soun vièi champ.
Troubavon rèn. Au bout de l'an
La recordo siguè doublado
En liéume, blad, òrdi e civado ;
Lei souco avien carga de rin,
Leis óulivié d'óulivo ; e de pan, e de vin,
D'òli, n'aguèron pèr l'annado,
E pèr vèndre, peréu. De tresor, n'i'avié ges,
E pèr élei valié bèn mies.

Lou Lauraire, en partènt, eis Enfant faguè vèire
Que lei counsèu dei vièi soun toujour bouen de crèire ;
La terro, dins sei flanc, es touto pleno d'or,
E li'a que lou travai pèr douna de tresor.

(M. Bourrelly)

XLIII

La Chato avuglo

I

Ero lou jour tant bèu qu'uno Vierge enfantavo
    A Betelèn ;
E soun fru benesi de la fre tremoulavo
    Su'n pau de fèn ;
Lis ange, eilamoundaut, tout-bèu-just acabavon
    Soun *Gloria,*
E de tout caire au jas pastre e pastresso anavon
    S'ageinouia.

Dison qu'en aquéu jour de grand rejouïssènço,
      Un paure enfant,
Uno chato doulènto, avuglo de neissènço,
      Fasié 'n plourant :
— Maire, perqué voulès que rèste eici souleto ?
      Me languirai !
Dóu tèms qu'à l'enfantoun farés la tintourleto,
      Iéu plourarai !

— Ti lagremo, moun sang, ie respoundié sa maire,
      Me fan pieta !
Te ie menarian proun, mai que vendriés faire ?
      Ie veses pa !
Sus lou vèspre, deman, que vas èstre countènto,
      Quand revendren !
Car tout ço qu'auren vist, o ma pauro doulènto !
      Te lou diren.

— Lou sabe, enjusqu'au cros, dins la negro sournuro
      Caminarai !
O bello caro d'or, divino creaturo,
      Noun te veirai !
Mai, de-qu'es besoun d'iue, bono maire, pèr crèire,
      Pèr adoura ?
Ma man, enfant de Diéu, se te pode pas vèire,
      Te toucara !

II

L'avuglo plourè tant, e tant preguè, pecaire!
      A si geinoun,
Tant ie tranquè lou cor que pousquè plus sa maire
      Dire de noun.
E pièi quand dins lou jas arribè la paureto,
      Trefouliguè !
De Jèsu sus soun cor meteguè la maneto....
      E ie veguè !

(J. ROUMANILLE)

XLIV

Plueio e soulèu

Lou vieiounge plouro ;
Nàutri cantavian,
Mascara d'amouro
Coume de bóumian :
Cantavian Marsiho
Que sus un pont nòu
Ie plòu e souleio,
Ie souleio e plòu.

L'aigo poutounejo,
Tout en tremoulant,
Si grand paret frejo
E si pieloun blanc.
De pont tant requiste
Se n'es jamai vist :
Lou soulèu i'es triste,
Lou blasin ie ris.

Lou blasin l'arroso,
Pecaire !... Mai lèu
La coulour di roso
Ie vèn dóu soulèu ;
E li pantaiaire
Rèston aplanta,
Sachènt pas que faire :
Ploura vo canta !

L'ivèr que deslamo
A rout lou pont nòu ;
Aro es dins moun amo
Que souleio e plòu ;
Aro tout me bagno
E brulo lou cor :
Rai trempe d'eigagno,
O bèu blasin d'or !

(Pau ARENO)

XLV

A Caroun

Caroun, planto un cop de partego !
Ausso l'empento, e viro à bord.
Se toun aigo es coume de pego,
E s'as barbo blanco, oh ! sies fort !
     Siéu mort,
Siéu mort !.. Reluco moun visage...
Meno-me de-la-man-d'eila !
Ai de que paga lou passage :
M'atrove encaro un sòu marca...
Caroun, vène lèu m'embarca !

Siéu mort coume aviéu pres neissènço,
E, dirai miéus, coume ai viscu :
Dins lou sounge de l'eisistènço,
Ai tout après, ai rèn sachu...
     Mai, chut !
Que sièr d'alounga moun istòri ?
Aro, beve l'aigo de pas,
L'aigo que lèvo la memòri ;
Me rèsto plus qu'à faire un pas ;
Caroun, porge-me lèu toun bras !

Au trepadou d'aquesto ribo,
I'a 'n èr gabin que rènd malaut...
Trono, uiausso ; e souto li pibo
Boufo, pièi rounflo un vènt-terrau
     Fre, caud,
Que di branco esclapo la cimo...
Ai ! que me sente ablasiga !
Mi dous pèd, planta dins la limo,
An peno à se desempega...
Caroun, fai-me lèu navega !

Peralin, sus la terro basso,
Ramba coume de vòu d'aucèu,
Quant de gènt, quento poupulasso
Qu'aura plus de plaço au soulèu
    Tant bèu !...
Mai, vese eila ma pauro maire,
 Moun paire, moun fiéu trespassa,
Em'aquelo femo, ah ! pecaire,
 Que despièi long-tèms m'a leissa....
Caroun, vène me lèu passa !...

(T. Poussel)

XLVI

Dous Agnèu

I

Un bèl enfant, jouièu d'amour,
Es dins lou prat, ounte, embeimado,
D'abriéu la proumiero alenado
A touto erbo douno uno flour.

Em'un agnèu que sautourlejo,
Cambarelejo l'enfant blound ;
Espinchas : sarro l'agneloun
Dins si bras, e lou poutounejo.

L'enfant es bèu, l'agnèu es dous ;
De l'agnèu la lano es blanqueto
Autant coume lou la que teto....
Oh ! que soun poulit tóuti dous !

Entendès pas l'agnèu que bèlo ?
Ve-lou que cour après l'enfant...
Coume fan bèn tout ço que fan !
E l'innoucènci, coume èi bello !

Lou cèu es clar, fai bon soulèu ;
Li passeroun volon e piéuton ;
L'aigo èi lusènto, éli se viéuton...
O moun Diéu, lou galant tablèu !

Quand li vese, segur me sèmblo
Vèire un caire dóu Paradis !
Es bèn verai ço que se dis,
Que quau se ressèmblo s'assèmblo !

II

Prouficho, enfant, de toun bèu tèms :
Sus lou velout de l'erbo sauto,
E reçaupe dessus ti gauto
Tóuti li poutoun dóu printèms.

Veiras la fin d'aquelo fèsto ;
Li nivo dins toun cèu vendran ;
Aquéli flour se passiran...
Trop lèu bramara la tempèsto !

Anen ! jogo emé l'agneloun ;
Vai ! sara pas toujour coume aro :
Atrouvaras la vido amaro....
Vendras ome, paure enfantoun !

III

— L'enfant emé l'agnèu jougavo,
Me regardavo, e sourrisié....
Coumprenié pas ço que disié
Ma jouino muso que plouravo !

(J. ROUMANILLE)

XLVII

Lis armounio d'une niue de Mai

Que soun bello tis armounìo,
Tranquilo niue dóu mes de Mai !
L'oumbro canto si letanìo,
Quand lou jour se taiso e s'envai.

l'a gens de repaus sus la terro,
Preiero e lausenjo sèns fin,
Tóuti, de tóuti li maniero,
Celèbron soun óubrié divin.

A coumença la serenado
L'ermito à Sant-Jaque reclus ;
Pèr éu la campano èi toucado :
Nous a dindina l'*Angelus*.

Bèn plus aut que la pibo antico,
Entendès fluta lou courlu :
Dins lis èr redis soun cantico
Avans de se couifa de niu...

Ausès lou mouissau que vióulouno :
Soun arquet delicat e long
Avanço, recuelo, vounvouno ;
Res pòu-ti fila miéus un son ?

De pelerin uno voulado,
Emigra de Jerusalèn,
Vers lis estello bat l'estrado
Au cant dis ourtoulan maien.

La luno i risènt se miraio,
Li luseto brihon i prat ;
Tei-te-rei ! nous redis la caio,
E li grihet an souspira.

Un vièi gau bèn digne d'eloge
I galoun baio l'ami-la !
Tóuti respondon... Lou reloge
Sus li gau vèn de se regla.

Lou roussignòu sus soun nis viho,
Canto, se lagno, e de sa voues,
Graciouso e puro meraviho,
Jito li perlo dins lou boues.

(Castil-Blaze)

XLVIII

Santo roso de Mai

Entre lei cant que leis àngi bandisson
    Ei richei campagno dóu cèu,
Entre lei flour qu'amoundaut s'espandisson
    Ei rai de l'eterne soulèu,
      l'a la Roso de Mai,
— Flour vierginenco, inmaculado e bello,
Beluguejanto au mitan deis estello,
Lei Benurous te lauson mai-que-mai,
      Santo Roso de Mai.

En terro santo umblo flour espelido,
    A l'oumbro d'un ièli creissié;
Diéu, la vesènt tant puro, l'a culido
    Pèr l'enserta'u divin Rousié,
      E pèr courouna Mai,
— Flour vierginenco, inmaculado e bello,
Beluguejanto au mitan deis estello,
As atira leis iue de l'Adounai,
      Santo Roso de Mai.

L'Esperit Sant de sa gràci l'arroso
    E sa vertu vèn l'assousta ;
Un fru beni nais dóu sen de la Roso
    Sènso endeca sa pureta...

— Sies maire e vièrgi mai,
Flour vierginenco, inmaculado e bello,
Beluguejanto au mitan deis estello,
As à Jèsu douna lou proumié bai,
   Santo Roso de Mai.

Passo en blancour la luno clarinello,
  E l'astre d'or en majesta ;
De l'aubo primo a la frescour nouvello,
  E soun perfum es tout bounta :
   — Encèns dóu mes de Mai,
Flour vierginenco, inmaculado e bello,
Beluguejanto au mitan deis estello,
Dòu caste amour nous vuejes lou dardai,
   Santo Roso de Mai.

Que ta sentour, o flour mistico, embaume
  Lei draio ounte caminaren ;
En esperant d'ana'ntouna lei Saume
  Dins toun jardin paradisen,
   Qu'ei sèmpre au mes de Mai,
— Flour vierginenco, inmaculado e bello,
Beluguejanto au mitan deis estello :
Aqui pousquen te bela longo-mai !
   Santo Roso de Mai.

(Aguste Verdot)

XLIX

La coumunioun di Sant

Davalavo, en beissant lis iue,
Dis escalié de Sant-Trefume ;
Èro à l'intrado de la niue,
Di Vèspro amoussavon li lume.
Li Sant de pèiro dóu pourtau,
Coume passavo, la signèron,
 E de la glèiso à soun oustau
Emé lis iue l'acoumpagnèron.

Car èro bravo que-noun-sai,
E jouino e bello, se pòu dire ;
E dins la glèiso res bessai
L'avié visto parla vo rire ;
Mai quand l'ourgueno restountis
E que li saume se cantavon,
Se cresié d'èstre en Paradis
E que lis Ange la pourtavon.

Li Sant de pèiro, en la vesènt
Sourti de longo la darriero
Souto lou porge trelusènt
E se gandi dins la carriero,
Li Sant de pèiro amistadous
Avien pres la chatouno en gràci ;
E quand, la niue, lou tèms es dous,
Parlavon d'elo dins l'espàci.

— La vourriéu vèire deveni,
Disié sant Jan, moungeto blanco,
Car lou mounde es achavani
E li couvènt soun de calanco. —
Sant Trefume diguè : — Segur,
Mai n'ai besoun, iéu, dins moun tèmple,
Car fau de lume dins l'escur,
E dins lou mounde fau d'eisèmple.

— Fraire, diguè sant Ounourat,
Aniue, se 'n-cop la luno douno
Subre li lono e dins li prat,
Descendren de nòsti coulouno,
Car es Toussant : en noste ounour
La santo taulo sara messo...
A miejo-niue Noste-Segnour
Is Aliscamp dira la messo.

— Se me cresès, diguè sant Lu,
Ie menaren la vierginello ;

Ie pourgiren un mantèu blu
Em' uno raubo blanquinello. —
E coume an di, li quatre Sant
Tau que l'aureto s'enanèron ;
E de la chatouno, en passant,
Prenguèron l'amo e la menèron.

Mai l'endeman de bon matin
La bello fiho s'es levado...
E parlo en tóuti d'un festin
Ounte pèr sounge s'es trouvado :
Dis que lis Ange èron en l'èr,
Qu'is Aliscamp taulo èro messo,
Que sant Trefume èro lou clerc
E que lou Crist disié la messo.

(F. Mistral)

L
I labouraire prouvençau

Bràvi gènt de la terro, o païsan mi fraire,
Bonjour : i baile d'iero, i ràfi, i jardinié,
   I pourqueiroun, i vendemiaire,
I chourlo, i ligarello, i valènt meissounié,
I segaire toumbant li luserno flourido,
I vaquié de Camargo, i pastre de la Crau,
A vàutri tóuti, gènt di mas e di bastido,
   Fièr labouraire prouvençau !

Se dis que, mespresant lis us antique, o fraire,
Eiretage sacra de nòsti segne-grand,
   Voulès vous leva de l'araire,
Voulès plus laboura la terro coume antan ;
Se dis que voulés plus, l'estiéu, sout li piboulo,
Dansa, coume fasias, au son dóu tambourin ;
Se dis que voulès plus faire la farandoulo,
   Que voulès èstre ciéutadin !

Que tenès plus en rèn, pas meme à la Prouvènço...
Mai noun, lou crese pas : coume lou grand soulèu,
  Coume lou Rose e la Durènço,
A noste sant païs demourarés fidèu ;
Rusticarès toujour, amourous dóu terraire ;
Lou travai de la terro èi tant noble, èi tant grand !
Éi tant bèn de nourri lou mounde, o labouraire,
  De ie pourgi l'òli e lou pan !

Li richas de Paris noun vous fagon envejo;
An mai d'argènt que vous, mai pas tant de bonur.
  Éi pas d'or tout ço que lampejo :
N'an pas voste cèu blu qu'esbrihaudo tant pur ;
N'an pas vòsti niue semo e vosto imour galoio.
Anas, sias lis urous : dins noste terradou
Avès la pas, avès l'amour, avès la joio,
  O bastidan, avès de tout !

Avès de fru, de flour e de vèrdi pradello,
E de vigno fegoundo e de plan d'amourié ;
  Avès de segle e de tousello
Tant que pèr la meissoun mancon li meissounié ;
Avès de grand troupèu de fedo bessouniero,
Avès de biòu feran pèr la courso, o jouvènt !
E de cavalo blanco errant dins li sagniero,
  Que van pu vite que lou vènt !

Adès vous lou disiéu, e lou vole mai dire :
O fraire, o païsan, sias vautre lis urous ;
  Iéu vous enveje e vous amire...
Vièure de soun travai, es tant noble e tant dous !
Ome, jouvènt, droulas, me fasès gau de vèire,
Quand de l'aubo à la niue trenquejas en cantant.
Es ansin qu'àutri-fes fasien nòsti bon rèire,
  Que fasien nòsti rèire-grand !

(Emile RANQUET)

LI

La Courouno

Jouineto
Chatouneto,
Mounte vas roudouleja?
L'estello,
Qu'es tant bello,
Tout-bèu-just a pouncheja.

Juste l'Aubo
Cargo tout plan-plan
Sa raubo;
Juste l'Aubo
Met soun faudau blanc.

Vas courre
Sus li moure,
Dins li coumbo e li valoun,
Menado
Pèr l'aubado
Que canton lis auceloun.

Juste l'Aubo
Cargo tout plan-plan
Sa raubo;
Juste l'Aubo
Met soun faudau blanc.

— Troubaire,
Pèr ma Maire,
La Vierge di Sèt Doulour,
Vau querre
Dins li serre
Un galant bouquet de flour.

— Juste l'Aubo
Cargo tout plan-plan
Sa raubo;
Juste l'Aubo
Met soun faudau blanc.

— Countènto,
De flour gènto
Vole iuei encapela
Sa caro
Tristo e claro,
E soun front desparaula.

— Juste l'Aubo
Cargo tout plan-plan
Sa raubo ;
Juste l'Aubo
Met soun faudau blanc.

— Jouineto
Chatouneto,
Te faran coume fas tu :
Piéucello
Sajo e bello,
Courounaran ta vertu,

Just quand l'Aubo
Cargo tout plan-plan
Sa raubo ;
Just quand l'Aubo
Met soun faudau blanc.

(A. MATHIEU)

LII

La Coucourdeto

l'avié 'no fes un Rèi : — vous dirai pas quete èro,
Me l'an pas di. — Lou Rèi aguè 'n enfant,
E ie dounè pèr baile un ome de la terro.
E lou pichot venié grandet, plan-plan.
Lou baile lou menavo
Tóuti li cop qu'anavo
A la vigno pèr travaia ;
E toujour lou baile pourtavo

Un pau de pan pèr lou faire manja,
Un pau de vin dins uno coucourdeto.
E pièi souto un bouissoun ensèn fasien pauseto ;
Manjavon, s'avien fam, e bevien, s'avien set :
N'avié tant siuen, de soun bèu garçounet,
    Quand lou menavo à la vigneto,
 Que lou fasié béure à la coucourdeto !

Mai lou pichot toujour venié pu grand.
Lou Rèi mandè si gènt ie querre soun enfant.
Lou baile n'en plourè, coume poudès lou crèire ;
Pièi un matin, partiguè pèr lou vèire :
    Se languissié bèn tant !

Lou baile arribo, e de pertout regardo.
— De-qu'èi que vos ? ie demando la gardo.
— Vole, ie dis, vèire moun garçounet,
    Que lou menave à la vigneto,
 Que lou fasiéu béure à la coucourdeto !

    — Ah ! pèr ma fe !
Sies mato !... Anen, moun ome, entourno-te !
Entourno-te, t'an di ! — Lou baile resistavo ;
Voulié passa, la gardo l'arrestavo,
  E toujour mai lou paure ome cridavo :
— Ah ! leissas-me vèire moun garçounet,
    Que lou menave à la vigneto,
 Que lou fasiéu béure à la coucourdeto !

A la forço pamens la gardo mountè d'aut,
 E diguè au Rèi : — Eilabas, i'a 'n badau...
    Oh ! jamai de la vido,
S'èi vist un ome ansin ! i'a miechouro que crido :
— Ah ! leissas-me vèire moun garçounet,
    Que lou menave à la vigneto,
 Que lou fasiéu béure à la coucourdeto !
 Cènt cop belèu i'avèn di : — Taiso-te !

Se n'es pas fòu, se n'en manco de gaire !
Es à la porto, e res pòu l'arresta...
— Anas lou querre e fasès-lou mounta,
Diguè lou Rèi : veiren ço que fau faire.

Veici qu'au bout d'un moumenet,
Intro lou baile ; esmougu, cour tout dre
Au fiéu dóu Rèi, e dis davans soun paire :
— Ah ! velaqui moun garçounet,
Que lou menave à la vigneto,
Que lou fasiéu béure à la coucourdeto ! —
D'entèndre eiçò cadun èro espanta.

— Aqueste vèspre, à taulo, à moun coustat,
Vole, diguè lou Rèi, que vèngues t'asseta. —
E 'm'acò ie faguè tasta
De tout ço que manjavo !

E, l'endeman, lou baile s'entournavo ;
Lou Rèi peréu venié de ie coumta
Autant d'escut que poudié n'en pourta !
E lou baile disié, dóu tèms que caminavo,
En risènt tout soulet :
— Ah ! de moun brave garçounet,
Que lou menave à la vigneto,
Que lou fasiéu béure à la coucourdeto !

(Teodor AUBANEL)

LIII

Au Soulèu

Canten, canten : « O rèi dis astre !
« O grand vistoun de l'univers !
« Sèns tu noun isto que malastre ;
« La terro n'es qu'un trau d'infèr ;

4

« O paire de l'Amaduranço !
O toumple d'or de l'Aboundanço !
Diéu-merci tu, li cènt mamèu
 « De la Naturo bello
 « Soun de sourgueto cascarello
 « D'òli, de vin, de mèu :
« Diéu-merci tu, la mar inmènso es azurenco,
« E li roso e li nivo e li gauto rousenco :
 « O, siegues, siegues tu beni
 « A l'infini !
« Fas crèisse lou paumié, fas daureja l'arange ;
« Fas lou mounde espandi coume uno mar de flour ;
« Nous bandisses ti rai coume un eissame d'ange ;
« Emplisses l'univers d'alegresso e d'amour :
 « Tu la raço oumenenco,
 « Tu la gènt vermenenco
 « Mestrejes emè gau,
« Li pougnènt, li beisant de tis escandihado ;
 « Dóu coundor celestiau
 « A la perco que nado
 « Tout ressènt lou poudé
« De toun fio benurous, — majourau, manidet !
 « O, siegues de longo e sèns cesso
 « L'Amour, la Glòri, l'Alegresso !..
 « Quand te lèves, la creacioun
 « Es uno liro de Mennoun ;
 « Serre, campagno, bos, sebisso,
 « Es cant, cansoun, e cantadisso !
 « E quand tu voles t'aploumba,
 « Languisoun, tristesso, e negruro
 « Acaton la santo Naturo :
 « Dins tout lou mounde, ve, rèn i'a
 « Que posque à tu se coumpara ;
 « O caro idolo !... »

(W. C. BONAPARTE-WYSE)

LIV

La Vaco de la véuso

I

Lipo, lipo mi man, o ma bello Rousseto !
Fau dounc que nous quiten, e que rèste souleto,
Souleto, pauro véuso em'un paure ourfanèu
Qu'as nourri mai que iéu dóu la de ti mamèu !
Lou jour, jour de malur ! que pleguèron lou paire,
Perqué pleguèron pas l'ourfanèu e la maire ?...
T'enmandan, èi verai ! mai nous vogues pas mau :
Despièi que Diéu m'a pres lou cepoun de l'oustau,
Dins l'oustau' mé lou dóu la fam èro vengudo,
Lou sabes ! e vaqui perqué iéu t'ai vendudo.
Proun toun la pèr nous-autre es esta móusegu !
Se d'autre van te mòuse, èi que Diéu l'a vougu :
Avian plus ges de pan, plus ges sus la paniero,
E pèr toun vièure, rèn, plus rèn dins la feniero !
Tambèn de mai en mai, pauro, demenissiés.
Aviés rèn dins ta grùpio, e jamai te plagniés !
Vincèn vai te mena, ma bravo, vers toun mèstre,
Qu'es uno crèmo d'ome, e drut : poudras bèn i'èstre.
Ah ! s'an pas siuen de tu, Rousseto, lou saubrai :
l'anarai vers toun mèstre, e ie reproucharai...
Lipo, lipo mi man, o ma bello Rousseto !
Fau dounc que nous quiten e que rèste souleto !...

II

Vaqui ço que la véuso à sa vaco diguè.
Pièi de soun establoun Rousseto sourtiguè.
Èro apensamentido, e tristo relucavo :
Aurias di que sabié tout ço que se passavo !

Es alor que Vincèn, e la vaco, e lou chin,
Dóu Mas dis Agroufioun prenguèron lou camin :
E la véuso, espantado au lindau de la porto,
Li regardè parti, palo coume uno morto !

(J. Roumanille)

LV

Lous bords de Gardou

Entre qu'a limpa long de la paret que, sus sa ribo senèstro, mantèn la caussado de la ciéutat d'Alès, l'aigo de Gardou s'esterpo, risoulièiro e clarejant, sus sa gravo mai largo e mai proupreto.

Aqui, la ribièiro cevenolo es avis que molo un pau, coumo pèr reprene alé e escampa d'uno espouscado la councho qu'a preso dins la bouldro mineralo e carbounièiro de Tamaris; pièi, se penjant à drecho, vai lèu delembra l'èr de fum e de sóupre qu'a travessa tout-escas, dins lou long poutou que douno end'aquel fres e poulit paradis apela Pradariè.

Pèr vèire aquel paradis, laissen courre Gardou, e penetren dins la vigièiro espesso e la sausedo oumbrouso mounte canto lou roussignòu. Adeja nous arribo, embé lou ventoulet de la primo, uno douço óudour embaimado de vióuleto; — de delice avançan, e un poulit tablèu se desplego alor souto nostes iuels embalausits.

Aitant liuen que la visto pot courre, l'erbo verdo s'espandis, mirgaiado de flous pradièiros: margaridetos, coucudos, coutellos, rousellos; sus touto aquelo estendudo, milanto e milanto castagniès soun quihats aqui-aqui, que, pu tard, quand la sesou se fara caudo, entre-mesclant lus ramos, fourmaran un pàli espetaclous, que lous pelous espignaires n'en soun lous glans, e souto quinte sara dous de se bouta à la sousto dau dardal estivenc.

Amount, de rengos de pivos loungaruts montou lus plumets pariès dins l'azur dau cèl; tras lus cambos, de baragnados d'aubespis enclausissou de rodos mounte la castagneiredo fai plaço as jardis de flous: las rosos i'aboundou, e lus sentou redoulènto se mesclant au perfum suau de l'aubespi, acò's un chale pèr l'amo. — Dau coustat mounte vers lou sourel vai se jaire cade vèspre, lous plans d'ortos, cadrats de tourals à pènto douço, e pièi las tièiros d'amouriès countùnìou lous prats, que perdou tourna lus castagniès. Dins aquelo terro de limoun lous orts proudusou malamen ; aitambé, das mas que de liuen en liuen fan taco blanco sus lou verd, de-longo se vei parti de carretados de fartaios, que s'envan prouvesi touto la countrado d'Alès. — Lous orts prenou fi au pèd de las colos flouridos e empampanados de soucos ; darriès aquelos colos e, mai sevèro, las trespassant coumo un gigant un efant, un troupèl de serres courrènt de l'avès à l'adré formou lou founs d'aquel soul coustat dau tablèu ; car de-vers lou miejour, tres lègos durant, Pradariè s'alongo costo à costo embé Gardou.

(A. ARNAVIEILLE)

LVI

Lis iue-de-L'Enfant-Jèsu

— Pichot rièu, que dins ta cousso
Poutounejes tant de flour,
Digo-me se sus la mousso
As pas vist ma flour tant douço,
    Ma flour d'amour ?...

— Sariè pas la margarido,
Que miraio tant souvènt
Dins moun eigueto poulido
Sa blanco estello, espandido
    En rai d'argènt ?

— Pichot rièu, que dins ta cousso
Poutounejes tant de flour,
Digo-me se sus la mousso
As pas vist ma flour tant douço,
    Ma flour d'amour ?...

— Sarié pas la campaneto,
Lou benechié dis aucèu,
Que clino, en fasènt ligueto
A moun aigo risouleto,
  Soun front de nèu ?

— Pichot riéu, que dins ta cousso
Poutounejes tant de flour,
Digo-me se sus la mousso
As pas vist ma flour tant douço,
  Ma flour d'amour?

— Sarié pas la flour tant gènto,
De l'enfanço blound tresor,
La flour qu'espelis risènto
Sus mi ribo trelusènto,
  Lou boutoun-d'or ?

— Pichot riéu, que dins ta cousso
Poutounejes tant de flour,
Digo-me se sus la mousso
As pas vist ma flour tant douço,
  Ma flour d'amour ?

— Sarié pas la flour sacrado
Que bluiejo dins l'adous ?
E que dis à la pensado
De dos amo separado :
  Souvenès-vous !

— Pichot riéu, que dins ta cousso
Poutounejes tant de flour,
Poutouno iuei sus la mousso,
Poutouno ma flour tant douço,
  Ma flour d'amour !

     (ANTOUNIETO DE BÉU-CAIRE)

LVII

Cesar

« Jamai, jamai li rèi de Babilouno
    Soun mounta tant aut coume siéu !
De moun poudé tout tremolo e s'estouno :
    Siéu mai qu'un ome, siéu un diéu,

E di plus grand ! car de diéu, n'en carreje
    Tant que vole dins moun palai :
Coume d'esclau li mene, li mestreje...
    Bèn lèu tout l'Oulimpe adurrai.

Perqué siéu grand coume noun se pòu èstre,
    Fau saupre de quant de milioun
D'esclau, de quant de pople siéu lou mèstre,
    Quant ai de rèi à mi geinoun. »

Pavouno-te, Cesar, dins ta puissanço ;
    Debanaras de tout toun aut.
A souna au cèu l'ouro de deliéuranço,
    l'a plus d'esclau, i'a plus d'esclau !

E restountis dóu cèu dins la Judèio :
    Lou falié, toun denoumbramen,
Pèr que Jóusè, Mario, en Galilèio,
    Betelèn vegon au moumen,

Just au moumen que de nosto Floureto
    Anavo espeli lou Boutoun,
Car es escri : « Dins uno cabaneto,
    A Betelèn... Diéu enfantoun ! »

De Nazarèt fauguè que partiguèsse,
    Pèr douna soun noum, lou fustié ;
Que la ciéuta dóu rèi Dàvi gagnèsse :
    Jóusè de Dàvi descendié.

Ansin, Cesar, ta pensado ourgueiouso
    Sièr lis ouracle e l'enfant Diéu ;
Ta Roumo un jour, dóu sang crestian fumouso,
    Plegara geinoun davans éu.

Dins Roumo, alor, li rèi, lis emperaire
    Vendran de liuen beisa l'anèu
Dóu sucessour de Pèire lou pescaire
    Que porto Diéu dins soun batèu.

Tres Rèi coundu pèr un bèu lumenaire,
    Front clin, creson à l'enfant-Diéu...
Mourran en pas : mai l'orre sagataire
    Mor, pèr li verme rouiga vièu.

Leiçoun pèr vautre, o majourau, o mèstre !
    De Betelèn lou paure enfant
Tèn amaga li trounèire à soun dèstre :
    Fugués rèi Mage e noun Trajan !

(L'Abat LAMBERT)

LVIII

La Toumbado di fueio

De l'estiéu, ai ! dindo lou clas :
Pàuri fueio, toumbas, toumbas !

Tant fresco sus vòsti verguello,
    Tant vertudouso encaro aièr,
Iuei sias passido e mourtinello,
    Car a boufa l'auro d'ivèr.

De l'estiéu, ai ! dindo lou clas !
Pàuri fueio, toumbas, toumbas !

Emai fugués afatrassido.
Vous vese encaro emé plesi :
Revertas pas ma tristo vido
E mi bèu sounge esvanesi ?

De l'estiéu, ai ! dindo lou clas !
Pàuri fueio, toumbas, toumbas !

Au sòu, pecaire ! amoulounado,
Semblas espera que lou vènt
Dins si fréji revoulunado
Vous escampihe pèr toustèm !

De l'estiéu, ai ! dindo lou clas !
Pàuri fueio, toumbas, toumbas !

Li brout que vous amavon, pauro,
Coume vautre se soun passi,
Tre que vous an visto pèr l'auro
Rebalado bèn liuen d'eici !...

De l'estiéu, ai ! dindo lou clas !
Pàuri fueio, toumbas, toumbas !

Pecaire ! belèu vous emporto
Sus quauque cros de-nòu tapa,
Pèr acata la pauro morto
Qu'aièr coume vautre a toumba !..

De l'estiéu, ai ! dindo lou clas !
Pàuri fueio, toumbas, toumbas !

O belèu, dins sa folo cousso,
Vous leissara dins un cantoun
Mesclado emé la verdo mousso
Pèr ie faire un darrié poutoun !...

De l'estiéu, ai ! dindo lou clas !
Pàuri fueio, toumbas, toumbas !

Pièi, l'iroundello, benesido,
Quand revendra dins lou païs,
Pàuri fueio, seco e frounsido,
Vous prendra pèr faire soun nis !

De l'estiéu, ai ! dindo lou clas !
Pàuri fueio, toumbas, toumbas !

(Antounieto de Bèu-caire)

LIX

Glourificacien dou Galoubet

Li a pas grand tèms, se manejavo enca proun lou Galoubet dins de bouénei famiho de l'antico Massalia : lei fiéu de la vièio Foucèio n'en fasien lou negòci artisti entre-mitan de sei gràndéis óucupacien coumercialo. E dins l'enciano ciéuta de Sextius, tant souvènt au diapasoun dei bèus-art, de soucieta de Tambourinaire se soun facho entèndre de bèi còup, coumo s'es garda souvenènço d'uno que, li a pas mai d'uno vintenado d'an, fasié soun espèci de roumavàgi au quartié de la Touesso.

Nous reviren un pauquet de-vers lou bouen tèms de la Prouvènço : e qu t'a pas di que noun Reinié fluitejèsse leis èr dei coublet engença dins sci Juc poupulàri, moussèu qu'avèn counserva dins la memòri, maugrat lou cous dóu tèms qu'a escarfa tant de cauvo, franc de nouesto joio e de nouesto musico.

A prepaus de Reinié d'Anjou, e pèr mai douna de pes à-n-eiçò, es pas de soubro de dire que lou grand roumancié anglés, Walter-Scott, dins *Ano de Gvierstein*, parlo de noueste Tambourin en dous chapitre, lei XXXI e XXXIII ; li es questien dei Tambourinaire que lou Comte de Prouvènço avié acampa pèr recebre dignamén sa fiho Margarido, alor que la rèino destrounado d'Anglo-terro venié de faire un vot au mounastié de Santo-Ventùri e à la caforno dóu Garagai. Dins l'autre chapitre, es di que lou bouen rèi qu'avié regna mie-siècle d'ur e de pas sus lei Prouvençau, acabè sei lòngueis annado en toucant emé nautre lou poulit estrumen.

E qu saup, tambèn, se lei ribo encantarello de la Sorgo avien pas deja referni dóu Tambourin de Petrarco.

Ço que nous counsouelo un pau dei jour passa, es que vesèn enca, dins la grando famiho prouvençalo, de bràveis enfant qu'an pas trahi sa boueno maire, d'enfant que se soun fa ome en amant toujour soun bèu Païs, seis us encian e sei vièi crèire, e que, tout pouderous e glourious de sei pousicien, sounjon que l'estrumen dount se servien lei Troubadour prouvençau quand trevavon lei principàlei Court de l'Europo, li a sièis o sèt cènts an, es bèn digne d'óucupa sei moumen de lesé. Car sabèn d'amatour que s'entèndon dins l'art dóu Galoubet e counèisson perèu l'art de faire de vers; ansin tout va parié dins aquéu coumèrci poueti emé lei Muso.

Pèr provo de l'ounouranço que fan à-n-aquel estrumen, es que se ves à-z-Ais, au Muscon, lei Tambourin, Fluitet e Timbalo; tambèn counèissèn un Tambourin plaça dins un saloun dóu bèu castèu de la Mignardo, e tant-e-pièi-mai fasènt l'ournamen e lei delìci d'àutrei bouens oustau; ço que marco que l'estrumen de la Prouvènço es enca proun bèn estima d'aquélei que n'en sabon la valour.

(F. VIDAL)

LX

Lou Poutoun dóu divèndre sant

Coume quand vai à la grand messo,
Aquéu jour, ma maire èro messo;
A iéu m'avien carga moun bèu coursihoun nòu,
Ma couleireto de dentello,

E ma barreto de prunello,
E mi debas de fielousello...
De noste bon Segnour venian sauva lou dòu.

Ah! que ma maire fuguè bello,
Quand intrerian dins la capello,
Que toumbè d'à geinoun i pèd de l'Ome-Diéu !
Long de sa gauto perlejavo
Uno lagremo que rajavo;
Enterin, la pauro penjavo,
Penjavo enjusqu'au sòu soun front tout pensatiéu.

Pièi, sus li man ensaunousido
Dóu Segnour, qu'escampè sa vido
Sus la crous, pèr tira lou mounde dóu pecat,
Pauso si bouco uno passado,
En ie fasènt douço brassado;
E pièi, de doulour estrassado,
S'aubouro, e jito en l'èr sis iue triste e maca.

Eici, la gènto e bono femo,
Aboundado de si lagremo,
Diguè : Regardo un pau, sus la crous pendoula,
L'enfant de la Vierge Mario,
Na pèr counsoula la pauriho...
Lou pecadou, dins sa furio,
Dins soun ingratitudo, ansin l'a clavela!

Ah ! baiso, baiso-ie si plago!
Fuge lou pecat qu'embriago :
Alor, en bon crestian, aléujaras soun fai.
Fuge la pouisoun de l'envejo
Que d'alin lou Demoun carrejo,
Car en nosto amo quand mestrejo,
Veses, moun bèl agnèu, tout lou mau que ie fai !

Veses sa bello tèsto palo,
Coume retoumbo sus l'espalo !...
Lou poutoun de Judas fuguè soun cop mourtau.
A tis ami, jusqu'à la toumbo,
Rèsto fidèu ; e d'uno coumbo
Coume s'envolo uno couloumbo,
Un jour t'envoularas apereilamoundaut...

E sus li bard m'ageinouière.
Long-tèms, long-tèms poutounejère
Li pèd rouge de sang de noste bon Segnour.
Pièi, quand sourtian, me sèmblo entèndre
De ma maire aqueste mot tèndre :
Lis aucèu, dis, aquest divèndre
Soun tant triste, moun fiéu, que junon tout lou jour !

(A. Mathiéu)

LXI

Madaleno e lou tavan

MADALENO.

Mai perqué vènes, tavan rous,
Zounzouneja dins ma chambreto ?
Voulastrejes sus ma tauleto,
Coume se preniés pèr de flous
Mi libre tant fres e courous !
Perqué fugisses la campagno ?
Aqui, tavan, sariés pas miéu ?
Auriés d'auceloun pèr coumpagno,
L'èr, lou soulèu emé l'eigagno,
E tóuti lis obro de Diéu.
Perqué veni dins ma chambreto
Zounzouneja, que ! tavan rous ?
Iéu siéu qu'uno pauro drouleto
Que pode pas te rèndre urous...
Responde, siegues pas crentous !

LOU TAVAN.

Madaleno,
L'auro aleno ;
Canto plus lou roussignòu ;
La flour pendoulo ;
De la piboulo
La fueio toumbo i rajeiròu.

I baragno
Plus d'aragno ;
La fournigueto s'escound ;
La cacalauso
Tout-aro es clauso ;
La toro fielo soun coucoun.

La fresquiero
Matiniero
A trauca moun blound mantèu ;
E moun aleto,
Qu'es deja bleto,
Auprès de tu cerco un toumbèu.

MADALENO.

T'a dounc agrada, ma chambreto ?
N'en siéu ravido, tavan rous !
Verai, noun pode, iéu paureto !
De ti jour alounga lou cous,
Pièisque passes emé li flous ;
Mai toun vounvoun tant me saup plaire,
Douço bestiolo dóu bon Diéu,
Qu'alenirai ta mort, pecaire !
Sant Francés t'aurié di : Moun fraire !
Siéu-ti dounc pas ta sorre, iéu ?..
Sènso regrèt, car res te plouro,

Se vèn ta fin, bon tavan rous,
Arrèsto-te davans mis Ouro,
E sus l'or que toun alo aflouro
Endorme-te d'un som urous !

(LA FELIBRESSO DÓU CAULOUN)

LXII

Hòu ! de l'oustau !

SANT JOUSÈ.

Hòu de l'oustau ! mèstre, mestresso,
Varlet, chambriero, çai li a res !
Ai deja pica proun de fes,
E res noun vèn ! quinto rudesso !

L'OSTE.

Me siéu deja leva tres cop ;
S'eicò duro, dourmirai gaire.
Qu pico abas ? qu'es tout acò ?
Quau sias ? que voulès ? que fau faire ?

SANT JOUSÈ.

Moun bon ami, prenès la peno
De descèndre un pau eiçavau :
Voudrias louja dins voste oustau
Iéu soulamen emé ma feno ?

L'OSTE.

Vautre sias de troublo-repau ;
Sias d'aquéstei batur-d'estrado
Que sounjas rèn qu'à faire mau.
A-diéu-sias, ma porto es sarrado !

SANT JOUSÈ.

Nazarèt es nosto patrio ;
Iéu siéu pas tau que me cresè :
Siéu fustié, m'apelle Jóusè,
Ma feno s'apello Mario.

L'OSTE.

Çai li a proun gènt, vole plus res ;
Diéu vous doune meiour fourtuno !
Si me cresès, demandarés
Vount es lou lougis de la Luno.

SANT JOUSÈ.

Retiras-nous, que que nous coste !
Loujas-nous dins lou galatas ;
Vous pagaren noste repas,
Coume s'erian en taulo d'oste.

L'OSTE.

Voste soupa sara mau cue ;
Crese que farés pauro chiero ;
Car, pèr segur, aquesto nue,
Vous loujarés à la carriero.

SANT JOUSÈ.

Nous tratés pas d'aquelo sorto :
Helas ! vesès lou tèms que fai !
Durbès-nous ! S'istas gaire mai,
Nous troubarés mort à la porto !

L'OSTE.

Vosto moulié me fai pieta,
E me rènd un pau plus afable :
Vous loujarai pèr carita
Dins un pichot marrit estable.

(Micoulau SABOLY)

LXIII

La Clouco e lou Pouletou

FABLO

Uno Clouco se passejabo
Al mitan de sous Pouletous
Blanquinouses, pigals, de toutos las coulous.
Tendro maire, lous adourabo !
Aurió sullebat l'unibers
Pèr lous apitança de granos ou de bers.
Amé quuno bountat, quand tenió la becado,
Ne fasió part à sa cougado !
Un piulet sufisió, tout èro à soun entour.
Pamens, al bèspre d'un bèl jour,
Un poulissounot, sans cerbèlo,
Amé 'l gat de l'oustal la manquèt rette bello.
Roudabo lèng, soulet, coumo 'n faridoundèl ;
De sa grifo Minet l'escarraugnèt un èl,
Emai daissèt un pauc de plumo dins l'afaire.
Que de fes l'abió dit, sa maire :
— « Magnac, te cal pas escarta !
» Abèn tant d'enemics sus terro e dins lous aires !
» Te ba crìdi toujour, me bos pas escouta ;
» Coussi fas pas coumo tous fraires ?
» Ba beses, proche iéu se tènon à l'abric :
» Cal èstre satge, moun amic ! »
E la Clouco, dejoust soun alo,
Recatabo soun efantou.
Pèr touto courecciéu, clausurèt sa mouralo
Coumo 'no maire, d'un poutou !
Lou desoubeïssent faguèt pla la proumesso
De la quita pas pus ; mès, jutjats la junesso !
Lou lendema se debrembèt ;
Anats bese ço qu'arribèt.
Sul marge flourit d'uno prado,
Sans respèt pèr lous poumpouns d'or,

La familho fasiò grapado sus grapado.
La Clouco, tout-d'un-cop, sentits batre soun cor :
La cougueto en bental e soun alo airissado,
Piéulo, cloussits, ba, ben, s'entourno debariado.
A destinguit naut, naut, dins las brumos dal cèl,
      Un falquet que fa la tournado.
      Tramblanto, counto sa cougado....
Un Pouletou, quun sort ! i manquèt à l'apèl !
Quun èro ? bou'n doutats : lou mème de la bèlho.
Dins lous aires abiò cousseguit uno fèlho ;
Ero mort estripat pèr lou bèc dal falquet !
. . . .

Mainatjous, aprenèts la fablo dal Poulet.

(Achille Mir)

LXIV

Resignacioun

Quand soun nis bressa fai naufrage,
Vers lou cèu mounto lou gabian :
Ansin tu, Tavan ! De courage,
Enauro toun amo, crestian !

La mort qu'a d'iue sènso lagremo,
Lou pitre vueje, un rire ascla,
Raubo ta fiho après ta femo...
l'a plus que Diéu pèr t'assoula.

Ta fiho, gènto bouscarido,
Se chalavo souto ti bai,
Quand de sa daio l'Escarrido
L'a segado, en risènt bessai...

Èro tout ço que te restavo
De ta caro nisado, ai ! ai !
E soun gasai dous encantavo
E ti doulour e ti pantai.

L'as plus aro, adounc que ie faire ?
Digo-te, pèr te resigna :
« Es anado trouva sa maire
Au cementèri de Rougna. »

Digo : « L'aucèu, plegant sis alo,
Souto lou germe es acata ;
Mai un jour, coume la cigalo,
Sourtira dóu sòu pèr canta ! »

Fort, pièi, revive e se pos, canto
En coumtant sus l'ur à veni ;
La Pouësìo e la Fe santo
Soun pèr lou cor de pan beni,

Sèns la fe lou bonur escapo,
Lou bonur, dindoulet jouièu,
En n'en jougant l'enfant l'esclapo ;
Que rèsto à l'ome ? li moussèu.

Eici la joio a de misèri ;
L'esperanço es facho de crous ;
Lou plus marrias gagno l'empèri ;
Lou plus riche es qu'un malurous.

Ah ! lou malur nous rènd vesito
Tard o tèms, es l'ordre sacra :
O, tout cor qu'eiçavau palpito
A sauna, sauno, o saunara.

Que sus ièu l'aurige s'encagne ;
Diéu me vèi, siegue lausa Diéu !
Mai, tout doulènt que siéu te plagne ;
Mai ame, tout leissa que siéu.

Se lou roumpènt duerb ma penello,
l'aura 'no planco pèr suport :
Reneguen jamai, car l'estello,
Claro o neblado, meno au port...

Arrèire dounc l'apoustasio !
Porge à Diéu ta bello amo en plour,
O tu, moun baile en pouësio,
E moun fraire dins la doulour !

(Aguste VERDOT)

LXV

Ma Dindouleto

I

Ma dindouleto
Poulideto,
Perqué noun te vese aquest an,
Souto l'envan
De ma téulisso ?
Mignoto, auriés-ti la maliço
De me leissa toun nis vacant ?

Cade printèms, me veniés vèire.
Quand esperave toun retour,
Me languissiéu qu'es pas de crèire ;
Ère à moun èstro tout lou jour...

E tu veniés dins ma chambreto,
E te pausaves sus ma man ;
E te fasiéu milo babeto
Que recebiés en tresanant !...

Veniés, e vesiéu à ta pato
E beisave, sènso manca,
Lou pichot riban d'escarlato
Que t'aviéu mes pèr te marca.

Ères coume de ma famiho ;
Adusiés la joio à l'oustau.
T'ausi, te vèire, douço mio,
Èro un bonur à faire gau !

II

Ma dindouleto
Poulideto,
Perqué noun vènes aquest an,
Souto l'envan
De ma téulisso?
Mignoto, auriés-ti la maliço
De me leissa toun nis vacant?

Pamens, iéu vese ti coumpagno
Que soun adeja de retour :
Coume vai que sies tant loungagno ?
Auriés óublida moun amour ?

Lou mes de Mai tout esparpaio,
Li flour, la verduro e lou fres ;
A soun nis cade aucèu travaio
Dins li planuro e dins li gres...

Long di camin e di baragno
La courbo-dono e l'aubespin
E lou roumaniéu di mountagno
Embaumon l'alen dóu matin.

L'eigagno fresco, de tout caire,
Perlejo is aubre e sus li blad ;
Se vèi enca gens de cassaire
Que sounje à 'stèndre si fielat...

Vène lèu, vène, o ma negreto,
Vène sus l'alo dóu printèm !
Lou dòu èi sus ma fenestreto...
Arribo ! Qu'es que te retèn ?...

III

Mai venguè pas la dindouleto...
Soun nis siguè véuse aquel an :
S'èro negado, la paureto !
Dins la grand mar, en travessant.

(Canounge AUBERT)

LXVI

Lou paure paire

Dau bout de ta premièiro annado
    Ai souveni,
Que l'ouro encaro es pas picado
    Ni lou repi,
E tu, moun fiéu, me fas counouisse
    De qu'es lou dòu,
Que, talamen rènd moun iuel mouisse,
    Lou cor m'en dòu !

Quand te vesièi embé ta maire,
    Sus soun faudau,
Semblaves voudre, pèr me plaire,
    Faire un ressaut.
M'èro avis que disiés : « Pa-papo, »
    Dins toun parla,
« Laisso-me veni dins ta capo
    M'amantoula ! »

De tant que t'amave, moun drole,
    Se lou bon Diéu
Ero vengu me dire : « Vole
    Qu'anes, Matiéu,
De toun fiéu faire un sacrifice
    A moun sant noum, »
Belèu bèn qu'en aquel òufice
    Aurièi dich noun.

Quand l'anjounet venguè te querre
    Dau Paradis,
Sus toun bressoun l'entre-veguère ;
    Ço m'èro avis
Que lusissiè coumó la flamo
    D'un calendau,
Au moumen qu'empourtè toun amo
    Ailamoundaut.

De ta poulido amo que volo
  Ai pas souci ;
Se i'a quicon que me counsolo
  Vejo-l'aici :
Pimpes ta tèsto bèn frisado
  D'un capelet,
Quand vas dire à l'Inmaculado
  Toun capelet.

De-qu'au cèu te fan-ti dounc faire,
  Paure manit ?
Sies dau bon Diéu un musicaire ?...
  Acò 's finit :
Coumo lous Ange, aro troumpetcs :
  « Lausat Diéu siè ! »
Emb' un culiè d'or l'encèns metes
  Dins l'encensiè...

Es pamens vrai qu'as mes toun paire
  Dins lou chagrin :
Ai pòu que ta doulènto maire
  N'en fague fin.
Ta mort, enfant, es bèn amaro !
  E nautres dous,
N'auren long-tèms, long-tèms encaro
  Lous iuels gremous.

Vène, quand dins la niue pantaise,
  D'eilamoundaut !
Davalo dóu cèu, à toun aise,
  Dins moun oustau :
Me countaras ço que se passo
  Dins la ciéutat
Que nouman, sus la terro basso,
  Eternitat.

(Matiéu Lacroix)

LXVII

La darriero pensado

I

Lou tron avié clanti sus la Patrio ;
Lou Nord avié larga l'orro envasioun,
E li tambour batien, emé furio,
L'angòni e lou trespas de la Nacioun.

Las ! en jusqu'au fin founs de la Prouvènço,
Resclantiguè lou clas 'mé lou rampèu ;
E subran s'enfiouquè nosto Jouvènço
Pèr nosto grando Franço e soun drapèu.

E i'aguè de bataio.. e de bataio...
De chaple espetaclous ! l'aguè d'eros,
Sublime incouneigu, que la mitraio
Couchè sus lou carrèu e sènso cros !

II

Ansin qu'i plano d'Arle, au tèms di cauco,
Madur, souto lou dai, toumbo lou blad,
Souto lou ploumb catiéu, qu'esbuerbo e trauco,
Toumbon li bèu jouvènt, escoutela !

Sus lou prat-bataié, li tron aurouge,
E lis uiau feroun, avien passa...
La mort sourno, durbènt sis iue ferouge,
Trasié si rangoulun sus li blessa...

Estendu sus la nèu, la caro blavo,
Un jouvènt èro aqui, lou front dubert :
De sa plago lou sang, à flot, gisclavo ;
D'uno roupo soun cors èro cubert,

Sus soun pitre avié joun si man jalado,
E pregavo.. en sentènt la mort veni :
Dins sa fèbre vesié chaple e mesclado,
E sa maire e l'oustau, dous souveni.

Èro parti tant gai pèr lis armado
Que soun cor de poutoun èro enca plen,
Que se cresié d'ausi de voues amado
A soun alen mesclant soun fres alen !

Èro dins si vint an, e de la vido
Jamai dins l'amarun avié begu :
Pouèto, dins li causo esbalauvido
E sèmpre dins l'azur s'èro tengu.

Abrama, coumbatènt pèr nosto Franço,
Travessavo l'aurige e lis assaut, —
De Prouvènço gardant la remembranço,
Car èro bon Francés... e Prouvençau ! —

III

Adounc, l'enfant pregavo, e de l'angòni
Dins si veno sentié li tressusour...
Ie semblavo d'entèndre uno sinfòni...
Espinchavo... e soun iue se fasié sour.

E disié : « Qu'èi marrit, quita la terro,
« La vido e lou soulèu, iéu jouine e fort!..
« E leissa moun païs, emé la guerrò...
« E mouri liuen di miéu, sèns recounfort ! »

IV

Alin, li regimen, las ! se chaplavon,
De cadabre e de sang curbènt lou sòu,
E li corb sus soun front deja quilavon...
— Soul, n'aguènt que la nèu pèr fre linçòu :

« Ai ! liuen de ma Prouvènço, e de mi sorre,...
Murmuravo, aubourant vers Diéu soun cor, —
« Ai! liuen de tu fau-ti que more ?..
« O ma maire, o ma maire ! » — E restè mort !

(Jan Monné)

LXVIII

Fau respeta lis aucelet

Quand l'aubo eilalin s'èi levado,
S'entènd pertout dins la ramado
Li cardelino e li sausin
'Mé d'àutris aucèu musicaire
Que fan ressouna lou terraire,
En cantant si galoi refrin.
Anessias pa 'lor is aubriho
Li destourba de si cansoun !
Dins lou cèu blu, dins la ramiho
Leissas canta lis auceloun.

Enfant, sus li branco flourido,
Leissas jouga li bouscarido,
Li quinsoun e li roussignòu ;
Quand trason sa noto amourouso,
Dins la valounado courouso,
Li meireto escaufon sis iòu ;
Vendra de nouvèlli famiho
Que charmaran li verd bouissoun.
Dins lou cèu blu, dins la ramiho
Leissas canta lis auceloun.

Ignouras dounc, troupo destrùssi,
Que lis aucelet soun lou lùssi
Dis óuliveto e di palun ?
Que lou passeroun met deforo
Dóu jardin li verme e li toro,
De la primo-aubo au calabrun ?

Per quàuqui figo que trauquiho,
Lou gueirés plus dins lou valoun :
Dins lou cèu blu, dins la ramiho
Leissas canta lis auceloun.

Quand lou rigau sus la sebisso
Fai entèndre sa cantadisso,
Metés pa 'n gauto lou fusiéu :
Aquelo bravo bestiouleto,
Que vai e vèn sus li branqueto,
Es un jouièu qu'a manda Diéu ;
Quand lou galapastre sautiho,
Leissas-lou segre li moutoun :
Dins lou cèu blu, dins la ramiho
Leissas canta lis auceloun

Leissas sus li branco, quihado,
Li trido emai li couquihado ;
Desrenjés pas lou pimparrin ;
Fagués pas fugi la rousseto,
Lou reinàubi e la bouscarleto
Quand dormon dins lis aubespin ;
Que tèngon sèmpre si sesiho
Dins la planuro e sus lou mount :
Dins lou cèu blu, dins la ramiho
Leissas canta lis auceloun.

Dóu jardinié, — la bando aludo
Es lou soulas ; dins si batudo
Entènd emé plesi soun cant ;
La vèi sauteja dins li rego
Qu'emé soun bè peluco e brego
Li nieroun que manjon li plant...
Ha ! respetas dounc l'aucèliho,
Di triho aparo li boutoun :
Dins lou cèu blu, dins la ramiho
Leissas canta lis auceloun.

Sèns lis auceloun, la campagno
E lis aubre de la mountagno
Sarien mut dóu tèms di bèu jour;
L'aigo dóu riéu, lindo e superbo,
Cantarié soulo souto l'erbo...
Aurié cala l'inne d'amour !
O desnisaire, di broundiho
Despenjés plus li blanc nisoun !
Dins lou cèu blu, dins la ramiho
Leissas canta lis auceloun.

(Frai J. Theobald)

LXIX

Caius Marius

I

En l'an 103 avans Noste-Segnour, peramount di païs tengu vuei pèr li Prussian, sourtiguè 'n fum de pople, que, souto noum de Cimbre, de Téutoun e d'Ambroun, inoundèron l'empèri rouman.

Éron mai de tres cènt milo, e tirassavon après éli si femo e sis enfant sus de carriòu. Li proumiéris armado que se ie mandè contro fuguèron espóutido. Coume li Prussian de vuei, aproufoundissien tout souto sa masso, e pèr sa barbarié destrusien tout sus soun passage. Dins aquéu moumen de prèisso, Roumo, pèr se sauva, capitè Marius.

Lou conse Caius Marius èro un ome paciènt e dur e indoumtable. Dins l'Africo, s'èro afa i marridi guerro en bataiant long-tèms contre l'arabe Jugurtha. Quand sachè que li Téutoun venien sus la Prouvènço, aduguè soun armado à l'espèro long dóu Rose, establiguè soun camp dins lis Aupiho, e pèr acoustuma si sóudard à la fatigo, ie faguè cava 'n canau (*fossœ marianœ*) que, travessant la Crau, jougnié lou Rose emé la mar. Pèr aquéu biais evitavo lou Gras—ounte li banc de sablo empachon la navegacioun (es la memo resoun qu'a fa, dins noste siècle, faire lou canau de Bou, emai aquéu de Sant-Louis) ; e pèr lou Rose e pèr la mar, poudié s'aprouvesi de ço qu'avié besoun.

Li Barbare, innoumbrable, en ourlant coume de loup arribèron enfin. Mai Marius, voulènt abitua si troupo à la laido caro, i bramadisso e à l'arrougantige di Téutoun, emai l'agarriguèsson, emai l'esbramassèsson e se trufèsson d'éu, refusè lou coumbat, e li leissè passa e defila tant que n'iaguè, souto li *paret* dóu camp. « Anan à Roumo, cridavon i Rouman, ie voulès rèn manda, à vòsti femo ? » E sièisjour a-de-rèng passèron coume acò, à moulounado. Or, noste capitàni, quand aguèron passa, pleguè bagage, e pèr uno autro routo li seguiguè, li seguiguè jusqu'au terraire d'Ais.

Li Téutoun s'espandiguèron dóu coustat de la vilo, e li Rouman anèron se campa un pau plus bas, en un quartié fort e segur. La ribiero de Lar separavo lis dos armado... Tout-en-un-cop la despacienci prenguè li Prouvençau (autramen di Ligour) qu'èron campa 'mé Marius, e la bataio s'engagè : uno bataio inmènso, acarnassido, afrouso, uno bataio de tres jour e de sièis lègo d'estendudo, ounte li femo di Barbare se batien emé l'enràbi ; e li Ligour e li Rouman faguèron un tau chaple d'aquéli bando fèro, que li cadabre, dis Plutarque, engavachèron la ribiero, e que li Marsihés, emé lis os di mort, aguèron de que faire de baragno à si vigno, e que dóu pourridiè la terro longo-mai demourè drudo.

Dous cènt milo enemi fuguèron sagata. Lou restant s'esperdeguè o fuguè mes en esclavage. Lou grand ome de guerro rendeguè gràci i Diéu : la civilisacioun latino èro sauvado.

II

Autambèn, Marius es inmourtau pèr la Prouvènço, e de touto nosto istòri es lou noum lou mai vivènt. Lou noum de Marius es, dins nòsti pais, un di mai pourta que i'ague, e foro dóu Miejour, quouro que rescountrés un ome bateja Marius poudès dire qu'es d'Ais o de Marsiho o de peraqui.

Sènso coumta li pèiro escricho que retrason aquéu noum, anas à Sant-Roumiè, e demandas i païsan quau soun aquèlis estatuo que i'a sus lis Antico. Tóuti vous respoundran : *Es Càius Màius*. En Aurenjo, entrevas-vous sus soun arc-de-triounfle ; vous diran simplamen : *Es l'arc de Marius*.

A Ventabren, vous mostron lou *baus de Marius*, e à Jouco la *font de Màri*. Vers Ais, avèn Meiruei, qu'es en latin *Mariolum*, emé Meirargo, qu'es *Marianica*. Dins lis Aupiho Vau-Meirano *(vallis mariana)*, Meirano dins la Crau, e lou mount Mariet, à Fos, soun autant d'entre-signe dóu generau rouman. Fos éu-meme se trovo just plaça ounte li *Fossæ Marianæ* se trasien dins la mar.

S'atribuïs perçu à Caius Marius la levado que separo l'estang de Berro d'aquéu de Marignano, e que se noumo lou *Caiéu*. En prouvençau, dóu resto, noumon *caiéu* tóuti li terro ounte i'a de téule anti e de rouino roumano.

Subre-que-tout, lou serre que veguè à si pèd lou grand evenimen, lou pue Santo-Ventùri (*mons Victoriæ*, dins li charto), prouclamo longo-mai la vitòri dóu grand conse ; enfin, lou lio dóu carnalage, aqui ounte an pourri li cadabre Téutoun, se noumo encuei *Pourriero*.

Au plan de Tres, près de Pourriero, en un rode apela lou quartié dóu *Triounfle*, se pòu vèire li rèsto dóu mounumen de glòri aubourà pèr Marius. Glaude Brueys n'en parlo :

> De la vitòri dei Rouman
> Nasquè lou trienfle de Pourriero.

Segound li vièis istourian, lou troufèu en entié se vesié representa sus uno tapissarié di segnour d'aquel endré. Èro uno piramido, courounado pèr un group de tres guerrié que pourtavon uno targo sus la tèsto, e sus la targo èro quiha lou capitàni triounflaire. Lou retra dóu mounumen es counserva tambèn dins lis armo de Pourriero ; e d'aqui vèn lou prouvèrbi : *Aco 's lis armo de Pourriero, soun tres à pourta 'n téule*, que se dis quand li gènt se meton en fatigo pèr faire pau de causo.

(F. MISTRAL)

LXX

La Mar

Perqué nous fatiga de ti bram malancòni,
Marino tempestouso, e d'uno aspro sinfòni
Perqué batre sèns fin lou dougan que t'enclaus?
Adounc faras toujour gingoula ta carrello?
Adounc nous leissaras, eterno renarello
    Jamai un moumen de repaus?

Perqué terriblamen au flanc di rancaredo
Turta toun pies gigant? De si muraio redo
As pancaro pouscu mordre tant soulamen
La rusco; e dins l'ourrour de vosto lucho ardènto,
Toun cors s'estrasso, o mar, e 'n escumo bouiènto
    Toun sang regolo sus ti sen.

Perqué, sènso pieta, de poutouno feroujo
Moussiha lou ribas! Pèr milo plago roujo
Soun sang espiro e dins ti garagai s'esperd...
Autre-tèms, dóu martire ansin la vivo flamo
Lipavo lou cors nus fin-qu'ajougnèsse l'amo
    Dins un embrassamen d'infèr.

O mar! de-que t'a fa ta germano la terro,
Pèr mòure ansin contro elo uno encarado guerro?
La terro, coume tu, noun es fiho de Diéu?
Fau-ti, pèr sadoula ta ràbi de demòni,
D'un eterne coumbat l'ourrour e lis angòni
    E la mort de tout ço que viéu?

Ounte tu sies passado, as empremi la rouino
Coume un boul misterious: contro cènt vilo jouino
Te sies 'mé ti sablas óupilado à l'assaut;
As, sus la ribo, ounté s'espoumpissien ravido,
Desplega toun linçòu, e peri touto vido
    Emé l'amarun de ta sau.

Malur à l'ome ardit que sa man te caresso
Li flanc ! Segur sarié mens traite — di tigresso
Que fuson invesiblo, i bouscas sournaru,
Lou regard inchaièut, que de ta car, crudèlo,
Lou velout azuren, mantèu de farfantello
  Qu'à grand ple recuerb l'atahut !

Se dis que dins Flourènço antan, uno liouno
Qu'escapado i gardian, indoumtablo e ferouno
Pourtavo la terrour, rendeguè soun enfant
I gème d'uno maire... E tu, de quant de femo
Emé de rire fèr as begu li lagremo,
  Moustre toujour bramant de fam !

Touto la creacioun à la lèi soubeirano
Oubeïs : la fourèst, la mountagno, la plano,
L'estello e lou soulèu, se clinon voulountous
Davans ta lèi, Segnour ! tu souleto, marino,
Rebecant contro Diéu, boudenfles ta peitrino
  De ràbi e d'ourguei arderous.

Perqué dins lou councert d'eternalo armounio
Mescla toun rangoulun ? Lou paure que soumiho
Sus toun ribas, perqué l'enfeta de ti plour ?
Sies-ti de l'autre mounde uno voues proufetico,
Pèr nous rememouria, coume dins Roumo antico,
  Que sian nascu pèr la doulour ?

Quand la terro e lou cèu, d'un amourous delice
A nòsti labro en fio presènton lou calice,
D'un nouvelun pascau quand se gounflon li cor,
E qu'i rai calourènt de l'astre qu'escandiho
Boumbisson afouga d'estranjo fernesio,
  E qu'un chale mourtau li mord.

Tau qu'un brama de vènt, o mar, de ti cafourno
Alor mounto uno voues, voues fourmidablo e sourno
  Que jalo li mesoulo e nous crido : Travai !

E peno! e lucho! e mort! E li tèsto crentouso
Se clinon, e la terro à ta voues despietouso
  S'acrouchounis folo d'esfrai.

O mar, vole dourmi! Laisso, laisso tis oundo
S'apasima! Lou cèu amount de rai s'asoundo,
La campagno verdejo, e canton lis aucèu :
Laisso-nous pantaia jusqu'à la vesprenado....
N'avèn pèr pantaia que just uno journado
  Davans la grand niue dóu toumbèu !

   C. Crestian de Vilonovo d'Esclapoun.

LXXI

Soun iroundello

Tout flouris, tout canto,
Veici lou printèm !
E soun iroundello
Urouso e fidèlo
  Revèn.

Mai tristo s'aplanto
Sus lou fenestroun ;
La sono, la bèlo,
E crèi que la bello
  S'escound.

« O bono Antounieto,
— le crido l'aucèu
Dins soun bresihage, —
Vène ausi moun viage
  Tant bèu.

» Aprendras, fiheto,
Qu'au-mens, aquest an,
Rèn noun me carcagno
Di peno e di lagno
  D'antan.

» Li las dóu cassaire
M'an pas maucoura ;
De la margarido
L'estello es flourido
    Au prat.

» A trouva sa maire
La chato à péu blound...
N'ai vist que caresso,
Ris, chale, alegresso,
    Poutoun.

» Sabes coume t'ame :
Souto toun cèu blu
Se sèmpre revène,
Es que me souvène
    De tu.

» Noste negre eissame
Alin s'avanis ;
Mai iéu te demore
Pèr t'óufri, ma sorre,
    Moun nis.

» Ounte as mes la bourro
E lou fin coutoun
Que pèr ma couvado
Ta man, chasco annado,
    Rejoun ?

» Veguen, jusquo quouro
Jougaras avau
A la rescoundudo ?
Se fas mai la mudo,
    M'envau !... »

E la fenestreto
Plan-plan se durbis ;

Davans l'aucelino
Uno oumbro se clino
    E dis :

« Liuen d'eici, negreto,
Vai pausa tis iòu :
Toun amigo es morto
E sa maire porto
    Soun dòu !..

» Nosto belle chato,
Noste soul tresor,
Noste dous mistèri,
Es au cementèri
    Que dor !

» La terro l'acato...
Vai-ie, gènt aucèu,
Dins toun bresihage
Ie counta toun viage
    Tant bèu !... »

Dis, e, plourarello,
L'oumbro tourna-mai
Plan-planet s'embarro...
L'aucelino caro
    S'envai !..

MANDADIS

Despièi, l'iroundello
Qu'amaves bèn tant,
O bono Antounieto,
Sus toun cros, paureto,
    Se plan !..

        (L. ROUMIEUX)

LXXII

Lou descoucounage

I

Es lou jour dóu descoucounage :
Tout es en aio dins l'oustau !
Just a cacaleja lou gau,
E tout l'oustau es à l'óubrage.

E trefoulis l'urous nistoun :
l'an mes sa plus bello raubeto ;
E, sus sis espalo, à treneto,
Pendoulo l'or de si frisoun.

Fai gau i descoucounarello :
Tóuti, tóuti de lou souna ;
Tóuti, tóuti de poutouna
Si bèlli gauto riserello !

Lou rèire en plourant ie sourris,
le fai : *Vène ! vène !* e l'embrasso...
Pièi cercant dintre li badasso
La plus rousso, ie baio, e dis :

« — Tè, moun sang ! porto à Nosto-Damo
» La flour di coucoun d'aquest an:
» le diras de beni toun grand,
» le diras de sousta toun amo. »

L'enfant, alor, l'enfant gentiéu,
Respond au vièi em'un sourrire...
Pichot sant Jan, i'a pas de dire
As aquéu biais i pèd de Diéu !

Coume un rampau tèn sa genèsto.
E i poulit, poulit coume un ióu......
Part.... Si pèd tocon pas lou sòu,
E mounte passo ie fan fèsto.

E cour, soun presènt à la man ;
Si long péu jogon emé l'aire...
E, 'nvejouso, tóuti li maire
Lou poutounejon en passant.

Ve-lou dins la santo capello
De Nosto-Damo-de-Pieta :
Un vòu d'ange es à soun cousta ;
La Vierge lou sono e lou bèlo !..

S'aubouro, e met si coucoun rous
Subre l'autar de Nosto-Damo...
E la prègo, e soun iue s'aflamo...
Maire de Diéu ! coume es urous !

Sèmblo uno roso sa bouqueto !
E quéti grands iue !... D'à geinoun,
E li 'man juncho, bèu nistoun !
Is ange meme fai ligueto !

II

Vierge, aparas aquel enfant !
Gardas-lou sèmpre, o benesido !
Dins lis espino de sa vido,
Trasès de flour à pléni man.

De-longo agués d'éu remembranço,
Amagas-lou dins voste amour ;
Pourgès-ie soun pan chasque jour :
La fe, l'amour e l'esperanço....

Li pèd saunous, quand sara las,
Pèr pieta ! dounas-ie, Mario !
Lou galant nis de la famiho,
E si poutounet pèr soulas.

(Roso-Anaïs ROUMANILLE)

LXXIII

La Sauvi

Avès jamai ausi dire:

> Quau de la sàuvi noun pren
> De la Vierge noun se souvèn ?

Siéu segur que si. E de mounte vèn qu'aquéu dire se dis? Un jour, à la vihado, ma pauro grand me countè eiçò, e vau peréu vous lou counta.

Li bourrèu dòu rèi Erode furnavon, aferouna e ensaunousi, lis oustau de Betelèn, pèr escoutela lis enfant au mamèu. La Vierge Marìo, mai morto quo vivo, pechaire! courrié, d'enterin, dins li mountagno de Judèio ; e, sarrant soun fièu sus soun cor tremoulant, fugissié lis escoutelaire.

Sant Jòusè, dins la plano, demandavo, de mas en mas, la retirado, que res voulié ie douna.

E vaqui que subran d'ourlamen de mort venguèron tranca lou cor de la Maire de Diéu. Se viro alor, e que vèi elo? Elo vèi apereilalin li sóudard d'Erode que ie courron après.

Ai! ai! ai! ounte s'escoundre ? Ges de cafourno dins la roco que posque l'assousta !

Alor veguè contro elo uno roso que s'espandissié : — Roso, bello roso, ie diguè, espandisse-te bèn, e acato, emé ti fueio, e lou paure enfant que volon faire mouri, e sa pauro maire qu'èi quàsi morto !

La roso ie diguè : — Passo lèu, passo toun camin, vai ! car li bourrèu, en me frustant, pourrien m'ensali. Eila i'a la giróuflado : vai ie dire de t'assousta, e beleu t'assoustara.

— Giróuflado, poulido giróuflado, ie diguè Marìo, espandisse-te bèn, e acato, emé ti fueio, e lou paure enfant, que volon faire mouri, e sa pauro maire, qu'èi quàsi morto !

La giróuflado ie diguè : — Passo lèu, passo toun camin ; ai pas lesi de t'escouta, car fau que me flourigue. Eila i'a la sàuvi : la sàuvi toujour es estado lou recàti de la pauriho.

— Sàuvi, bravo sauvieto, espandisse-te bèn, e acato, emé

ti fueio, e lou paure enfant que volon faire mouri, e sa pauro maire, qu'èi quàsi morto !

E tant s'espandiguè la bravo sauvieto, tant alarguè si fueio e si flour, que ie recatè l'enfant Diéu e sa maire.

E quand passèron li bourrèu, la maire fernissié e l'enfant Diéu ie richounejavo. E coume èron vengu li bourrèu s'entournèron. E quand se fuguèron entourna, Mario e Jèsu se desacatèron.

— Sàuvi, santo sàuvi, gramaci ! diguè la maire.

E la Vierge caressè 'mé la man la planto pietadouso, e la benesiguè.

E pièi Sant Jóusè ajougneguè Mario e Jèsu em'un ase qu'un brave ome ie louguè ; e Mario mountè sus l'ase. E Miquèu, l'ange de Diéu, davalè d'amoundaut pèr ie teni coumpagno e i'ensigna lis acóurchi. E s'enanèron plan-plan en Egito.

Es desempièi que la sàuvi a tant de vertu, desempièi qu'en Prouvènço se dis :

<blockquote>
Quau de la sàuvi noun pren,
De la Vierge noun se souvèn.
</blockquote>

(J. ROUMANILLE)

LXXIV

L'arribado di meissounié

Erian au tèms que li terrado
An si recordo amadurado :
Èro, vous trouvarés, la vueio de San Jan.
Dins li draiòu, long di baragno,
Deja, pèr noumbróusi coumpagno,
Li prefachié de la mountagno
Venien, brun e póussous, meissouna nòsti champ ;

E li voulame en bandouliero,
Dins li bedoco de figuiero ;
Ensóuca dous pèr dous ; chasco sòuco adusènt

Sa ligarello. Uno flaveto,
Un tambourin flouca de veto
Acoumpagnavon li carreto,
Ounte, las dóu camin, li vièi èron jasènt.

E'n ribejant long di tousello
Que, sout lou vènt que li bacello,
Oundejon à grands erso : — O moun Diéu ! li bèu blad !
Quénti blad drud ! fasien en troupo.
Acò sara de bello coupo !
E peréu coume en l'èr soun lèu mai regibla ! —

Veici qu'Ambroi s'ajougnè 'm'éli :
—Soun tóuti preste coume aquéli,
Vòsti blad prouvençau, moun segne ? — fai subran
Un di jouvènt. — I'a li blad rouge
Que soun encaro darrierouge ;
Mai, en durant lou tèms aurouge,
Veirés que li voulame à l'obro mancaran !

Remarquerias li tres candèlo,
Pèr Nouvé ? semblavon d'estello...
Rapelas-vous, enfant, que i'aura granesoun
Pèr benuranço ! — Diéu vous ause,
E dins voste òrri la repause,
Bon segne-grand ! — Entre li sause,
Emé lou bouscatié lis ome de meissoun,

Entanterin que s'avançavon,
Bounamen ansin devisavon.
E s'atrovo qu'au Mas di grand Falabreguié
Peréu venien li meissounaire.
Mèste Ramoun, en permenaire,
Dóu mistralas desengranaire
Venié vèire pamens ço que lou blad disié.

E de l'espigado planuro
Éu travessavo la jaunuro,
D'auro en auro, à grand pas ; e li blad roussinèu :

— Mèstre, murmuravon, es l'ouro !
Vès coume l'auro nous amourro,
E nous estraio, e nous desflouro...
Boutas à vòsti det li dedau de canèu ! —

D'autre ie venien : — Li fournigo
Deja nous mounton is espigo ;
Tout-escasp plen de cai, nous derrabon lou gran...
Vènon pancaro li gourbiho ? —
Aperalin dins lis aubriho
Lou majourau virè li ciho,
E soun iue peralin li descuerbe subran.

Entre parèisse, tout l'eissame
Desfourrelèron li voulame,
E dins l'èr au soulèu li fasien trelusi,
E li brandavon sus la tèsto,
Pèr saluda 'mé faire fèsto.
Mai à la troupelado agrèsto
Dóu pu liuen que Ramoun pousquè se faire ausi :

— Benvengu sias, touto la bando !
Ie cridè ; lou bon Diéu vous mando. —
E léu de ligarello aguè 'n brande noumbrous
A soun entour : — O noste mèstre,
Toucas un pau la man ! Benèstre
Posque emé vous longo-mai èstre !
N'i'aura de garbo à l'iero, aquest an, Santo Crous !

— Noun fau juja tout pèr la mino,
Mi bèus ami ! Quand pèr l'eimino
Aura passa l'eiròu, alor de ço que tèn
Saubren lou just. S'èi vist d'annado
Que proumetien uno granado
A fai d'un vint pèr eiminado,
E pièi fasien d'un tres !... Mai fau èstre countènt.

(F. MISTRAL)

LXXV
Balado de Catalougno
(Traducho d'Aguilera)

A'n enfant la Catalougno,
A'n enfant menesteirau
Qu'à soun obro jamai fougno
Per ie vèire lou front aut.
Dóu mestié la cridadisso
Niuech-e-jour de-longo-fai :
  Tric! trac!
  Tric! trac!
A la machino que lisso
Tèis o fielo, vèn o vai,
  Tric! trac!
  Tric! trac!
Éu respond de cantadisso
Que l'ajudon au travai.

Un jour que boufavo l'auro,
Catalougno à soun fiéu vèn :
« Enfant, veses que siéu pauro
Que siéu pauro veses bèn. »
Lou fiéu respoundeguè : — « Maire,
Anarai gagna lou pan! »
  Tric! trac!
  Tric! trac!
E de sa susour, pecaire,
La naveto éu arrousant,
  Tric! trac!
  Tric! trac!
Pèr toui dous bon travaiaire,
Aguè lèu lou pan gagnant.

« Catalougno, maire santo,
Iéu te vole enmantela,
E de la fre que t'aganto
Te veirai plus tremoula. »

A sa maire antan s'esplico
Lou teissèire, e de canta :
  Tric ! trac !
  Tric ! trac !
Ressounèron li fabrico
E'n teissènt vai i'apresta
  Tric ! trac !
  Tric ! trac !
Uno manto magnifico
E soun inmourtalita !

Catalougno un jour valènto
Dis au mount, dis à la mar :
— « Fau que, fermo emai paciènto,
Iéu vous doumte à tèms o tard »
Au pagés douno d'eissado,
Au marin douno de rèm :
  Tric ! trac !
  Tric ! trac !
E, batènt l'oundo salado
E lou gres bèn à-de rèng,
  Tric ! trac !
  Tric ! trac !
Dóu ro tiro l'espigado,
Tiro un scètre de l'avenc.

Catalougno sus si terro
Vèi un jour lis estrangié
E dins sa peitrino fèro
Boui lou sang de si guerrié.
Van si fiéu à la defènso,
Si fiéu tournon travaia :
  Tric ! trac !
  Tric ! trac !
E'nsin quouro tirant l'ènso,
Quouro à l'obro anant canta !

   Tric ! trac !
   Tric ! trac !
Counquistè l'independènço
E teissè sa liberta.

Pèr te faire richo e bello,
Catalougno, la vapour,
La vapour bramo e barbèlo
Viro ti fus niuech-e-jour.
Se proun valon ti belòri,
Valon mai li vertu qu'as :
   Tric ! trac !
   Tric! trac !
Gardo-n'en bèn la memòri
Car, se lis oublides, las !
   Tric ! trac !
   Tric! trac !
Noun la telo de ta glòri,
Toun susàri tramaras.

(L. Roumieux)

LXXVI

L'envasioun de Carle-Quint

I

 La leituro de l'istòri es l'ensignamen di pople. l'a ges de tèms que noun revèngue ; e l'eisèmple dóu passat dèu nous servi. Legissen dounc, leitour, aquesto bello pajo de l'istòri de Prouvènço.

 En l'an 1536, lou celèbre Carle-Quint, emperaire d'Espagno e d'Alemagno, estènt en guerro emé lou rèi Francés Proumié, envahiguè nosto Prouvènço, pèr counquerre, se poudié, la courouno di rèi d'Arle.

 Lou 21 de juliet intravo à Niço, emé 10,000 cavalié e 40,000 fantassin, acoumpagna perèu dóu duque de Savoio e de que-noun-sai de prince emai de generau, que servien souto sis ordre. Uno floto redoutablo, qu'avié pèr amirau lou famous Doria, ribejavo en meme tèms e ravajavo la coustiero.

Lou rèi Francés, emé si troupo, s'èro proun establi en Avignoun, garda pèr lou jougnènt de la Durènço emé lou Rose, e esperant aqui lis armado alemando ; mai fourça, coume erian, de nous apara soulet, la pousicioun de la Prouvènço èro critico mai-que-mai.

Dins tout acò, lou patrioutisme de nòsti davancié s'aubourè quatecant à l'autour dóu peril.

II

Pèr afama lis enemi, li Prouvençau brulèron tout : despièi lou Var enjusqu'au Rose, blad, civado, pasturo, paiero, fenassièu, prouvesioun e danrèio, tout passè pèr lou fio. Li moulin e li four siguèron demouli, li bastido devastado, li vilage abandouna, e li poupulacioun, gardant que lou necite se rambèron dins li vilo, li fort e li mountagno ; de modo que l'emperaire, entre agué passa lou Var, trouvè lou païs vaste e nus coume la man, emé li païsan que, de darrié li tousco o de la cimo di roucas, i'acanavon si sóudard emé li pruno siblarello. Lis Alemand, d'enràbi, abravon li pinedo, e cremèron ansin forço femo e enfant que se i'èron escoundu.

III

Es alor qu'un arlaten, lou segnour de Castèu-nòu, emé quatre àutri noble, Albod, Balb, Bounifàci e Escragnolo, se rendeguèron inmourtau pèr la prouësso qu'anas vèire, digno de Leounidas.

Sachènt que l'emperaire anavo passa au Mui, aquéli cinq grand patrioto, emé quinge legiounàri e trento païsan, venguèron s'embarra dins uno vièio tourre que douminavo lou camin, resoulu e counsènt à sacrifica sa vido, e à tira sus Carle-Quint, au moumen que passarié.

Veici qu'un persounage de fort bello aparènço, e fieramen

cubert d'un mantèu escarlatin, s'avançavo à chivau, envirouna d'àutri segnour que semblavon l'escourta. Nòsti bràvi prouvençau lou van prene pèr lou rèi, ie descargon dessus tóuti sis arquebuso, e l'estèndon rede mort. Mai es que se troumpèron : acò 'ro un capitàni nouma Garcia Lazzio. Si coumpagnoun enferouni, brulant de lou venja, se lançon tóuti ensèn à l'assaut de la tourre ; e nouvello descargo de nòstis assieja que n'en couchon la mita sus lou carrèu ; talamen que l'emperaire, averti à la fin de la malemparado, faguè creba la tourre à cop de canoun, e li cinquanto prouvençau fuguèron massacra.

IV

Frejus e Draguignan se rendeguèron ; Brignolo fuguè piha ; Sant-Meissemin uscla ; e enfin lou 9 d'avoust, l'emperaire Carle-Quint faguè soun intrado à z-Ais, ufanous e poumpous coume s'avié counquist l'empèri. L'endeman se rendeguè, emé touto sa court, à la glèiso de Sant-Sauvaire, e se faguè courouna rèi d'Arle e de Prouvènço pèr l'evesque de Niço, que l'avié acoumpagna. Pièi destribuïguè li fièu e dignita de la Courouno d'Arle ; eregiguè quatre ducat, quatre principauta e quatre marquesat ; e entre si sóudard partejè noste païs, coume se lou tenié.

Mai èro encaro au pan di noço.

V

En rèn de tèms la fam arrapè soun armado, qu'èro campado au Plan d'Aiano. Quand li lansaquenet se voulien escarta pèr acampa de viéure, lis ome dóu païs, embousca delong di routo, n'en tuavon tant que poudien : e li miliço prouvençalo, evitant uno grand bataio, de tóuti li caire e tóuti li jour, lis arcelavon de-countùnio e ie fasien de mau coume la grelo.

Pièi lis Emperiau vouguèron assaja de prene Arle e Marsiho ; mai vergougnousamen fuguèron repoussa pèr li gràndi couloubrino de Santo-Paulo e dis Areno. E à la longo, l'emperaire, alassa, despoudera pèr aquelo guerro de partisan e pèr lou manco de mangiho, aquéu grand emperaire, d'Espagno, d'Alemagno, di Flandro e di Sicilo, prenguè la retirado quàsi coume un petous ; e aqueira e coussaia pèr nòsti païsan, éu repassè lou Var lou 24 de setèmbre, après avé perdu li dous tiers de si soudard e de soun artiharié.

(F. Mistral)

LXXVII
Lou paure

I

  Fasié fre ; lou mistrau bramavo ;
  La darriero fueio toumbavo ;
Tout mourié dins lou champ ; plus de flour dins li prat !...
  Que tempèsto ! — Un vièi caminavo.
  De mounte venié, mounte anavo,
  Lou paure vièi espeiandra ?
— A la porto di mas lou malurous plouravo,
 Disié : Durbès, qu'ai fam ! Aguès pietade iéu !
  Un tros de pan, au noum de Diéu !

  E dins li mas lou paure intravo ;
  E pèr éu lou fio s'empuravo,
Sus la taulo pèr éu la touaio s'estendié....
  Dóu Paradis lou vièi parlavo,
  E soun iue blu beluguejavo !
  E sèmpre lou mas se durbié,
Quand subre lou lindau lou sant ome plouravo,
Que disié : Bèllis amo, aguès pieta de iéu !
  Un tros de pan, au noum de Diéu !

  La regalido petejavo,
  E lou vièi paure se caufavo ;
E l'enfant de l'oustau, lèu-lèu qu'à si geinoun,
  Pichot diable, se pendoulavo ;
  Lèu qu'emé biais ie demandavo

Un galant conte e de poutoun.
Ah ! li maire durbien quand lou bon vièi plouravo,
Que disié sus la porto : Agués pieta de iéu !
Un tros de pan, au noum de Diéu !

'Mé sa barbo l'enfant jougavo ;
E lou rèire poutounejavo
Li gauto de l'enfant e soun front blanquinèu.
E quand, de-fes, lou vièi countavo
Un conte d'autre-tèms, anavo
Sèmpre de pu bèu en pu bèu !
Tambèn l'enfant risié quand lou paure plouravo,
Que disié : Quaucarèn ! aguès pieta de iéu !
Un tros de pan, au noum de Diéu !

Tambèn quand lou vièi s'enanavo,
L'enfant acantouna fougnavo....
Lou poulit vièi prenié sa biasso e soun bastoun,
Sa coucourdo pleno, e pregavo !
Emé sa man que tremoulavo,
Dounavo la benedicioun....
Pièi su 'n autre lindau lou brave ome plouravo :
Bèllis amo, fasié ! prenès pieta de iéu !
Un tros de pan, au noum de Diéu !

E Diéu, qu'amo li paure, amavo
Lou mas ounte lou vièi manjavo
Lou pan que benesis la santo carita,
Lou mas que souvènt l'assoustavo ;
E d'amount lou bon Diéu mandavo,
Dins l'an, forço prousperita
En quau fasié de bèn au rèire que plouravo,
Que disié : Quaucarèn ! aguès pieta de iéu !
Un tros de pan, au noum de Diéu !

II

Fasié fre ; lou mistrau bramavo ;
La darriero fueio toumbavo ;
Dins lou champ tout mourié ; ges de flour dins li prat...
Sus lou gèu un vièi trantraiavo.
Pèr aquelo auro, mounte anavo
Lou paure vièi espeiandra ?
Au lindau d'un castèu lou malurous plouravo
E disié : Bèllis amo, aguès pieta de iéu !
Un tros de pan, au noum de Diéu !

Èro un castèu qu'esbarlugavo :
Un riche se ie gaugaiavo ;
Sus si couissin de sedo urous s'espoumpissié ;
Venié de manja : soumihavo ;
Lou crid dóu paure l'enfetavo ;
Lou riche en soumihant disié :
Ie bandisse mi chin !... E lou paure plouravo,
Disié, pecaire : — Ai fam : aguès pieta de iéu !
Un tros de pan, au noum de Diéu !

III

Passère, e lou castèu brulavo.
Lou fió de Diéu lou devouravo.
Ausiguère de crid... Lou riche èro dedin !
E l'auro sèmpre s'encagnavo
Sus lou palais que cracinavo....
Malur ! avien bandi li chin !...
Boutas-vous à geinoun : lou paure que plouravo,
Que disié sus la porto : Aguès pieta de iéu !
— A geinoun ! èro lou bon Diéu !

(J. ROUMANILLE)

LXXVIII

Nono-Nounet

« Nono-nounet,
Efantounet... »
Es uno maire
Qu'à soun bramaire
Ansin fasiè,
Brandant soun liè.
Pièi mai disiè :
« Som-som, pecaire !

» Nono-nounet,
Efantounet,
Dins ta bressolo...
L'anjou, que volo
Aqui sus tu,
Dis : — T'an batu ?
Ausis, testu,
Que te counsolo.

» Nono-nounet,
Efantounet... »
Toun einadeto,
Margarideto,
Ve coumo dor :
Un pantai d'or
Brèsso soun cor,
Bloundo fadeto.

» Nono-nounet,
Efantounet...
Dis-me la causo
Que n'es l'encauso

De toun ploura :
Es-ti lou rat
Qu'auses fura
La vièio lauso?

» Nono-nounet,
Efantounet...
O dedins l'oulo,
Mounte gingoulo,
Lou fi Gripet,
Lóugiè tapet,
Que dau papet
Rescond la groulo?

» Nono-nounet,
Efantounet...
E béu la maulo
Qu'es sus la taulo
Dau vièl malaut,
Pièi de l'oustau
Sourtis sèns clau
E sèus cadaulo?

» Nono-nounet,
Efantounet...
Es-ti la lampo
Qu'en aut escampo
Lou revoulum
D'un negre fum,
Au long plagnun
De la cisampo?

» Nono-nounet,
Efantounet...
O lou béulòli
Tucle e boudòli,

Cridant amount
Coumo un demoun,
Que dau Simoun
A rauba l'òli?

» Nono-nounet,
Efantounet...
Quinto es la causo,
L'irèjo, qu'auso
Te faire esfrai?
La charparai
E li dirai :
— Chut! que repauso. —

» Nono nounet,
Efantounet...
Mai res boulego;
Alor dounc plego,
Plego toun iuèl
Blu, qu'à Gabrièl,
L'ange dau cèl,
Fai lego-lego.

» Nono-nounet,
Efantounet...
Barro-lou, barro,
E lèu, tou-taro,
Au cèl saras...
Ie voularas
E jougaras
De la quitarro.

» Nono-nounet,
Efantounet... —
Mai, chut! s'amaiso;
Vesès, se taiso

Moun bèl efant,
Ma set, ma fam,
Moun cor, moun sang!...
Deja pantaiso... »

Fai soun nounet
L'efantounet...
Alor la maire
Au bèu bramaire
Un poutou fai :
E, lou cor gai,
A soun tour vai
Dourmi, pecaire.

(A. Arnavielle)

LXXIX

Mèste Coulau e si tres drole

I

Lou bon Mèste Coulau, qu'èro adeja dins l'age,
Mai que, pamens, menavo encaro un gros meinage,
E lou menavo bèn, car èro dins lou siéu,
Un Dimenche après vèspro, en venènt dóu vilage,
      Rescountrè soun jouine, Matiéu,
(Dise jouine, qu'avié si dès an de mariage) :

— Coume sian, paire? — Bèn. E tu? — Noun se pòu miéu.
— E la noro? — Pas mau. — E Glaude, e Bourtoumiéu?
      — Hòu ! trisson coume de cassaire....
      Que voulès que vous digue, paire?
Fasès-vous vèire : avès un marrit tussihoun !
— Acò's pata-pas rèn, un pauquet d'artisoun.
— Vous l'ai di i'a proun tèms, sias d'age à plus rèn faire.
Ah ! paire, s'ère vous ! lèu que me desfariéu
      De moun bèn, e lou baiariéu
      A mi drole, pèr part egalo.

Éli travaiarien, e li regardariéu.
E iéu, diguè lou vièi, quand auriéu la fringalo,
    Davans l'armàri dansariéu !
E dins uno mesado auriéu vira de palo !
Ah ! siéu pas tant darut ! — Mai vous recatarian,
    E basto que durèsse !
    Nous prenès dounc pèr de Bóumian ?
Di moussèu li pu fin, paire, vous nourririan.
Anas ! pèr que lou péu toujour vous lusiguèsse,
    Pèr que jamai rèn vous manquèsse,
    La niue meme, quand lou fauguèsse,
    Sarian tres que labourarian !

— Moun drole, acò's bèn di, respoundeguè lou paire !
    Diéu t'a mes dins lou pitre un cor
    D'or !
Em'un cor coume avès jamai viras de caire !...
Es clar que, tóuti tres, sias de bon travaiaire....
    Aquesto niue, ie sounjarai :
    La niue porto counsèu. Veirai.
    M'es avis qu'acò pòu se faire,
E que vous, coume iéu, vous n'atroubarias bèn.
    Toco aqui ! Dimenche que vèn,
Vous espère : venès au mas, tu 'mé ti fraire.

II

Fuguèron lèu sus pèd lou Dimenche matin !
Pèr i'arriba pulèu bouton si soulié prim,
E parton tóuti tres, la vèsto sus l'espalo
    Brulavon lou camin :
    Aurias di qu'avien d'alo !

    Bèn ! pamens, s'encalèron lèu,
    Car, coume fasien lou partage
De la vigno, dòu prat, dóu claus e dóu meinage,

E que cadun voulié pèr éu
Agrafa lou pu gros moussèu,
Se matrassèron lou carage.
D'aquéli pau-de-sèn ! s'estrassèron la pèu !

A la fin, en renant vers soun paire arribèron,
Lou nas ensaunousi, toutis endemounia !
E souto la triho atroubèron,
Relucant d'auceloun que venié d'engabia,
Lou bon vièi, qu'avié mes pèr acò si luneto.

III

— Paire, bèn lou bonjour ! Eh ! toucas la paleto.
De-que fasès aqui de bèu ?
— Espinchave aquélis aucèu.
Su 'quéu sause, Glaudoun lis a rauba, lou laire !
(Quand disès dis enfant, an pas mai de pieta !)
A soun paire, à sa pauro maire,
Tout-bèu-just au moumen que s'anavon quita :
Tambèn, trancon lou cor : entendès-lèi piéuta...
Chut ! que la maire vèn i'adurre la becado.
Enfant, regardas-la : coume es afeciounado !
Ah ! qu'uno maire fai de bèn !
N'en fai pèr dès ! Soun alo es jamai alassado ;
E vague de bousca pèr si bèus innoucènt !
Elo que de countùnio es d'un rèn esfraiado,
Vuei es esfraiado de rèn...
Dempièi que siéu eici, n'a fa de vai-e-vèn
Pèr prene siuen de sa nisado !

Vaqui lou paire : èi sèmpre en l'èr ;
Vès, coume voulastrejo à l'entour de la triho :
Vai aqui, volo eila, viro, tourno, chauriho :
A toujour l'iue dubert
Sus touto la famiho !

— Acó's bèu, lou sabèn; mai acò's pas nouvèu,
Faguè l'einat, Bastian. Que sièr de dire, paire?
Bessai que farian mies de regla noste afaire,
Car pièi..... sian pas vengu pèr countempla d'aucèu!

— Ah! voulès de nouvèu? Eh bèn! leissas-me faire.

IV

Em'un fielat lou vièi aganto alor la maire,
   E lou paire peréu ;
De la presoun d'aran tout-d'un-tèms duerb la porto,
E frrou! li passeroun s'envolon en piéutant :
   Sèmblo qu'un diable lis emporto!
Lou vièi met li parènt ounte èron lis enfant,
E de la gàbi, cra! la porto es mai barrado.

V

— Eh bèn! qu'arribara? faguè lou cadet, Jan.
— Veirés, li jouine i vièi adurran la becado,
Diguè Mèste Coulau, e lis emboucaran.
   Pèr acò faire soun proun grand....
Se n'an pas de biais aro, eh! quouro n'en auran?

   — Sant ome que sias! voulès rire?
  M'es avis qu'acò's pas de dire.
  Aisso! anas, li vièi patiran.
Esperarés long-tèms, s'esperas que vendran !

E nòsti galagu galejavon soun paire!

   — Paire e maire alor mouriran
   De la malo mort : de la fam?
— Eto-mai! — Bèn! n'i'a proun : acò règlo l'afaire.
  Adessias! Vendrés un autre an.

Un paire, mis ami, nourririé cènt enfant,
  Cènt enfant nourririen pa'n paire!

        (J. Roumanille)

LXXX

La Vierge de la baumo

Vaqui la Vierge de la baumo,
La Vierge dóu jardin qu'embaumo ;
Emé si bras dubert, emé soun bèu front clin,
Soun long mantèu nousa sus l'anco ;
Velaqui 'mé sa raubo blanco !
Lou fres bouscage aro ie manco,
E pèr te plaire, o chato, elo vèn d'eilalin.

Eilalin, encò de moun fraire,
Vous, sias la rèino dóu terraire,
Vierge ! Avès un palais de roco, plen d'oumbrun ;
Avès la pas de la campagno,
Emé lis aubre pèr coumpagno ;
Avès la visto di mountagno,
Si dentiho de nèu, pourpalo au calabrun.

Li proumiéri flamo de l'aubo,
Lou matin, dauron vosto raubo ;
Lou grand soulèu levant vous vestis de trelus ;
Chascun vous fai sa benvengudo :
Lou parpaioun blanc vous saludo,
E tóuti li roso esmougudo
Escampon soun eigagno à vòsti bèu pèd nus.

La terro emé lou cèu fan fèsto ;
Lis aucèu alongon la tèsto
Foro di nis bressaire ounte couvon sis iòu :
Tout vous benesis, o Mario !
Murmur d'auro, vounvoun d'abiho...
La font claro pèr vous babiho ;
Pèr vous, entre-fouli, canton li roussignòu.

Vaqui la Vierge de la baumo,
La Vierge dóu jardin qu'embaumo ;
Emé si bras dubert, emé soun bèu front clin,
Soun long mantèu nousa sus l'anco ;
Velaqui 'mé sa raubo blanco !
Lou fres bouscage aro ie manco
Mai pèr te plaire, o chato, elo vèn d'eilalin.

La vilo, ounte l'ome varaio
Coume un trevan que vous esfraio,
Santo Vierge, aro dounc sara voste sejour !
La vilo, ounte coume en susàri
L'ome es presounié dins si bàrri,
Ounte li chivau e li càrri
Escrachon ço que passo e tronon niuech-e-jour.

Dins sa chambreto de chatouno
Anas-vous-en, douço patrouno !
Aqui, tempèsto d'ome, e crid, e brut que fan,
Tout s'abauco : es uno calanco.
E, se la luno, entre li branco,
Venié beisa vòsti man blanco,
Maire, aurés li poutoun de sa bouco d'enfant.

Pèr vous viha, bèn mai fidèlo
Que li luseto e lis estello
Qu'entre-luson dins l'erbo e lou cèu vaste e clar,
Aurés uno lampo que briho,
Tóuti li niue ; aurés, Mario,
Tout soun amour de jouino fiho,
Tout soun gàubi gentiéu pèr pimpa voste autar.

Di floureto li mai requisto,
Joio à l'óudour, joio à la visto,
Elo courounara voste image de gip,
O Rèino ! E coume la tourtouro
Que se desgounflo, e canto, e plouro,
Vendra passa de bèllis ouro
A prega davans vous, e peréu à legi.

Es l'amigueto di Felibre,
E saup de cor tóuti si libre.
Queto amo douço e tèndro, e que fin esperit !
La jouveineto èi segnouresso
De bèuta coume de jouinesso ;
Bèuta souvènt es amaresso...
O Mario, engardas la jouvo de soufri !

Es innoucènto, e douço, e bello,
E noun se crèi de si dentello ;
Dounas-ie lou bonur, d'abord qu'a la bèuta !
Pas dóu cor e joio de l'amo,
Dounas-ie tout, o Nosto-Damo !
E d'abord qu'elo tant vous amo,
Dounas à si pantai pleno felecita !

Vaqui la Vierge de la baumo,
La Vierge dóu jardin qu'embaumo,
Emé si bras dubert, emé soun bèu front clin,
Soun long mantèu nousa sus l'anco ;
Velaqui 'mé sa raubo blanco !
Lou fres bouscage aro ie manco,
E pèr te plaire, o chato, elo vèn d'eilalin !

(Teodor AUBANEL)

LXXXI

Lou Baile Sufrèn

I

Lou Baile Sufrèn, que sus mar coumando,
Au port de Touloun a douna signau...
Partèn de Touloun cinq cènt Prouvençau.

D'ensaca l'Anglés l'envejo èro grando :
Voulèn plus tourna dins nòstis oustau
Que noun de l'Anglés veguen la desbrando.

II

Mai lou proumié mes que navegavian,
N'avèn vist degun, que dins lis anteno
Li vòu de gabian voulant pèr centeno...

Mai lou segound mes que vanegavian,
Uno broufounié nous baiè proun peno !
E, la niue, lou jour, dur agoutavian.

III

Mai lou tresen mes, nous prenguè l'enràbi ;
Nous bouié lou sang, de degun trouba
Que noste canoun pousquèsse escouba.

Mai alor Sufrèn : Pichoun, à la gàbi !
Nous fai ; e subran lou gabié courba
Espincho eilalin vers la costo aràbi...

IV

O tron-de-bon-goi ! cridè lou gabié,
Tres gros bastimen tout dre nous arribo !
— Alerto, pichoun ! li canoun en ribo !

Cridè quatecant lou grand marinié.
Que taston d'abord li figo d'Antibo !
N'i'en pourgiren, pièi, d'un autre panié.

V

N'avié panca di, se vèi qu'uno flamo :
Quaranto boulet van coume d'uiau
Trauca de l'Anglés li veissèu reiau...

Un di bastimen, ie restè que l'amo !
Long-tèms s'entènd plus que li canoun rau,
Lou bos que cracino e la mar que bramo.

VI

Di nemi pamens un pas tout-au-mai
Nous tèn separa : que bonur ! que chale !
Lou Baile Sufrèn, intrepide e pale,

E que sus lou pont brandavo jamai :
— Pichot ! crido enfin, que voste fio cale !
E vougnen-lèi dur 'mé d'òli de-z-Ai !

VII

N'avié panca di, mai tout l'equipage
Lampo is alabardo, i visplo, i destrau,
E, grapin en man, l'ardit Prouvençau,

D'un soulet alen, crido : A l'arrambage !
Sus lou bord anglés sautan dins qu'un saut,
E coumenço alor lou grand mourtalage !

VIII

Oh ! quènti bacèu ! oh ! que chapladis !
Que crèbis que fan l'aubre que s'esclapo,
Souto li marin lou pont que s'aclapo !

Mai que d'un Anglés cabusso e peris ;
Mai d'un Prouvençau à l'Anglés s'arrapo,
L'estren dins sis arpo, e s'aproufoundis.

IX

Li pèd dins lou sang, durè 'quelo guerro
Desempièi dos ouro enjusqu'à la niue.
Verai, quand la poudro embourgnè pu l'iue,

Mancavo cènt ome à nosto galèro ;
Mai tres bastimen passèron pèr iue,
Tres bèu bastimen dóu rèi d'Anglo-terro !

X

Pièi quand s'envenian au païs tant dous,
Emé cènt boulet dins nòsti murado,
Emé vergo en tros, velo espeiandrado,

Tout en galejant, lou Baile amistous :
— Boutas, nous diguè, boutas, cambarado !
Au rèi de Paris parlarai de vous.

XI

— O noste amirau, ta paraulo es franco,
l'avèn respoundu, lou rèi t'ausira...
Mai, pàuri marin, de-que nous fara ?

Avèn tout quita, l'oustau, la calanco,
Pèr courre à sa guerro e pèr l'apara,
E veses pamens que lou pan nous manco !

XII

Mai se vas amount, ensouvène-te,
Quand se clinaran sus toun bèu passage,
Que res t'amo autant que toun equipage.

Car, o bon Sufrèn, s'avian lou poudé,
Davans que tourna dins nòsti vilage,
Te pourtarian rèi sus lou bout dóu det !

XIII

Es un Martegau qu'à la vesperado
A fa la cansoun, en calant si tis....
Lou Baile Sufrèn partè pèr Paris ;

E dien que li gros d'aquelo encountrado
Fuguèron jalous de sa renoumado,
E si vièi marin jamai l'an pu vist !

(F. Mistral)

LXXXII

Se fa nue

I

Quand de sa crous lou descendèron,
Quand fuguè mes au croues dins un susàri nòu,
Tóutei seis ami s'escoundèron,
Parlèron plus d'éu : avien pòu.

E n'avié dous que caminavon,
Tèsto souto e lou couer doulènt.
Aro, esperavon plus ; pensatiéu, s'enanavon
A soun mas d'Enmaüs, luen de Jerusalèn.

Vaqui qu'un autre caminaire
Vers élei s'avanço en risènt :
— D'ounte vèn qu'avès l'èr plouraire,
Li dis, de que malur parlavias plan ensèn ?

— Tu soulet sabes rèn ! Sies dounc pas dóu terraire ?
Ounte ères avans-ièr, quand leis ome de lèi
An fa mouri lou Sant en crous entre dous laire ?
Rendié la vido ei mouert dins lei bras de sei maire ;
Lei paure li disien : Moun mèstre ! moun sauvaire !
Nàutrei cresian qu'un jour lou saludarian rèi !

'Tres femo de baume cargado,
Au pouncheja dóu jour, à soun croues soun anado.
Dien qu'an trouva que soun linçòu,
Que la pèiro èro devessado
Davans lei sóudard mut de pòu.

E dien que Madaleno a fa trebouli Pèire
En cridant : Es ressuscita !
L'avèn vist ! à si pèd nous sian precepita !...
Vaqui ço que dien. Pèr va crèire

Faudrié l'ausi, faudrié lou vèire,
Faudrié touca sei pèd trauca pèr lei clavèu.
L'avèn trop bèn vist mouert : tout es fini pèr éu...
A sei barco deja retournon lei pescaire,
　　Nàutrei retournan à l'araire.

　　　— Couer catiéu ! diguè l'estrangé,
Avès gaire de sèn, e de fe n'avès ge.
Legissès mies la lèi, lei prouféto, lei saume :
S'a tant soufert, lou Crist, s'es mouert, lou Redemtour,
Va falié ; poudié pas intra sènso doulour
　　　Dins la glòri de soun reiaume... —

Em' élei repassè tóutei lei predicien,
　　Despuei Adam lou proumié paire,
　　Jusqu'à Sant Jan lou batejaire,
E li faguè dóu Crist coumprendre la messien.
— Rèn qu'un diéu pòu de Diéu desarma la justici,
Rèn qu'un sang innoucènt pòu lava vouéstei vici.
Aquéu sang a paga pèr tóutei lei nacien ;
Aquéu sang dóu pecat reparo lei desastre.
Lei pople seran fraire e faran qu'un avé,
　　Auran qu'un jas, auran qu'un pastre,
　　Auran qu'un Diéu e qu'uno fe. —

　　　E d'enterin que li parlavo,
L'un e l'autre sentié que soun couer s'escaufavo...
Mai deja d'Enmaüs se vesien leis oustau.
Sus la drecho un draiòu menavo au pèd d'un bau :
— Nous separan eici, vaqui vouesto bourgado ;
Descendès dins lou plan, iéu prèni la mountado. —

Tóutei dous, lou pregant, diguèron emé fue :
　　— Rèsto emé nautre : se fa nue !
Lei camin soun marrit, e li a foueço raubaire ;
　　Pèr te pauva trouvaras sousto en-lue ;
Vène dins nouéste mas... Sian paure, avèn pas gaire,
Mai dounan de bon couer lou pan qu'avèn, pecaire !
　　Rèsto emé nautre : se fa nue !

Restè m'élei. Qu'urous fuguèron !
Ero sourne quand arribèron.
   Lèu cerquèron, pèr tauleja,
Lou pan, l'òli, lou vin ; metèron soun abounde.
   L'oste que voulien festeja
   Semblavo pas d'aqueste mounde :
Rèn qu'en lou regardant, sentien tant de douçour
Que disien : Es bessai un àngi dóu Segnour !

   Aguè pas besoun de paraulo
   Quand, prenènt lou pan sus la taulo,
   Li lou partejè pèr mita.
   Seis uei tout-d'un-còup se durbèron ;
   Esmougu, lou recouneissèron ;
   Toucavo plus terro !... Cridèron :
— Sias noueste segne Diéu, lou Crist ressuscita ! —

II

Segnour, nàutrei tambèn marchan dins la sourniero.
Lou bèn a pòu, lou mau desplego sa bandiero.
De se trufa de tu se fan un orre jue !
Pertout lou cèu negrejo e leis astre palisson ;
Boufo un vènt de tempèsto, e lei niéu s'espessisson :
   Rèsto emé nautre, se fa nue !

(Canounge A. BAYLE)

LXXXIII

Pèr Toussant

Tout se passis, tout gingoulo ;
   La piboulo
Jito sa fueio au mistrau ;
Plego coume uno amarino,
   E cracino
Au rounfla dóu vènt-terrau.

Au champ i'a plus ges d'espigo ;
  Li fournigo
Sorton plus foro si trau ;
Alongo plus si baneto,
  La mourgueto,
S'estrèmo dins soun oustau.

Sus l'éuse ges de cigalo :
  La fre jalo
Si mirau e sa cansoun ;
L'enfant de la granjo plouro :
  Ges d'amouro,
Ges de nis dins li bouissoun.

Mai un vòu de couquihado
   Esfraiado
Mounto e piéuto dins li niéu ;
Li chin japon : de tout caire,
  Li cassaire
Tiron de cop de fusiéu.

Dins lou rountau qu'esvalisson,
  Restountisson
Li destrau di bouscatié ;
L'auro boufo la fumado,
  La flamado
Di fournèu dóu carbounié.

Noun s'esmarro à la pasturo,
  Sus l'auturo,
Lou troupèu dins lis ermas ;
Lou pastre embarro si fedo
  Dins li cledo ;
Tanco la porto dóu jas.

Lis ome au cagnard fustejon
　　　E flasquejon ;
A la calo d'un paié,
l'a 'n bèu roudelet de fiho
　　　Que babiho
E treno de rèst d'aiet.

Darrié li bos sènso oumbrage,
　　　Sèns ramage,
S'es escoundu lou soulèu ;
Dins li vigno rapugado
　　　E poudado,
Li femo fan de gavèu.

Li paure acampon de busco
　　　E la rusco
Dis aubre, pèr soun fougau ;
Van rouda pèr li vilage,
　　　Li meinage,
Las, espeiandra, descau.

A la chatouno ourfanello,
　　　Meigrinello,
Baias quaucarèn : a fam !
Dedins sa man palinouso
　　　E crentouso,
Leissas toumba 'n tros de pan.

Fasès part de la fournado
　　　Courchounado
A la véuso qu'es en plour :
Elo jamai fai farino,
　　　La mesquino !
N'a jamai de cuecho au four.

Lou tèms èi negre à la baisso...
 Quento raisso !
Trono, plòu, lou Rose crèi ;
La Mort camino, es en aio ;
 De sa daio
Sègo li jouine e li vièi.

(Teodor A<small>UBANEL</small>)

LXXXIV

Cassis

 Siéu de Cassis, vilo marino
 E clau de Franço. Dins l'oumbrino
Pèr vautre es amaga lou noum de moun païs ;
 Mai, quand siguèsse à milo lègo,
 Gens de si fiéu noun lou renègo ;
 Car *tau qu'a vist Paris*, coulègo,
Se noun a vist Cassis, pòu dire : N'ai rèn vist.

 Cassis es paure : soun terraire,
 Trop escalabrous pèr l'araire,
Soulamen au bigot s'entre-foui à moussèu.
 Pau d'avé : ni prat, ni reviéure ;
 Pau de blad : proun pamens pèr viéure ;
 Pau de vin : de rèsto pèr béure,
Meme que n'embarcan sus mar quàuqui veissèu.

 Car noste vin, — e sias pas sènso
 Avé d'acò la couneissènço,
Talamen es famous que Marsiho, quand vòu
 Faire un presènt au Rèi, demando
 I Cassiden ço que ie mando :
 Noste muscat, bevèndo cando,
E nòsti faucounèu, qu'à Riéu nison à vòu.

Oh ! se lou tastavias ! L'abiho
N'a pas de mèu plus dous, e briho
Coùme un linde diamant, e sènt lou roumaniéu
　　Emai lou brusc, emai la nerto,
　　Qu'à nòsti colo fan cuberto,
　　E danso dins lou vèire... Certo,
N'escoulariéu un flasco, aro, se lou teniéu.

　　Entre li roco rousso e blanco
　　Qu'en miejo-luno fan calanco,
Lou front en plen miejour e li pèd dins la mar,
　　Coume uno bruno gafarello
　　Que pèr soulas pesco i girello,
　　Cassis, vileto pescarello,
Mando lou sardinau, tiro lou calamar.

　　A gaucho de sa rado estrecho,
　　Se vèi lou baus Canaio ; à drecho,
S'entènd de-fes rounfla, signau di marinié,
　　Un cros ounte l'oundo s'encoufo
　　E coucho uno auro que refoufo
　　D'uno autro porto : *Martin boufo*,
Dison li pescadou, paro la broufounié !

　　En fàci de la mar lusènto,
　　Davans sis iue toujour presènto,
De la mar, aqui-dintre, un pichoun pople viéu,
　　Sèmpre galoi de si bounaço,
　　Esmougu sèmpre à si menaço,
　　E, quand s'eirisso blanquinasso,
Luchant gaiardamen, à la gàrdi de Diéu.

　　Vourriéu que veguessias quand parton,
　　Li Cassiden ! Coume s'esvarton
Li darriéri calour de la journado, cènt,
　　Dous cènt barquet o barqueirolo,
　　Talo qu'un fum de pesqueirolo
　　Que de la ribo alin s'envolo,
Alargon, amudi, plan-plan, sus li risènt.

Dins lis oubreto d'abilesso
Que, pèr li faire à la belesso,
Demando goust, man d'or, paciènci d'ange enfin,
Di Cassidenco gens d'oubriero
Podon se dire li pariero.
Davans si porto, à la carriero,
D'ùni rapidamen entrenon d'espourtin.

Espourtin d'aufo ounte encabasson
La grasso óulivo, quand la passon
Di brego de la molo is arpo dóu destré ;
D'autro, pougnènt la telo fino,
Fan lou Boutis, obro divino
Que sèmblo un prat, quand la plouvino
A brouda tout de blanc e li fueio e li gre ;

D'autro aliscon lou courau rouge,
Que van, dins lis aven ferouge,
Sis ome en cabussant rabaia souto mar,
Meravihous, vivènt bouscage
Que se plais dins nòsti ragage.
Dis ome dounc part l'embarcage,
Fielat de touto merço e baudo e pouloumar.

Pèr tóuti i' a de large : entre éli
Se partejon lis oundo : aquéli
Praticon lou Grand Art, aquésti l'Art Menu.
Filon proumié li grand pescaire
Sus li lahut, que, de bescaire
Quand soun anteno vesès caire,
E pendoula si floun sus lou vèntre caunu

De la velo, e que l'auro acordo
Coumandamen e brut de cordo,
Verai pèr de lahut li prendriąs de liuen...
Hòu de la mèstro ! Dispausado
Latinamen, quand es tesado
Pèr si tres caire, e qu'à brassado,
Tirant, moulant d'à poupo, escampon emé siuen

De la tartano vo dóu gàngui
Li lònguis alo, eme lou làngui,
A la gràci dóu vènt, s'envai lou bastimen,.
E dins lis augo brancarudo,
Acoulourido e loungarudo
En escatant, coucho a la mudo
De pèis de touto escaumo un bèu boulegamen.

Au pèd di baus fasènt sa piho,
Mai près di costo s'escampiho
Lou menu barcarés : egau e bèn d'acord,
Car de la pas nais l'aboundànci,
Cadun se tèn à sa distànci,
E meme de cadun l'estànci
Toumbo, à la paio courto, en quau toumbo lou sort.

Basto, sus l'oundo que boundello
La niue jito un bourgin d'estello.
Pèr vèire lou trelus d'aquéu divin palais,
Alor eigrejant l'augo grèvo,
Lou pèis, raço innoumbrablo, trèvo
Entre li pouncho ; alor se lèvo,
Di founsour de la mar, de moustre de tout biais.

(F. Mistral)

LXXXV

Lou Magnan e la Cacalauso

Un magnan peresous, de la segoundo mudo,
Qu'èro esmarra dedins lou jas,
Fuguè pèr Marioun jita su 'n fumeras,
Ounte lou malurous n'en patiguè de rudo !
Li galino, subran, que n'avien pas soupa,
Arribon afamado, aqui, pèr estrepa.

Lou gau, lou bèu proumié, lou vèi e lou bequeto :
Pièi s'esquiho un pau liuen pèr n'en faire si freto.

. . . .

Mai veici qu'un gros chin de la granjo vesino
    Sauto en japant sus li galino :
    Acò sauvè lou vermenoun
    Que toumbè viéu dedins un foun,
    Dóu bè d'uno poulo esfraiado.

Quand s'es un pau remés de si dos esquichado,
Se douno tant de biais que pervèn à sourti
De soun trau. Lou grand èr ie duerbe l'apeti ;
Espincho quatecant se dins lou vesinage
    Verdejo pas quauque fuiage :
Destrio un amourié ! n'èi countènt que-noun-sai.
    N'es pas sèns faire d'oui e d'ai,
    Que lou pauret se ie treinasso ;
S'amoulouno, s'estiro, e de guingoi ie vai :
A lou vèire, dirias que casso à la tirasso.
Pièi, contro l'amourié quand se fau auboura,
    Oh ! queto voio ! es maucoura
    Pèr assaja tant grando causo !

Bonur que près d'aqui passo uno cacalauso,
Resquihant plan-planet su'n draiòu argenta,
    E banejant de tout cousta :
    — Bello cacalauseto !
    Ie fai, agues pieta de iéu !
    Se tu me fasiés esquineto,
    Sus aquel aubre escalariéu.
    Vai, bèn segur te lou rendriéu ;
Car siéu pas pèr resta toustèms uno vermino :
Un jour sarai vesti de la pu blanco armino ;

Me veiras, coume tu, ciéutadin à cruvèu ;
M'espoumpirai dins un castèu
Trelusènt coume l'or, tout tapissa de sedo ;
Pos veni me trouva, se sies courto de bledo !

Nosto cacalauseto és presto sus lou cop :
Saup qu'en óubligant vite, elo óubligo dous cop..
Lou magnan, 'mé d'esfors mounto sus l'emperialo
De sa carrejarello, e subran se ie chalo.
Quand l'embastage es fa, la bono bèstio escalo.
Arriba tóuti dous sus l'aubre desira,
Noste cacalausoun pauso bèn plan soun viage ;
Se juron amistanço, avans se separa.

Après li gramaci, lis adessias d'usage,
  Chascun s'envai de soun cousta ;
  Car i'a long-tèms qu'an rèn tasta.
  Pièi, sèns besoun d'endourmitòri,
Lou magnan fai dous som à perdre la memòri...
Enfin, quand es vengu coulour d'or, clar, redoun,
Estaco bén si bout e fielo soun coucoun.
Dóu tèms que coume un diéu lou pervengu s'escound,
Lou paure cacalaus saup plus quouro se dino :
La grando secaresso a causa la famino
Dins soun païs. Que faire en talo estremita ?

  S'envai imploura la pieta
  D'aquéu magnan qu'avié pourta
  Tout malautoun sus sis esquino :
  — Pichot vermenet, te souvèn
  De la cacalauso de bèn
  Qu'àutri-fes te sauvè la vido ?
  Acò 's pas causo que s'óublido,
Ie fai ; lis espargoulo eilabas soun brusido,
  I'a plu 'n péu d'erbo à rousiga....
  Pèr iéu pourries-ti t'emplega ?

Noste magnan duerbe la porto :
— Quau, dis, me sono de la sorto ?
I'a ges de verme dins l'oustau !
La pèsto sie dóu cacalau
Que m'escarnis e me rebalo !
Siéu parpaioun, siéu un gros gènt !
Tè ! tè ! vaqui 'n cop de moun alo !
Tè ! vaqui de poùdro d'argènt !

La pauro cacalauso alor rintro si bano,
E, pataflòu ! en bas de l'amourié debano...

    Quant i'a de gènt que soun esta
    Dedins un tèms que de vermino,
E qu'à si vièis ami viron ansin l'esquino,
Tre qu'an pres un pau d'alo e que soun argenta !

(A. Boudin)

LXXXVI

Lis Esclau

— Oh ! quente bon soulèu ! trelusis qu'esbrihaudo !
Au founs de nòsti cros, de tout l'an intro pa.
Que lou cèu èi bellas ! coume la terro èi caudo !
    Ah ! pèr aro, sian escapa !
    Pèr plus pati, de-que fau faire ?
    Mounte èi que sias, noste Sauvaire ?
    Car an di qu'erias arriba.

Que renguiero de gènt !. quau mounto, quau davalo,
De la cresto di colo i baisso dóu valoun !
Touti porton quicon sus la tèsto o l'espalo ;
    Intron dedins un establoun :
    Caminen sus la memo draio. —
    E veguèron su 'n pau de paio
    Un poulit pichot nus e blound.

— Quau èi lou mèstre eici, digas, quau èi lou mèstre?
Quint es aquéu que vèn pèr nous descadena?
Èi belèu tu, bon vièi?.... S'èi pas tu, quau pòu èstre?
        Pèr l'ajougne, ounte fau ana?
      — Pas bèn liuen! Pèr sauva lou mounde,
      Fau, davans, que trento an s'escounde,
      L'enfant que dins lou jas èi na.

— Hoi! es tu, paure enfant? E qu'èi que vènes faire
Dins un marrit estable? E dison que sies Diéu!
Mai de te manda 'nsin en que sounjo toun paire?
      Es vougué la mort de soun fiéu!
      Pourras-ti fugi la coulèro
      Di Cesar que, dessus la terro,
      Aro cridon: Tout acò 's miéu!

Pèr nautre quete sort! e i'a long-tèms que duro!
Vau mies èstre segur si chin o si chivau.
I lampre di pesquié nous jiton pèr pasturo,
      Touti viéu, car sian lis esclau!
      Ah! la mort vèn que trop tardiero!
      Èi jamai que dins sa sourniero
      Qu'atrouvan un pau de repau.

Arribon pièi li jour de grand rejouïssènço,
Jour de maladicioun que n'an pas si parié!
De Cesar, de soun fiéu, celèbron la neissènço:
      Enfant, ome, chato, mouié,
      Uno foulo desbadarnado,
      Dins lis Areno, à plen d'arcado,
      Escalo li grands escalié.

La vilo sèmblo vuejo. E tout lou pople guèiro:
Lou bestiàri d'Africo espèro lou taioun...
Ausissès-lèi brama dins si cauno de pèiro!
      An lou ruscle: quente agüioun!
      Lis embandisson..... La bataio,
      D'enterin que Cesar badaio,
      Chaplo l'esclau e lou lioun.

Sian aclapa de mau, sian carga de cadeno :
Pèr gari tout acò, de-que pos, enfantoun ?
E pamens, s'ères Diéu, te sarié ges de peno...
        Fai vèire se lou sies o noun ! —
        Autant-lèu la Vierge Mario
        Dins la grùpio pren lou Messio :
        Lis esclau toumbon à geinoun.

— Es iéu, pàuris esclau, que siéu voste Sauvaire.
Vòsti mau, li sabiéu ; quand vous an agarri,
Vesiéu tout d'eilamount, e diguère à moun Paire :
        — Ço que soufron vole soufri.
        D'aquesto ouro, lou mounde espèro :
        Leissas-me veni sus la terro,
        Moun Paire, leissas-me mouri !

Me vaqui ! Siéu vengu pourta vòsti misèri,
E de vòsti doulour manja lou negre pan ;
Siéu vengu vous signa dóu meme batistèri,
        Dóu batistèri de moun sang !
        Mai esperas que iéu grandigue,
        Pèr qu'un jour, ome, iéu patigue,
        Ço que noun pode, encaro enfant.

Autambèn mourirai au mitan de dous laire ;
Sus la crous dis esclau mourirai clavela ;
Pèr maire, sus ma crous, vous baiarai ma Maire :
        Saren coume fraire de la ! —
        E lis esclau trefouliguèron,
        E, dedins l'estable, cridèron :
        — Cesar, à tu de tremoula !

(Teodor AUBANEL)

LXXXVII

Lou Saume de la penitènci

I

Segnour, à la fin ta coulèro
  Largo si tron
  Sus nòsti front ;
E dins la niue nosto galèro
  Pico d'à pro
  Contro li ro.

Segnour, au fèrri di Barbare
  Nous fas chapla
  Coume un bèu blad ;
E noun n'i'a ges que nous apare,
  Di galapian
  Qu'aparavian !

Segnour, nous gibles coume un vege,
  E roumpes vuei
  Tout noste ourguei ;
E i'a plus res que nous enveje,
  Nàutri qu'aièr
  Fasian li fièr !

Segnour, en guerro em'en discòrdi
  Se derouïs
  Noste païs :
E, sènso ta misericòrdi,
  Se manjaran
  Pichoun e grand.

Segnour, terrible nous endorses ;
  Dins un varai
  Que fai esfrai

Nous despoutèntes, e nous forces
    A counfessa
    Lou mau passa.

II

Segnour, di lèi e draio antico
    Avian quita
    L'austerita ;
Vertu, coustumo doumestico
    Avian deli
    E demouli.

Segnour, dounant marrit eisèmple
    E renegant
    Coume pagan,
Avian un jour barra ti tèmple,
    E nous sian ris
    De toun sant Crist.

Segnour, avèn, leissant à rèire
    Ti sacramen
    E mandamen,
Avèn, brutau, plus vougu crèire
    Qu'à l'interès
    E qu'au Prougrès !

Segnour, avèn, dins lou cèu vaste,
    Nebla toun lum
    De noste fum ;
E de si paire nus e caste
    Vuei lis enfant
    Van se trufant.

Segnour, avèn boufa ta Biblo
    Emé lou vènt
    Di faus savènt ;

E, nous dreissant tant que de piblo,
>Nous sian, catiéu,
>Declara diéu !

Segnour, avèn quita la rego,
>Mes tout respèt
>Souto li pèd ;
E dóu vinas que nous óufego
>Embrutissèn
>Lis innoucènt.

III

Segnour, sian tis enfant proudigue ;
>Mai nàutri sian
>Ti vièi crestian :
Que ta justiço nous castigue,
>Mai au trespas
>Nous laisses pas !

Segnour, au noum de tant de brave
>Que soun parti
>Sènso menti,
E valerous, doucile e grave,
>Soun pièi toumba
>Dins li coumbat ;

Segnour, au noum de tant de maire
>Que pèr si fiéu
>Van prega Diéu,
E que, ni l'an que vèn, pecaire !
>Nimai l'autre an,
>Li reveiran ;

Segnour, au noum de tant de femo
>Qu'an au teté
>Un enfantet,
E que, paurasso ! de lagremo
>Bagnon lou sòu
>E soun linçòu ;

Segnour, au noum de la pauriho,
  Au noum di fort,
  Au noum di mort
Qu'auran peri pèr la patrio,
  Pèr soun devé
  E pèr sa fe !

Segnour, pèr tant de revirado,
  Pèr tant de plour
  E de doulour ;
Pèr tant de vilo desoundrado,
  Pèr tant de sang
  Valènt e sant !

Segnour, pèr tant de maluranço,
  De chaplamen,
  De brulamen ;
Pèr tant de dòu sus nosto Franço,
  Pèr tant d'afront
  Sus noste front,

IV

Segnour, desarmo ta justiço !
  Regardo un pau
  Pereiçavau ;
E 'scouto enfin la cridadisso
  Di matrassa
  E di blessa !

Segnour, dóu mau sian pas l'encauso :
  Mando eiçabas
  Un rai de pas !
Segnour, ajudo nosto Causo,
  E reviéuren,
  E t'amaren.

(F. Mistral)

LXXXVIII

Li Fournigo

I

Ausès lou gau que canto :
Es l'ouro que se planto,
L'aubo vai pouncheja ;
Se lou soulèu dardaio,
Iuei, faren proun tres paio
Avans soulèu coucha.

An ! pourgès lèu de garbo !
Prenès-lèi pèr la barbo,
Zóu sus lou cavalet !
Ardit ! à la plantado,
Ardit ! à la caucado,
Lis ome, li varlet !

L'uno à l'autro cougnado,
Li garbo soun quihado :
Bon Diéu, qu'acò 's grana !
La pouncho dóu voulame
Tranco tóuti li liame...
D'aut ! poudès engruna !

Ase, miòu e cavalo,
La rodo ardènto escalo...
E vague de vira !
E li garbo chaplado
Parton à grand voulado
Souto li pèd ferra.

II

Chivau e mióu de courre,
Lis iue tapa, l'escumo au mourre ;
S'un cabusso, fau que s'auboure
    Souto li cop de fouit.
    Tambèn dins la versano,
    Au bout de la caussano,
    Chasco bèstio tresano
    E tout lou sang ie boui,
    Quand peto un cop de fouit.
    Ah ! i ! ah ! i ! ah ! i ! ah ! i !

    Li fournigo folo,
    Entre li fourcolo,
    Entre li rastèu,
    Jusquo sout li ferre
    Di bèstio, van querre
    Li gran li plus bèu.

    Uno, d'aventuro,
    Rescontro uno auturo
    E pauso soun fai :
    La mountado es rudo ;
    Ie vèn uno ajudo
    E treinasso mai.

    Uno, touto fiero,
    Carrejo sus l'iero
    Un bèu gran bessoun ;
    Uno autro l'arrèsto...
    De pauto e de tèsto
    Fan lou tirassoun.

Vaqui la bataio !
Tóuti soun en aio....
Pople dóu travai
E de la fatigo,
Pople di fournigo,
Recueles jamai !

Chivau e mióu de courre,
Lisiue tapa, l'escumo au mourre ;
S'un cabusso, fau que s'auboure
Souto li cop de fouit.
Tambèn dins la versano,
Au bout de la caussano,
Chasco bèstio tresano
E tout lou sang ie boui,
Quand peto un cop de fouit.
Ah ! i ! ah ! i ! ah ! i ! ah ! i !

Tèsto roujo e negro,
La caud lis alegro,
Lou pople entié sort ;
E lèu, dos armado,
Tout enferounado,
Se tuerton à mort.

Pèr faire la guerro,
De dessouto terro
Mounton de pertout :
Longo tirassado,
En co de rassado,
Que n'a ges de bout.

Soun tóuti pèr orto !
A l'entour di porto,
I ribo dóu trau
N'i'en a belèu milo
Que gardon la vilo
Em'un generau.

Lis autro, cheresclo,
S'envan à la mesclo,
Sèns fin, sèns retard.
Au soulèu qu'niausso,
Luson dins la pausso
Li négri soudard.

Chivau e mióu de courre,
Lis iue tapa, l'escumo au mourre ;
S'un cabusso, fau que s'auboure
Souto li cop de fouit.
Tambèn dins la versano,
Au bout de la caussano,
Chasco bèstio tresano
E tout lou sang ie boui,
Quand peto un cop de fouit.
Ah ! i ! ah ! i ! ah ! i ! ah ! i !

III

Mai l'espigo es proun trisso,
De-long d'uno sebisso,
Souto un gros amourié,
Menon li bèstio lasso
Que manjon à la biasso
Coume à-n-un rastelié.

Dóu batut que s'aplano
Lou grand galafre embano
La paio à vertoulet,
E lou bèu blad roussejo
Sus l'eiròu que netejo
L'escoubo di varlet.

Que la meissoun es bello ! —
Lou gran blound s'encamello
Au grapié 'nca mescla ;

Subran, uno man forto
D'un cop d'escoubo emporto
Fournigo e gran de bla !

E, dins li nivo aurouge,
Lou soulèu large e rouge
Descènd toujour plus bas :
I bèstio la civado,
Is ome l'ensalado,
En tóuti de soulas !

(Teodor AUBANEL)

LXXXIX

Proumetiéu

I

Proumetiéu, de la Grèço antico estatuaire,
Pouèto dóu cisèu, meravihous creaire,
Sabié tira dóu maubre e coumpli 'mé sa man
Dins touto sa bèuta l'estè dóu cors uman.
De seis obro tambèn la visto èro espantado,
Esbléugido ! La pèiro, adrechamen pastado,
Dintre sei det de fado, engaubia que-noun-sai,
S'encarnavo ! Soun goust li dounavo lou biai :
Leis ome avien de nèr, e de pitre, e d'audàci ;
Lei fremo èron de flous d'amistanço e de gràci.
L'estatuaire éu-meme èro meraviha
Dei blot devengu car qu'avié tant bèn taia.
Mancavo que l'alen pèr qu'aguèsson la vido.
Dins lou toumple dóu Cèu escampant sa lusido,
Lou soulèu èro amount, lou souleias de fue,
Que poudié fa sourti soun obro de la nue.
Proumetiéu, devouri pèr l'estrànsi e l'envejo,
Relucavo, d'avau, l'esplendour que flamejo :

« Un rai pèr meis enfant ! oh ! rèn qu'un pichot rai,
» E viéuran, sentiran, éu cridavo ; bèn mai,
» Pensaran subre-tout ! Dins sei bèllei liéurèio,
» Iéu veirai coungreia l'eissame deis idèio,
» Coumo d'abiho d'or, ei bresco dóu cervèu,
» Pitassant dins lei flous lei perfum e lou mèu.
» Un rai ! oh ! rèn qu'un rai ! e lou paure manobro,
» Glourious, poudra vèire acabado soun obro ! »
Lei diéu restèron sourd dins l'Oulimpe clava.
« Se vènon pas vers iéu, leis anarai trouva,
Dis Proumetiéu tanca dins soun ourguei sublime,
» Aurai lou fue dóu cèu o lou cèu m'abasime !
» Cregne ni l'auragan, ni lou tron ni l'uiau.
» Gandirai moun envanc ei campas celestiau ;
» De sei serre auturous escalarai lei bàrri ;
» Dóu soulèu resplendènt agantarai lou càrri ;
» Adurrai dins ma man, culido à soun fougau,
» L'escandihado d'or, recaliéu inmourtau,
» E vendrai aluma, misteriouso làmpi,
» L'esco de l'esperit que dins lou maubre acàmpi ;
» E veiren lou frejau freni, bèu coume un jour,
» E trefouli de gau, d'amistanço e d'amour. »

Enebria d'estrambord, esglaria pèr l'audàci,
Proumetiéu dóu soulèu auso afrounta la fàci :
Sènso, dintre soun couer, se senti treboula,
Sènso clina lei ciho e claure l'uei nebla,
Encambo l'Arc-de-sedo, e, tout d'un vanc, s'enauro
Dins lei nivo esfraious, cercant la clarour sauro ;
Mando uno man ardido au celèste calèu,
E d'un rai qu'esbrihaudo espeio lou soulèu...
Oh ! pamens quaucarèn li tresano dins l'amo,
Quand derrabo au soulèu un gisclant de sa flamo ;
E lèu-lèu, d'eilamount redavalo pèr sòu,
Car èro estoumaga, s'enanavo agué pòu.
Ei figuro de maubre o de pèiro escultado,
Pouerge desalena la flamo recatado.

La belugo sutilo abro tóutei lei couer ;
Lei figuro, qu'avien la frejour de la mouert,
En ressentènt l'uiau d'aquelo entre-lusido,
Durbèron lèu sei veno au tressaut de la vido.

II

E lei diéu, que d'amount sèmpre tènon d'à ment,
Èron estabousi d'aquel encantamen.

III

Que benuranço ! que miracle !
Que boulisoun ! quint espetacle !
Tout tresano e se mòu souto un divin aflat :
Se ves lei plasèntei figuro,
Coumo de vivei creaturo,
Prendre de biais e de pousturo,
Pièi leis uei s'espandi, pièi lei labro parla.

La meravihouso espelido !
Dirias uno couado enantido
Que trefoulis e piéuto e sautejo au soulèu :
Lou sang acoulouris la fàci,
Lei bouco s'enflouron de gràci ;
Milo prepaus dintre l'espàci
S'envouelon, que dirias un ramàgi d'aucèu.

Souto la bloundo escandihado
S'entrais, touto escarrabihado,
L'ardido creacien que souerte dóu pantai :
S'escapo de l'entre-lusido,
Dins sa proumeirenco espandido,
Estounado d'èstre, candido,
Touto enflo d'estrambord agradiéu que-noun-sai.

IV

Mai lei diéu envejous, amount dins l'Empirèio,
An jura d'espóuti ço que l'ome coungreio.
Pèr élei Proumetiéu devèn tròu pouderous ;
Eigrejant lei pestèu de l'Oulimpe auturous,
Ausè, lou temeràri, espincha sei mistèri
E dóu fue celestiau anima la matèri.
Lou Cèu encourroussa, terrible, venjatiéu,
Acampo lei tempèri, e zóu sus lou catiéu !
Proumte, l'eslùci gisclo en estrassant lei nivo,
Fa lampeja dins l'èr sei serp de flamo vivo ;
Lou trou, crebant lei nèblo ounte èro recata,
Desranco lei gounfoun dóu mounde espaventa ;
Dintre lei creacien que soun engèni amavo
Debausso Proumetiéu, e dins lei flamo blavo
Cabussant, Proumetiéu souto uno plueio à bro
Va toumba peralin sus la pouncho d'un ro.

V

Peralin dóu Caucase entre-mitan lei moure
S'aubouro un baus afrous, quiha coumo uno tourre,
Enarcant jusqu'au cèu, pereilamount en aut,
Lei cresto espetaclouo d'un counglas eternau.
Uno aspro brefounié de-longo li gingoulo,
Fènt refreni leis oues au fin founs dei mesoulo,
E 'mé sa treboulino ensournissènt leis èr.
Aqui lei tartarasso, aqui lei capoun-fèr,
Lei machoueto, lei sacre e lei rato-penado,
Trèvon lou calabrun, vouelon dins l'embourgnado.

Encadena damount sus lou baus, Proumetiéu
Es jasènt, e plagnènt, lou paure ! ivèr-estiéu.

De soun cors gigantesc lou roucas se recuerbe ;
E saunous, e fumant, soun pitre larg se duerbe.
Fouigant d'un bè croucu, fouigant soun mau-ancoues,
Dóu lèu de Proumetiéu un vóutour fa de troues,
E pièi de chasque troues, que pitasso emé ràgi,
Engoulo, ensaunousido, au founs de soun gavàgi
La car vivo ! La car crussis entre lei cro.
Lei plang de Proumetiéu atendrisson lou **ro**.
Quand lou peitrau rouiga de la levado es **vege**,
La levado renais, renaisse mai lou fege,
E dins lou poupis caud dóu fege renascu,
Tourno mai lou vóutour planta soun bè croucu ;
E lou fege jamai pòu s'alassa de naisse,
E jamai l'aucelas pòu s'alassa de paisse.

VI

Aquéu mitè crudèu cuerbe grand verita :
Viéu toujour, Proumetiéu, lou troubaire sublime !
En aquest mounde bas toujour l'engèni es crime ;
  E l'esprit que vòu counquista
  La belugo qu'amount s'aubouro,
  Fau que luche emé la tempouro,
  La jalousié, l'aversita.

  Aquelo laido caro frejo,
  Aquéu mouestre touert e frounsi,
  La maigro e souspichouso Envejo,
  Qu'a lei vistoun ensaunousi,
  Que touto clarour esbrihaudo,
  Emé seis uei de garamaudo
  Tèn d'à ment, dóu founs de soun trau,
  Pèr mouerdre, emé sa gaugno palo,
  Touto alo que pousso eis espalo,
  Pèr creba tóutei lei mirau !

Ansin lei precursour, acampaire d'idèio,
Sènton lou boulimen, dins l'estu dóu cervèu,
D'un regounfle fegound d'esperit que coungreio :
  Coumo un metau dins lou fournèu,
   En flot d'or sauto la matèri...
   Arribo alor un treboulèri
   Qu'espèço l'espèr acampa :
Dins lou mouele badant quand l'obro va se foundre,
Lou mouele ascla se crèbo au moumen de s'apoundre,
   E soun espèr es esclapa.

   Ansin lei sublimei pensaire,
   Ansin lei divins enventour,
   Ansin touei, creaire e sounjaire,
   Dins lou peitrau an soun vóutour.
   Leis envejous de la pensado,
   Qu'emborgno touto escandihado,
   Leis encadenon sus lou ro :
   Li rouigon lou couer e lou fege,
   E sèmpre, dins lou peitrau vege,
   Renais lou fege entre sei cro.

Lou vóutour es pertout sus la terro macado,
E pertout pouerto esfrai soun long couele espeia ;
Ei levado em'ei couer arrapo sa becado
   Dintre lei pitre esparpaia.
   Ounte l'engèni beluguejo,
   Lou vóutour orre de l'Envejo
   Arpatejo sourne e catièu :
   L'engèni sèmpre se lamento,
   Car es eterno la tourmento,
   Coumo es eterne Proumetiéu.

         (J.-B. Gaut.)

XC

LIS INNOUCÈNT

OBRO TERNENCO

I

Lou Chin de sant Jousé

Lou soulèu viro, e foro dis oustau
Tóuti s'envan cerca 'n pau la fresquiero.
Quéti bon rire ! arregardas, fan gau,
Lis enfantoun qu'au mièi de la carriero,
Danson un brande arrapa pèr la man...
    Un chin, de-longo, eila gingoulo :
Fai tremoula li maire, aplanto lis enfant,
      Soun crid que jalo li mesoulo !

— Per-de-que, maire, aquéu chin a japa ?
— N'en sabe rèn ! Sabe pas que vòu dire.
— O quet esfrai ! — He ! vous esfraiés pa ;
Poudès sauta, mis enfant, poudès rire :
Dins lou quartié i'a pas ges de malaut. —
    E tournamai lou chin gingoulo,
Tourna mai restountis coume un tron sènso uiau,
      Soun crid que jalo li mesoulo !

— I'a pas de que nous douna tant de pòu :
Es pièi qu'un chin dedins aquel estable ;
L'an embarra (pourrié n'en veni fòu !),
Vaqui perqué fai un sabat dóu diable !
Durbès la porto, anas querre la clau,
    E veirés se toujour gingoulo. —
E ie duerbon... e jito, en sautant dóu lindau,
      Un crid que jalo li mesoulo !

— Oi ! es Labri, lou chin de sant Jóusè,
Qu'un paure pastre aduguè di mountagno;
Ei bèn acò, car a, coume vesè,
Lou mourre blanc e la tèsto castagno;
La niue passado, en partènt, l'an leissa,
　　E dóu làngui lou chin gingoulo,
E creiriéu que quaucun pamens vai trespassa,
　　Tant soun crid jalo li mesoulo !

— Labri ! Labri ! cridavon lis enfant,
Fasen ensèn quàuqui cambareleto...
Mai t'enchau pas, fougnes ; as belèu fam ?
Vaqui de pan ! — De si bèlli maneto
Lis innoucènt lèu-lèu l'an flateja....
　　Oh ! mai lou chin sèmpre gingoulo,
E li regardo, e crido, e noun vòu rèn manja,
　　E soun crid jalo li mesoulo !

— Labri ! Labri ! mai nous counèisses plus ! —
E chasque enfant, alor, s'escarrabiho,
E fai de bound pèr ie sauta dessus,
Tiro sa co, s'aganto à sis auriho...
Toujour pamens lou chin crido plus fort ;
　　Mai es pas pèr rèn que gingoulo :
Aquéu brama de chin es un brama de mort,
　　Brama que jalo li mesoulo !

Eila, que vese ?... Es de pòusso o de fum,
Sus lou camin ?... Es lou vòu d'uno armado,
Ausès de liuen crèisse soun tremoulun,
Arregardas quant d'espaso tirado !
Ome e chivau arribon tout relènt....
　　E subran lou chin que gingoulo
Partiguè 'n gingoulant au founs de Betelèn...
　　Soun crid jalavo li mesoulo !

II

Lou Chaple

Pestelas, coutas vòsti porto,
Car li bóumian que soun pèr orto,
Sabès pas, maire, mounte van ?
Escoundès, levas de davan
E li bressolo e lis enfant :
Empourtas-lèi liuen d'aquest rode !...
Soun li bourrèu manda pèr noste rèi Erode !
Ni lagremo, ni crid li faran recula.
Escoundès lis enfant de la,
Maire ! li van escoutela !

O maire ! dedins li carriero,
Pèr fugi sigués pas tardiero ;
Encourrès-vous, sèns defali,
Que Betelèn vai s'avali !
Sus voste cor atremouli
Sarras voste enfant que soumiho ;
Estoufas, de la man, si crid, se vous rouviho !
Lou grand chaple acoumenço... Entendès pas gula ?
— Mounte soun lis enfant de la,
Que li voulèn escoutela ?

Esclapen li porto barrado !
Un pau d'ajudo, cambarado !
Dins la porto d'aquest oustau
Jouguen, jouguen de la destrau !
— I'a pas res ! dessus lou lindau
Diguè 'no femo touto blavo.
Mai la chourmo adeja dins l'oustau escalavo ;
— Dins li membre d'en aut avèn ausi quila !...
Lou voulèn, toun enfant de la !
Lou voulèn pèr l'escoutela ! —

Oh ! quénti cop ! quento batèsto !
Soun pas proun fort ; la maire èi lèsto,
A pres l'enfant ; mai lou bourrèu
Que tèn la maire pèr li péu,
Pico l'enfant qu'à soun mamèu
Tiravo encaro uno goulado !
Bon Diéu ! que soun espaso èro bèn amoulado !...
E l'enfant, en dous tros, barrulo apereila !
— Mounte n'i 'a mai d'enfant de la,
Que lis anen escoutela ? —

E, ço que sèmblo pas de crèire !
Erode, à la niue, venguè vèire
S'avien sagata tout lou vòu.
Betelèn, tout mut, fasiè pòu !
Tèms-en-tèms, soun pèd, pèr lou sòu,
S'embrouncavo i cambo d'un drole.
Erode, en caminant, disiè 'nsin : — Qu'acò 's drole,
De n'entèndre, esto niue, res boufa, res parla !...
Mounte soun lis enfant de la ?
Lis an tóutis escoutela ! —

O Rèi ! sies mèstre en aquesto ouro !
Que te fai Betelèn que plouro,
Que te fai d'èstre ensaunousi ?
Digo à ti bourrèu gramaci !
Dins toun palais, à toun lesi,
Vai faire un som dessus l'armino.
Un jour, qu'es pas bèn liuen, manja pèr la vermino,
De toun sèti tant aut te veiren degoula...
Soun pas tóutis escoutela,
Erode, lis enfant de la !

III

Li Plagnun

Sian maire, pourren plus jamai nous assoula :
  An chapla
 Nòsti bèus enfant de la !
  Ai !

— L'enfant qu'amave tant, l'enfant qu'ai fa teta,
  Qu'ai muda,
 Dins mi bras l'an sagata !
  Ai !

— Lou miéu, emai tetèsse, èro adeja grandet,
  E si det
 S'arrapèron au teté.
  Ai !

D'esfrai l'enfant quilavo, e, d'un cop de coutèu,
  Lou bourrèu
 Lou derrabè dóu mamèu !
  Ai !

— Lou miéu avié trauca si dos dènt de davan...
  Paure enfant !
 Siéu cuberto de soun sang !
  Ai !

— Èro moun bèu proumié. Vouguère proun lucha...
  L'an chaucha,
 Sout li pèd l'an escracha !
  Ai !

— Siéu véuso, e pèr soulas n'aviéu qu'un dins l'oustau,
  Tout malaut :
 I' an douna lou cop mourtau !
  Ai !

— N'aviéu dous : èron bèu, mis enfant, èron blound...
Mounte soun,
Mi pàuri pichot bessoun ?
Ai !

— N'en couneissèn plus ges, tant lis an trafiga !
Fau cerca,
Sèns pousqué li destousca.
Ai !

E courre de pertout, noun sabe ço que fau
E m'envau,
Espinchant d'amount, d'avau !
Ai !

— Sènso te vèire, enfant, vole pas m'entourna...
Mounte ana ?
Iéu pode plus camina !
Ai !

E pamens vourriéu bèn encaro t'embrassa,
E bressa
Ti membrihoun estrassa !
Ai !

— As rèn vist mis enfant ? — Ai pas mai vist li tiéu
Que li miéu :
Li maire n'an plus de fiéu !
Ai !

— Sian maire, e jamai plus nous pourren assoula :
An chapla
Nòsti bèus enfant de la !
Ai !

(Teodor AUBANEL)

XCI

A la Grand-Chartrouso

Grandamen afama di caresso dóu Crist,
De la douço bèuta di perfecioun divino,
Eici, Brunoun cerquè lou grand tresor requist,
    La raro roso sènso espino.

Eici que la Naturo alargo di roucas
La bramarié di gaudre e coungreio l'aurage,
En silènci sublime, éu trouvè l'auto Pas,
    E l'Alegresso dóu bon sage.

Car enfin esmougu pèr aquéu glàri rau,
Emé soun cor valènt e 'mé 'no voues severo :
« Foro, s'escridè, foro, o vil siuen terrenau !
    A la flamo, o civado-fèro !

« Van or ! basso ambicioun ! o fumado ! o fangas !
« Desseparas-vous lèu de moun amo espandido! »
E subran enreguè lou draiòu de roucas
    E l'oumbrun de la coumbo arido.

Brula dóu meme fio, d'autre venguèron lèu,
Inchaiènt dóu plesi, se trufant de la glòri,
E'questo vilo santo, à la fàci dóu cèu,
    Bastiguèron, cantant vitòri.

E coume d'alcioun sus lis erso coucha,
Couvon, ravassejant, au mitan di pinedo ;
Blanc d'àbi, blanc de cor, coume la nèu qu'eila
    Vestis lis àuti rancaredo.

Perdu dins l'Ideau, benurous, jour-e-niue,
Porton à pènjo-còu si gauto sounjarello ;
Si geinoun soun calous ; dóu Segnour si clars iue
    Miraion la calamo bello.

10

E'nebria de delice, escampihon toujour,
(Coume de siàvi flour d'óudour embausemado),
Escampon de trelus d'esperanço e d'amour
    A l'entour di porto estelado.

Prègon, canton toujour, autambèn, quand Avoust
Largo si dardaioun sus la clastro qu'esbriho,
Que quand l'aurage escoubo, en Janvié tenebrous,
    La terro que morno soumiho.

Ansin, despièi milo an, si refrin an clanti,
Coume l'acord egau di grands erso pourpalo
O la voues dis estello... e vuei, liuen de peri,
    Si cansoun vènon inmourtalo !
                  (W. C. Bonaparte-Wyse)

XCII
L'Ermitan dóu Ventour

Reginèu coussejo de bregand sus lou Ventour; d'enterin sa sorre Anounciado vèn à l'oustau peirau, ounte prègo emé sa vièio maire en esperant que lou jouvènt retourne. Veson parèisse l'ermitan de Santo-Crous, e ie demandon ço qu'es arriba dins lou mountagnié. N'en fai lou raconte : es pas de crèire coume Antounin, paire d'Anounciado, em'éu soun esta mau-trata. Lou valènt Reginèu que d'abord fasié fuge Oursan, capoulié de la bando, de-que sara devengu ?... Anounciado e sa maire n'en soun desaviado ; subran Sifrèn, un brave vièi, reünis tóuti si gènt e parton pèr la deliéuranço d'Antounin.

    I'avié cinq jour qu'èro estremado
      La malurouso Anounciado,
Cinq jour que de doulour soun cor s'entre-tenié !
    Tambèn quand l'aubo s'es levado,
A dubert sa fenèstro, e vers lou mountagnié
A vira si bèus iue plen de malancounié !

Alin de-qu'aura vist, la pauro !...
Di genèsto a vist li flour sauro
Boulegant si ram d'or d'un biais desespera
Souto lou fort alen de l'auro;
E l'auro, qu'autre-tèms s'ausié just souspira
Coume un dous calamèu, vuei dèu tout afoudra !

Mai ie tèn plus la bloundinello.
Nousó si péu e se courdello,
E sèns n'en parla 'n res vai à l'oustau peirau
Querre de soun frai de nouvello.
Arribo, e coume bouto un pèd sus lou lindau :
« Adessias, maire, dis. Eh bèn ! dóu coustat d'aut

N'es vengu res ? » — « Anounciado,
Respond la mai desmemouriado,
Sabèn rèn, ve sian mort ! l'a cinq jour qu'a parti
Moun bèl enfant ! oh ! sus si piado
Touto soulo anarai, se lou fau, sauprièu-ti
De l'atrouva la mort ! » — Tout apensamenti

Clinè soun front la pauro vièio;
S'assetè sout la chaminèio,
Sa man abandounè lou fiéu e lou fusèu,
Sequè sis iue maca di vèio !
La chato vitamen ramassè lou mussèu
E diguè : — « Plourés plus, revendra Reginèu. » —

Dins si man prenguè la fielouso,
E coume avié l'amo piouso,
Tout en fielant lou cambe ansin elo preguè
Nosto-Damo la Candelouso :
— O Maire de moun Diéu ! toun cor se clafiguè
De sèt doulour, quand lou bourrèu crucifiquè

Toun Fiéu sus lou piue dóu Calvàri !
Esvarto liuen de nous l'auvàri,
Vierge di Vierge, au noum de Jèsus sus la Crous,
Soulas dis amo dins l'esglàri ! »
E tóuti dos ensèn : — « Agués pieta de nous ! »
Diguèron en fasènt lou signe de la crous.

« Tóuti lis an, uno candèlo,
Reprenguè mai nosto piéucello,
Touto novo adurrai pèr brula davans vous.
Vous adurrai de la pradello
Lou proumié di bouquet ! » — « Agués pieta de nous ! »
Diguèron mai ensèn em' un signe de crous.

Tout en pregant, à sa fielouso,
Sa man fineto e vouluntouso
Fasié dóu cambe fin un poulit fiéu rousset...
Pecaire ! prenguè l'èr jouiouso
La paureto, e de plour soun cor avié grand set.
N'èro que pèr la maire. E sus lou releisset

De la fenèstro esbadarnado
En souspirant es pièi anado....
L'aurige de la vèio a reverdi li camp
E refresca la matinado.
Es nòu ouro au soulèu. Deja sus li trescamp
Di pastre s'auson plus ni flahuto ni cant.

Entre qu'ansin lou soulèu douno,
Lou troupèu chaumo, s'amoulouno,
E de-mourre-bourdoun sout li pin cambaru
Lou pastre dor. Nosto chatouno
Regardavo Ventour, inmènse, nus e mut.
I'avié dos o tres aiglo amount clavado au blu.

— « Moun Diéu ! moun Diéu! disié la drolo,
Coume es deserto la draiolo
Ounte vesian ana, veni, li carbounié !
E lis esquierlo de si miolo,
Aro lis ausèn plus. Tout es malancounié !
Moun Diéu, se Reginèu au-jour-d'uei revenié !..

Quau saup ounte es d'aquèstis ouro ?
Se sabié que sa maire plouro,
Pecaire ! revendrié, tant es tèndre soun cor....
Se lou sounave ? La tempouro
Es douço, m'ausirié. Mai noun, es liuen, amor
Qu'a jura qu'adurrié moun paire viéu o mort. » —

E rèsto muto. E sus la draio
Regardo alin se res varaio.
E rèn boulego alin ! l'a quàuqui parpaioun ;
Lou soulèu dins li branco draio
E verso dins la vau l'or pur de si raioun,
E lou fiéu de la Vierge oundejo e lus amount...

Mai tout-d'un-tèms lou merle crido,
E dos perdris espavourdido
Travèssou en venènt dóu coustat de Ventour.
— « Maire, dis la chato ravido,
Diéu fara qu'au-jour-d'uei lou veiren de retour :
Vès, quaucun vai parèisse eilalin au countour,

Car just d'eila se soun levado
Dos perdris roujo desaviado.
Oh ! s'èro Reginèu ! O moun Diéu, fasès-lou !
A li man jouncho Anounciado !
Pregas un pau pèr iéu, patroun de Mus, Sant Loup !
Oh ! s'adusié moun paire ! »... Ansin lou coutelou

Cercant l'oumbrino clarinello
De l'aubre qu'a flour cendrinello,
Trais un crid qu'es doulènt... Tant-lèu sus lou draiòu,
Eilalin, liuen coume uno estello,
Sèmblo que quaucun vèn.— « Moun Diéu ! porto lou dòu !
Es tout vesti de negre, e soun front vers lou sòu,

Tout apensamenti, se clino.
Grand sant Auzias, santo Dóufino,
Parèu pious, grand sant, patroun dóu Leberoun,
Sourtès-nous de l'escuresino ! »
Dison li femo. E pièi, la tèsto au fenestroun,
Guinchon lou pelerin que davalo di mount.

« Hoi ! dis la chato, es noste ermito !
S'au-mens sabié, perqué l'abito,
Nous dire s'a rèn vist Reginèu dins Ventour...
E, tenès, maire, se capito
Qu'ai rout mi capelet, i'a deja quàuqui jour :
Ie vau faire adouba, sara de bono imour.

— « Hòu ! l'ermito, hòu ! passas bèn vite ? »
— « Bono fiho, jamai d'eicite
N'ai passa sèns douna lou bonjour à Sifrèn :
Adounc me permetrés que quite
Un moumen moun draiòu, e s'acò vous counvèn,
Béurai à vosto dourgo un rai dóu fres sourgènt. »

— « Diéu vous preserve d'ana béure
L'aigo cruso dóu pous de l'èurre.
Intras, assetas-vous, pausas sus lou pestrin
Vosto biasso... Maladiciéure !
Emai fuguen pas riche, avèn un got de vin
Em'un tros de pan fres pèr vous, bon pelerin. »

Acò diguè la jouino fiho
D'uno voues pleno d'armounio,
Douceto coume un cant de fui gai e poulit
Que se pendoulo à la ramiho :
— « Oh ! coume i'a de tèms qu'un tant dous parauli
N'ai ausi ! respoundè l'ermito anequeli ;

Vaqui sièis mes e tres semano,
N'ai ausi que li tremountano
E li crid dis eigloun sus li piue auturous.
N'ai vist passa que li chavano
Largant grelo em'uiau e tron espetaclous,
Car tau que me vesès, vène de Santo-Crous. »

Nosto chatouno, palinello,
Se dreissant coume uno jitello
Ie dis : — « S'es bèn verai que venès dóu Ven tour,
Se davalas de la capello,
Devès dins voste viage agué vist sus l'autour
Nòsti Sant-Terniten que desempièi cinq jour

Dins la mountagno soun pèr orto,
Cercant un gus, que de la sorto
Se n'èro jamai vist ! A brula Verdoulié
Coumo un mouloun de fueio morto.
D'aquel esfrai ma maire es enca dins lou lie...
Santo Maire de Diéu ! mai de-que nous voulié ?

L'oustau brulant, dins li campèstre
Nous sian sauva, pastre emai mèstre,
Tóuti ensèn, mie-nus ; eici nous adusèn,
Cresènt d'atrouva lou bèn-estre...
Mai, coumble de doulour ! es eici que vesèn
Que, s'es grand lou malur, es que Diéu n'es counsènt.

Vaqui sièis jour que de moun paire
Res nous lèvo lengo. Pecaire !
Partiguè lou matin 'mé sa grosso destrau,
Car èro las de plus rèn faire,
S'enanè dins lou bos nous toumba de balaus
Pèr abari l'avé, li cabro emai li brau,

L'ivèr quand fai tant fre que jalo
A pèiro fèndre e que li calo
Soun cuberto de nèu. Desempièi res l'a vist.
E iéu courre coume uno foualo,
E mi crid noun fan rèn qu'espauta li perdris.
Oh ! moun Diéu, digo-me s'es dins toun paradis !...

E Reginèu, que siéu seguro
Avès ausi subre l'auturo
Vanta pèr sa valour emai pèr soun bon cor,
Éu que l'amour dóu bèn empuro,
Tant-lèu s'es bouta 'n cerco emé li cènt plus fort
De nòsti carbounié... Soun bessai tóuti mort ! »

Acò disènt, se cuerb la caro
De soun faudau, e, font amaro,
Soun iue tant viéu, tant blous, escampo à flot li plour.
La maire emé sa fiho caro
Mesclo alor si senglut, e li baus d'alentour,
Li fourèst e li vau, redison si clamour.

Acò vesènt, lou brave ermito
S'aubouro e dis : — « Vous fau vesito
Justamen pèr vous dire ounte soun vòsti gènt ;
Car, bràvi femo, se capito,
(Ai las ! pèr moun malur) que cinq jour à-de-rèng
Ai vist de près li gus.... Mai vese alin Sifrèn,

Moun vièi e brave ami, qu'arribo.
Dóu cros soun pèd toco la ribo.
Es coume iéu; pecaire ! E pamens sa destrau
Cabusso enca li nàuti pibo.....
Eh bèn ? coume n'en sian, Sifrèn ? Dins toun oustau
Aduse lou soulas : davale d'amoundaut.

Ço qu'ai vist, fau que te lou digue ! »
— « Que lou bon Diéu te benesigue !
Parlo ! boutrai dins ta coucourdo de bon vin,
De pan dins ta biasso. Qu'ausigue
Encaro un cop soun noum ! Digo-me lou camin
Que fau segre, e mau-grat que tèngue quatre-vint,

A través li mounto-davalo
Voularai coume s'aviéu d'alo
Pèr ana lou rejougne ! Ounte sies, o moun fiéu ? »
Acò disènt, de sis espalo
Descarguè pèr lou sòu lou pège d'un grand liéu
Que, quand èro enca dre, douminavo li niéu.

Alor s'assèto, e noste ermito
Ansin soun viage ie recito :
— « Aquesto luno n'èro à soun proumié quartoun,
Anave vèndre ma pausito,
La biasso sus l'espalo e lou flasque au bastoun,
Quand vese dins la coumbo un troupèu de móutoun

De milo tèsto, e sènso pastre !
Hoi ! jamai causo ansin sout l'astre,
Me dise, s'èro visto ! E file moun camin
A través vabre, baus, mentastre...
Coume arribe i Tres Crous (èro enca bon matin)
Vese, caussano au vènt, tres miòu que di roumin

Mocon li gréu, mai ges de mèstre !
Dise : De-que diàussi pòu èstre ?...
Mai malur à mis os ! ço qu'es, lou sabe lèu :
Tout-d'un-tèms sorton dóu campèstre
Tres ardit estafié coume jamai belèu
N'avié vist si parié la capo dóu soulèu.

Me couchon pèr lou sòu, me macon,
Me torson cambo e bras, m'estacon
A la modo di pastre em'un simple bastoun ;
Pièi, noun countènt, li gus, m'ensacon
Un cop de pèd chascun e de-mourre-bourdoun
Me laisson pèr lou sòu... E gagnon l'aut di mount.

D'eici vesès l'afrous suplice,
Que tout lou jour aqui subisse.
En van cride au secours. L'escuriòu di nóuguié
M'ause, mai se n'enchau. Patisse
De fam emai de set. Pèr coumble, un fourniguié
Vèn m'agarri la caro ! Alor, moun Diéu ! falié

Qu'au bord d'un vabre iéu pousquèsse
Me tirassa, pièi me traguèsse...
Me rintron dins lis iue, dins la bouco, lou nas.
En van me torse e me revèsse,
Au-mai boulegue, au-mai sèmblo que d'agranas
Se lardon dins ma car. Ansin dins un ermas,

Boufre, cubert de macaduro,
Lou vèntre sus la roco duro,
Sènso pousqué branda, mourènt de set, de fam,
Tout lou jour dins talo pousturo
Me laisson rebouli !... Quand sus li piue gigant
La niue s'es assetado, arribon li bregand,

Me deliéuron, à cop de trico
Me fan marcha coume bourrico
Davans éli subran... Ièu vau barrant lis iue.
Alor entoune lou cantico
Dóu grand sant Gènt l'ermito. Enjusqu'à miejo-niue
Anan, davalant toumple, escarlimpant li piue.

Pièi arriban dins la cafourno
D'ounte jamai degun s'entourno.
Mai quau vous a pas di que m'atrove subran
Dintre uno cauno grando e sourno,
E quau vese? Antounin, toun paire, bello enfant!
Qu'un d'aquéli gourrin à grand cop de vergan

Fai travaia 'mé lou moulèire.
Lou recounèisse entre lou vèire,
E vau pèr ie parla. Mai reçaupe un gautas,
Moun Diéu! que m'esbarluco.. « A rèire! »
Me cridon li bourrèu. E souto lou roucas
Que fai negro cafourno, avance quàuqui pas.

Aqui me fan, coume toun paire,
Batre la poudro em'un trissaire,
Niuech e jour, sèns pousqué prendre alen un istant.
Nous laisson tout-bèu-just, pecaire!
Lou lesi de rouiga, sèns béure, un tros de pan.
Enterin de lebraud, de bèus agnèu de camp

Davans la braso se roustisson,
E li gusas li devourisson,
E bevon à gogò de plen douire de vin.
De-longo ansin se divertisson,
E de-longo nous-autre au travai sènso fin
Devèn nous massacra! Passo un jour, dous, tres, cinq!

Lou sieisen jour de moun martire,
Me pode plus teni de dire
A mi négri bourrèu si quatre verita :
Enfant de loup ! emai di pire,
Ie fau, ausas ansin d'un vièi que fai pieta
Rire, marrit que sias ? Aco n'es que presta,

Chascun aura ço que merito,
E vous lou dise, fe d'ermito !
La venjanço vendra, tenès-vous lou pèr di ! »
Coume la flamo ressuscito,
Quand uno auro en favour boufo la braso, ardit
Se lèvon contro iéu 'quéli làchi bandit !

Mai lis aplante à la segoundo.
« Malur ! ie fau, se quaucun boundo !
A la poudro subran siéu lèst à bouta fio...
Sourtès d'eicite, e que li broundo
Di fau espetaclous qu'esbrando l'Eisserò,
En vous vesènt passa fagon clanti li ro,

Cridant d'en aut di niéu qu'estrasson :
« Veici li gus d'Oursan que passon ! »
D'aut ! D'aut ! foro d'eicite, o baté lou peirard ! »
Tant-lèu li lache se tirasson
Long dóu ro, tremoulant, paurous coume reinard,
E sènso apoundre un mot sorton sus lou relarg.

Maire de Diéu ! Vierge Mario !
Quand touto aquelo ravaniho
Fuguè foro la cauno, em'un grand estrambord
Nòsti dos bouco à l'angounio,
Car erian mort de fam, manjèron tout d'abord
Lou poutoun freirenau que part dóu founs dóu cor !

Lou paure Antounin fai que dire :
« Moun Diéu ! perqué dóu malur pire,
A la fin de mijour, sies vengu m'aclapa ? »
E me raconto soun martire...
Coume disié lou biais que vous sias escapa,
Pèr un brut de deforo autant-lèu es coupa.

Subran m'auboure e sus la porto
Tapado em'un clot de redorto
M'avance d'agachoun. De que vese, grand Diéu ?
Vese d'Oursan touto l'escorto
Armado de destrau, de froundo, de fusiéu,
Boufant coume alabreno e rajant l'aigo à fiéu.

Souto un vièi roure que s'enauro
Davans la cauno, e que lis auro
Boufant toutis ensèn noun poudrien esbranca,
S'assèton li bandit. Mai, pauro !
Vès-eici ço que dis un vièi grand, escranca,
Que de touto la troupo es lou miéu arnesca :

— « Ome, s'avès dintre lou vèntre
Lou fio dóu tron, lou farés sèntre
Au fenat Reginèu qu'Oursan adus d'abas...
Pamens quicon me fai pressèntre
Qu'auren d'obro à doumta l'ome qu'à tour de bras
Mando de vau en vau de tau tros de roucas !

Lèu asticas li carabino,
Coulègo ! car subre l'esquino
Dóu mount Ventour pela, vese Oursan arriba
'Mé Reginèu que lou chaupino.
Vès-lèi aperalin. L'estournèu a toumba
Dins nosto leco, ai ! ai !.. E coume lou rebat

Dóu souleias lou countrario,
 Estènd sa man à ras di ciho
E braco si dous iue. E tónti fan coume éu.
 Un long moumen de l'auceliho
S'auson li cant poulit dins l'oumbro di ramèu...
Mai subran un grand crid fai brounzi li cimèu.

 Oursan, que Reginèu seculo,
 De s'ana batre ie rebuto.
E s'aglatant darrié la jasso di Gerbaud,
 Pèr aplanta lou que lou buto
Feroun, la froundo en man e lou front sèmpre naut,
Jito aquest crid qne fai brounzi touti li baus :

 « Pieta, Reginèu ! fai me gràci !
 Oursan fara clanti l'espàci
En cantant ti lausenjo e ta nauto valour.
 A ti pèd courbarai ma fàci
E lis arrousarai umblamen de mi plour...
Oh ! laisso-me la vido, enfant dóu mount Ventour ! »

 Coume s'èron fouita d'ourtigo,
 Enrabia coume de fournigo
Qu'un enfant poulissoun destourbo dóu travai,
 Esfraia coume lis espigo
D'un camp de blad madur, quand l'auro boufo, ai ! ai !
Tau soun lis estafié. L'armo au poung, tout s'envai

 Pèr secouri lou miserable
 Qu'a tra 'quéu crid espaventable...
Alor sone Antounin e ie dise : « Subran
 Nous fau parti. Bregand ni diable
Podon nous aplanta. Tout-esca 'n chaurihant
Ai ausi Reginèu arriba triounflant. »

Paure Antounin ! entre que noume
Aquéu que voste cor n'es coume,
Chato de Verdoulié, s'aubouro reviéuda
E m'embrasso en plourant; mai coume
Mor de fam, i'a cinq jour, tre que vòu camina
Si cambo à chasque pas noun fan plus que clina.

Vesènt que i'a rèn autre à faire,
Sus mis espalo, lèu, pecaire,
Lou cargue, e nous sauvan !.. Que soun grand tis estèu,
O Ventour ! coume es pur toun aire !
Qu'es bon de respira, de courre en plen soulèu,
Quand, cinq jour à-de-rèng avès emé l'artèu

Suça la roco umido e sourno,
N'avès agu dins la cafourno
Pèr pausa voste front que lou lie de doulour,
E dóu som la fam vous destourno;
E manjas vosto ràbi, e bevès vòsti plour !
Coume es suau alor toun soulèu, o Ventour !

Pamens arriban sènso entrambo
(I'a que la peno que mi cambo
An pèr nous pourta dous) enjusqu'au jas de Mian.
Uno fes aqui, lou tron flambo
Subre li ro, l'aurige emé de madrian
Se descadeno afrous e tors li frais gigant.

Vite rintran dintre la jasso
Pèr s'apara d'aquelo aurasso.
Alor couche Antounin subre un lie fa de brout
E de lavando et de badasso.
Pièi, coume lou cledat barro pas au ferrou,
Lou tanque em'un roucas pèr nous garda di loup.

Pamens lèu mai lou soulèu briho.
Revihe Tounin que soumiho :
« Anen, sian de partènço, es mai clar noste cèu, »
Mai éu, plus sage, me counseio
De m'enana soulet, car dins lis arnavèu
Noun poudriè camina. Seguisse lou counsèu.

Ie laisse, em'uno coucourdeto,
Dous bèu pan de fino seisseto,
Lou cuerbe de lavando, e pièi emé de brout
L'assouste de rispo e d'aureto ;
E coume lou cledat barro pas au ferrou,
Lou tanque em'un roucas pèr lou garda di loup.

E, bràvi gènt, n'es pas necite
Qu'aro lou rèsto vous recite.
Camine desempièi aièr la fin dóu jour...
E vaqui coume vuei, eicite,
Me vesès arriba di pouncho dóu Ventour
Pèr vous douna l'espèro e seca vòsti plour. »

Entre qu'a di, Sifrèn s'aubouro,
En s'escridant : « Es enca d'ouro !
M'envau jusqu'i Michouio, e, se fau, à-n-Aurèu.
Dintre lou plan que se labouro
Comte quinge nebout o german qu'an perèu
La forço e la valour, coume l'a Reginèu.

Ie vau coumta ço que se passo.
Aniue ni lou tron ni l'aurasso
Poudrien nous aplanta. Saren au jas de Mian.
E, vivo Diéu ! la malo raço
Di sacamand veira pèr lou cop ço que sian ! »
E l'ermito, fasènt lou signe dóu crestian,

Dis : « Lou bon Diéu nous benesigue,
   E li meichant éu esvaligue !
Sifrèn, te seguirai. Lou nóuguié de Peitrau
   Faudra long-tèms qu'i toumple digue
Coume nous-àutri vièi prenèn Ventour d'assaut !.. »
Adounc, s'armon chascun d'uno grosso destrau,

S'envan... — Alor subre la colo,
   D'uno chatouno mita folo
E d'uno pauro maire an restounti li bram !...
   O vous qu'un pur amour desolo,
O femo que vesès lou bonur dins l'enfant,
Segur dins vòsti cor de tau crid clantiran !...

(Fèlis GRAS)

XCIII

Lou Mège de Cucugnan

I

Èro un medecin que n'en sabié long, car n'avié forço aprés ; e pamens, dins Cucugnan, ounte, despièi dous an, s'èro establi, i'avien pas fe. Que voulès ? toujour lou rescountravon em'un libre à la man, e se disien, li Cucugnanen :
— Saup rèn de rèn, noste mège ; fèbre-countùnio legis. S'estùdio, es pèr aprendre. S'a besoun d'aprendre, es que saup pas. Se saup pas, es un ignourènt. —
Poudien pas se leva d'aqui, e... i'avien pas fe.
Un mège sènso malaut es un calèu sènso òli. Fau pamens gagna la vidasso, e noste paure mesquin gagnavo pas l'aigo que bevié !

II

Èro tèms, certo, qu'acò finiguèsse.
Un jour, pèr n'en vèire la fin, faguè dire dins tout Cucugnan que sa sciènci èro tant grando, e tant pouderouso, e

tant soubeirano, qu'èro capablo, noun soulamen de gari un malaut, — ço qu'es un jo d'enfant, mai de ressuscita 'n mort, — ço que pòu se dire un bèu miracle de Diéu ! — Eto-mai, un mort, disié, mort e entarra !... E lou ressuscitarai quand voudran, en plen jour, en plen cementèri, davans touti !

III

Ah ! n'i'aguè gaire que lou creiguèron ! Lis incredule, pamens, se disien : Que riscan de lou metre à l'esprovo ? Fau lou vèire à l'obro : à l'obro se recounèis l'óubrié. Pòu reüssi : es un ome qu'a tant legi !... E se fai tant de bèllis envencioun à l'ouro dóu jour d'uei... Hòu ! pièi, se fai lou miracle, picaren di man ; se lou manco, ie faren la bramado. Que n'en ressuscite un : es aqui que veiren s'a teta de bon la.

Basto ! fuguè counvengu que, lou dimenche venènt, à miejour sounant, Moussu lou mège, en plen cementèri de Cucugnan, devié ressuscita 'n mort, dous, se falié. l'aguè meme de femo que diguèron ùni nòu o dès !

IV

Dounc, bèn avans l'ouro dicho, aquéu Dimenche, lou cementèri siguè plen, coume la glèiso à la messo dóu bèu jour de Pasco. Lou repli de miejour avié panca souna que Moussu lou mège, fidèu à sa proumesso, arribè, de negre tout vesti. Aguè proun peno e jouguè proun di couide pèr se faire un camin vers la crous e uno plaço sus soun pedestau...

Aqui, saludè, s'escurè, e :

V

— Mis ami, faguè, vous ai proumés de ressuscita 'n mort : tendrai paraulo. N'en lève la man. Vejan ! e silènci... M'es pas mai defecile, vous dirai, de reveni Jaque o Jan, que Nanoun o Babèu, que Glaude o Simoun Cabanié... qu'es mort d'un marrit plevèsi, i'aura lèu un an !

— Escusas, moussu lou mège, diguè Catarino, véuso dóu paure Simoun. Èro segur un brave ome, fasié moun bonur e lou plourarai tant que Diéu me gardara lis iue de la tèsto ! mai, lou ressuscités pas, vesès, car, vèngue la fin dóu mes, quitarai lou dòu... que me volon marida emé lou long Pascau. De vuei en vue fan li crido, —proumié, darrié.— Ai reçaupu li presènt.

— Ah ! que fasès bèn de me lou dire, Catarino !... E bèn ! alor, se ressuscitave Nanoun Péu-rouge, qu'entarrèron lou bèu jour de la Candelouso ?...

— Gardas-vous-n'en bèn, moussu lou mège, cridè Jaque Lamelo, Nanoun èro ma femo ! Sian resta dès an ensèn, dès an de purgatòri, tout Cucugnan lou saup. Que Nanoun rèste ounte èi, pèr soun repaus e pèr lou miéu. Un pico-pebre, moussu ! e vanelouso, e garrouio, em'acò piéi li man traucado, em'uno lengo ! uno lengo de serp, moussu, qu'aurié fa batre la Santo Vierge emé Sant Jóusè ! E... dise pas tout !

— Mai pamens... mis ami...

— Escusas se vous cope, moussu lou mège... Femo morto, capèu nòu : coume Nanoun me leissè tres piéutoun, que segur sèmblon pas soun paire, e coume, lou coumprenès, lis aviéu sus li bras, me siéu remarida. Es dounc fort inutile...

— Vai bèn. Coumprene. Es clar que sarié veritablamen un orre martire pèr tu s'aviés dos femo dins toun oustau. N'i'a proun d'uno !.. E bèn ! alor, ressuscitarai... car, finalamen, fau n'en reviéuda un... tenès, lou brave Mèste Pèire.

— Mèste Pèire dóu Mas-vièi ? diguè Fèli Bono-Pougno.

— Éu-meme.

— Ah ! moun paure paire !... Que Diéu lou repause, moussu lou mège !... Un sant ome, segur. Lou ressuscitessias pas, que, se tournavo en vido, atroubarié proun emboui dins nòstis afaire, e n'en aurié lou cor tranca, éu que, pechaire ! amavo tant de nous vèire d'acord ! Nous sian parteja, après proun batèsto, e un gros proucès, e à tiro-péu, quàuqui pichot tros de terro, aperaqui. Sian sièis, quatre drole e dos chato. Avèn tóuti forço enfant, e cadun tiro de soun bout e viro l'aigo à soun moulin ; e i'a res de bèn drut, boutas ! dins la famiho...

— Sara dounc pas poussible ?...

— Perdoun... Se nous lou ressuscitavias, faudrié faire, entre tóuti, uno pensioun au paure vièi, rèn de plus juste. Mai, lis annado soun tant marrido, moussu lou mège ! Lou sabès, li maguan fan de chico, se fan quicon ; li vigno an lou mau, li blad n'an rèn fa, lis óulivo an lou verme, plòu pas, la garanço se douno...

— E bèn ! siegue ! leissaren dourmi Mèste Pèire. — Mai, coume eici siéu pas vengu pèr enfiela de perlo, e tóuti vous, pèr me regarda faire, reviharai... Quau voulès que vous revihe ?

— Gatouno ! revihas-me ma Gatouno ! crido alor uno bravo femo en plourant coume uno Madaleno.

— Noun ! noun ! moussu lou Dóutour, dis uno chato. Ah ! ma bello vierge, qu'as bèn fa de mouri !... Avans de mouri me diguè tout... E ie meteguerian pièi sa raubo blanco, e de flour sus la tèsto !... semblavo uno nòvio. Que rèste en terro santo ! Soun proumés s'èi marida.

— Pauro, pauro Gatouno !... Vesès, tout acò me vèn en òdi. Vau finalamen reviha lou Besuquet, qu'avalè sa lengo i'a'no mesado ?

— Vole pas, iéu, vole pas ! cridè Louviset Gau-galin, li dous bras en l'èr ! M'avié vendu sa vigno e soun maset à founs perdu. I'ai paga mai que sa valour, dès an a-de-rèng, en bèus escut blanc, e i'a jamai manca 'n sòu. Me faudrié tourna-mai ie paga sa pensioun ? Sarié pas juste, moussu lou mège !

— Me n'en diras tant !... E bèn ! siegue !... Vejan ! n'en sabe un que mouriguè, leissant ni femo ni enfant, ni fraire ni sorre, mai l'eisèmple de tóuti li vertu, e si quatre sòu à voste espitau : voste bon Curat, que tant vous amavo e que plourerias tant ! e que, pèr l'amour de vous, faguè, vous ensouvèn ? un tant rude viage dins l'autre mounde, bouscant, paure pelègre ! bouscant, pèr tout caire e cantoun, si Cucugnanen, e lis atrouvant tóuti, fin que d'un, ai ! malur ! dins l'infèr tout dubert ? Se lou ressuscitavian !

— Ah ! noun ! noun ! cridèron, uno d'eici, l'autro d'eila, quàuqui devoto dóu gros grun. Noun ! noun ! Moussu lou mège !...

— Dóumaci, fai Misè Rousselino, maire de la coungregacioun... dóumaci èro vièi, ah ! paure ! e sourd coume un toupin, bèn tant que... quand me counfessave, se ie parlave figo, me respoundié rasin. Leissas-lou dins la glòri de Diéu; car pièi, avèn aro un curat qu'es jouine e qu'a bon biais; es brave coume un sòu ! E canto coume uno ourgueno, predico coume un serafin, e meno sa barco coume se dèu...

— Que vous dirai ?... Pèr qu'acò 's ansin, viren-nous d'un autre caire. Vese, aqui-davans, uno pichoto crous de bos : dirias que l'erbo flourido e li blanc cacalausoun an vougu n'escoundre la tristo coulour negro, tant de pertout cacalausoun se ie soun empega, tant à soun entour a bèn grandi e flouri l'erbo. Es lou cros d'un enfant de la. Avié dès mes quand mouriguè : l'escritèu lou dis. Sarié pecat segur de lou ressuscita : es tant urous d'èstre mort, de pas viéure dins un mounde ounte s'ausis... ço que me disès, mis ami ! Se pamens voulès que lou revèngue, tambèn lou revendrai.

— Moussu lou Dóutour, fai alor uno pauro vièio en plourant, aquéu pichot mort es nostre, ai ! las ! e siéu sa grand. Ma fiho l'avié panca desmama, e traucavo si dènt de l'iue, quand, pecaire ! mouriguè. Ah ! s'avias vist coume èro bèu, noste nistoun ! Diéu nous l'a pres : e bèn ! siegue facho sa voulounta... Vesès, aro n'avèn un autre que teto. Diéu fai bèn ço que fai, e rènd pièi d'uno man ço que nous pren de l'autro. Lou reviéudés pas, que poudrian pas n'en nourri dous, e sian trop paure pèr lou metre en bailo.

VI

Alor lou mège :

— N'ia proun pèr aro, diguè. D'abord que voulès pas que fague vuei lou miracle, assajarai de lou faire un autre jour, noun en ressuscitant un trespassa, car m'es veritablamen impoussible, lou vesès, mai en aparant la vido agarrido pèr la mort. Adessias.

E s'esbignè.

VII

Quau vous a pas di que, despièi aquéu Dimenche marcant, noste mège faguè de miracle dins Cucugnan ! Ressuscitè pas li mort, mai sauvè la vido à mai que d'un. Li Cucugnanen i'aguèron grando fe, car enfin, disien, se tenguè pas sa proumesso au cementèri, es pièi pas éu, fau èstre juste, que n'en fuguè l'encauso.

Em'acò bello finido.

(J. Roumanille)

XCIV

Li Santo

L'aubre de la crous, o Mirèio,
  Sus la mountagno de Judèio
Èro encaro planta : dre sus Jerusalèn,
  E dóu sang de Diéu encaro ime,
  Cridavo à la ciéuta dóu crime,
  Endourmido avau dins l'abime :
Que n'as fa, que n'as fa, dóu rèi de Betelèn ?

  E di carriero apasimado
  Mountavon plus li grand bramado ;
Lou Cedroun tout soulet gingoulavo eilalin ;
  E lou Jourdan, de languitudo,
  S'anavo escoundre i soulitudo,
  Pèr desgounfla si plagnitudo
A l'oumbro di rastencle e di verd petelin.

E lou paure pople èro triste,
Car vesié bèn quèro soun Criste,
Aquéu que de la toumbo aussant lou curbecèu,
A si coumpagno, à si cresèire,
Èro tourna se faire vèire,
E pièi, leissant li clau à Pèire,
S'èro coume un eigloun enaura dins lou cèu !

Ah ! lou plagnien, dans la Judèio,
Lou bèu fustié de Galilèio !
Lou fustié di péu blound qu'amansissié li cor
Emé lou mèu di parabolo,
E qu'à bèl èime sus li colo
Li nourrissié 'mé de caudolo,
E toucavo si ladre, e revenié si mort.

Mai li dóutour, li rèi, li prèire,
Touto la chourmo di vendèire
Que de soun tèmple sant lou mèstre avié cassa :
— Quau poudra teni la pauriho,
Se murmurèron à l'auriho,
Se dins Sioun e Samario,
Lou lume de la Crous n'èi pas lèu amoussa ?

Alor li râbi s'encagnèron,
E li martire temounièron :
Alor l'un, coume Estève, èro aqueira tout viéu,
Jaque espiravo pèr l'espaso,
D'autre, engrana soulo uno graso !...
Mai sout lou ferre o dins la braso,
Tout cridavo en mourènt : O, Jèsu 's Fiéu de Diéu !

Nàutri, li sorre emé li fraire
Que lou seguian pèr tout terraire,
Sus uno ratamalo, i furour de la mar,
E sènso velo e sènso remo,
Fuguerian embandi. Li femo,
Toumbavian un riéu de lagremo ;
Lis ome vers lou cèu pourtavon soun regard

Deja, deja vesèn s'encourre
Ouliveto, palais e tourre ;
Vesèn de l'aut Carmèl li serre e lis estras
Qu'aperalin fasien la gibo...
Tout-d'un-cop un crid nous arribo :
Nous reviran, e sus la ribo
Vesèn uno chatouno. Aubouravo si bras,

En nous cridant, touto afougado :
— Oh ! menas-me dins la barcado,
Mestresso, menas-me ! Pèr Jèsu, iéu peréu,
Vole mouri de mort amaro !
Èro nosto servènto Saro ;
E dins lou cèu la veses aro
Que lou front ie lusis coume uno aubo d'Abréu.

Liuen d'aqui l'anguieloun nous tiro ;
Mai Saloumé, que Diéu ispiro,
Is erso de la mar a jita soun velet...
O pouderouso fe !... Sus l'oundo
Que sautourlejo, bluio e blo undo,
La chato, que noun se prefoundo,
Venguè dóu ribeirés à noste veisselet ;

E l'anguieloun la campejavo,
E lou velet la carrejavo.
Pamens, quand dins la fousco eilalin veguerian
Cimo à cha cimo desparèisse
Lou dous païs, e la mar crèisse,
Fau l'esprouva pèr lou counèisse,
Lou làngui segrenous qu'alor sentiguerian !

Adiéu ! adiéu, terro sacrado !
Adiéu ! Judèio mal astrado,
Que coussaies ti juste e clavelles toun Diéu !
Aro, ti vigno emé ti dàti
Di rous lioun saran lou pàti,
E ti muraio, lou recàti
Di serpatas !... Adiéu, patrio, adiéu, adiéu !

Uno ventado tempestouso
Sus la marino sóuvertouso
Couchavo lou batèu : Marcian e Savournin
Soun ageinouia sus la poupo;
Apensamenti, dins sa roupo
Lou vièi Trefume s'agouloupo;
Contro éu èro asseta l'evesque Massemin.

Dre sus lou tèume, aquéu Lazàri
Que de la toumbo e dóu susàri
Avié 'ncaro garda la mourtalo palour,
Sèmblo afrounta lou gourg que reno;
Em' éu la nau perdudo enmeno
Marto sa sorre, e Madaleno,
Couchado en un cantoun, que plouro sa doulour.

La nau, que buton li demòni,
Meno Estròpi, meno Sidòni,
Jóusè d'Arimatio, e Marcello, e Cleoun;
E, d'apiela sus lis escaume,
Au silènci dóu blu reiaume
Fasien ausi lou cant di Saume;
E 'nsèn repetavian : *Laudamus te Deum !*

Oh ! dins lis aigo belugueto
Coume landavo la barqueto !
Nous sèmblo enca de vèire aquéli fouletoun
Que retoursien en revoulino
Lou pouverèu de la toumplino,
Pièi, en coulouno mistoulino,
S'esvalissien alin coume d'esperitoun.

De la mar lou soulèu mountavo,
E dins la mar se recatavo;
E, toujour emplana sus la vasto aigo-sau,
Courrian toujour la bello eisservo.
Mai dis estèu Diéu nous preservo,
Car dins si visto nous reservo
Pèr adurre à sa lèi li pople prouvençau.

Un matin sus tóuti lis autre,
Fasié tèms sol : de davans nautre
Vesian courre la niue 'mé soun lume à la man,
Coume uno véuso matiniero
Que vai au four couire si tiero ;
L'oundo, aplanado coume uno iero,
Dóu batèu tout-bèu-just batié li calaman.

D'apereilalin nais, se gounflo,
E porto ourrour dins l'amo, e rounflo
Un brut descouneissable, un sourne brounzimen,
Que nous penètro li mesoulo,
E sèmpre mai ourlo e gingoulo.
Isterian mut ! La visto soulo,
Tant liuen que poudi' ana, tenié l'aigo d'à-ment.

E sus la mar que s'agrounchavo,
La broufounié se raprouchavo,
Rapido, fourmidablo ! e morto à noste entour
Éron lis erso : e, negro marco,
Enclauso aqui tenien la barco.
Alin, tout-en-un-cop s'enarco
Uno mountagno d'aigo, esfraiouso d'autour.

De nivoulas encourounado,
La mar entiero amoulounado,
E que boufo, e que bramo, o Segnour ! en courrènt
Venié sus nautre : à la subito,
Un cop de mar nous precepito
Au founs d'un toumple, e nous rejito
A la pouncho dis erso, espavourdi, mourènt !

Quéntis espaime ! que destourne !
De longs uiau fèndon lou sourne,
E peto cop sus cop d'espaventàbli tron !
E tout l'Infèr se descadeno
Pèr englouti nosto careno...
La Labechado siblo, reno,
E contro lou paióu bacello nòsti front.

Sus l'esquinau de si camello
Tantost la mar nous encimello;
Tantost, dins la founsour di négri garagai,
Ounte barrulon li lasàmi,
Li biòu-marin e li grand làmi,
Anan entèndre lou soulàmi
Di negadis, que l'oundo escoubiho, pecai !

Nous veguerian perdu ! S'enverso
Sus nsòti tèsto uno grando erso,
Quand Lazàri : Moun Diéu, serve-nous de timoun !
M'as davera 'n cop de la toumbo....
Ajudo-nous ! la barco toumbo ! —
Coume l'auroun de la paloumbo,
Soun crid fènd la chavano e volo peramount.

De l'aut palais ounte triounflo
Jèsu l'a vist ; sus la mar gounflo
Jèsu vèi soun ami, soun ami qu'en tant-lèu
Vai èstre aclapa souto l'oundo.
Sis iue 'mé no pieta prefoundo
Nous countèmplon : subran desboundo
A travès la tempèsto un long rai de soulèu.

Alleluia ! sus l'aigo amaro
Mountan e davalan encaro ;
E trempe, e matrassa, boumissèn l'amarun.
Mai lis esfrai tout-d'un-tèms parton,
Li lamo fièro s'escavarton,
Li nivoulado alin s'esvarton,
La terro verdouleto espelis dóu clarun.

Lontèms, 'mé d'afróusi turtado,
Nous trigoussejon lis oundado.
Pièi se courbon enfin davans la primo nau
Souto un alen que lis abauco;
La primo nau, coume uno plauco,
Fuso entre li roumpènt, e trauco
De làrgi flo d'escumo emé soun carenau.

Contro uno ribo sènso roco,
Alleluia ! la barco toco ;
Sus l'areno eigalouso aqui nous amourran,
E cridan tóuti : Nòsti tèsto
Qu'as péu-tira de la tempèsto,
Fin qu'au coutèu li vaqui lèsto
A prouclama ta lèi, o Crist ! Te lou juran ! —

A-n-aquéu noum, de jouïssènço,
La noblo terro de Prouvènço
Parèis estrementido ; à-n-aquéu crid nouvèu,
E lou bouscas e lou campèstre
An trefouli dins tout soun èstre,
Coume un chin qu'en sentènt soun mèstre
Ie cour à l'endavans e ie fai lou bèu-bèu.

La mar avié jita d'arcèli...
Pater noster, qui es in cœli,
A nosto longo fam mandères un renos ;
A nosto set, dins lis engano
Faguères naisse uno fountano ;
E miraclouso, e lindo, e sano,
Gisclo enca dins la glèiso ounte soun nòstis os !

Plen de la fe que nous afougo,
Dóu Rose prenèn lèu la dougo ;
De palun en palun caminan à l'asard ;
E pièi, galoi, dins lou terraire
Trouvan la traço de l'araire ;
E pièi, alin, dis Emperaire
Vesèn li tourre d'Arle aubourà l'estendard.

A l'ouro d'uei sies meissouniero,
Arle ! e couchado sus toun iero,
Pantaies em'amour ti glòri d'àutri-fes ;
Mai ères rèino, alor, e maire
D'un tant bèu pople de remaire
Que, de toun port, lou vènt bramaire
Noun poudié travessa l'inmènse barcarés.

Roumo, de nòu, t'avié vestido.
En pèiro blanco bèn bastido ;
De ti gràndis Areno avié mes à toun front
Li cènt vint porto ; aviés toun Cièri ;
Aviés, princesso de l'Empèri,
Pèr espaça ti refoulèri,
Li poumpous Aquedu, lou Tiatre e l'Ipoudrom.

Intran dins la ciéuta : la foulo
Mountavo au Tiatre en farandoulo.
E zóu ! mountan em'elo. Au mitan di palai,
A l'oumbro di tèmple de mabre,
Se gandissié lou pople alabre,
Coume quand rounco dins li vabre
Un lavàssi de plueio, à l'oumbrino di plai.

O maladicioun ! o vergougno !
I son moulan de la zambougno,
Sus lou pountin dóu Tiatre, emé lou pitre nus,
Un vóu de chato viroulavon.
E su 'n refrin qu'ensèn quilavon,
En danso ardènto se giblavon,
Au tour d'un flo de mabre en quau disien Venus.

La publico embriagadisso
le bandissié si bramadisso ;
Jouvènto emai jouvènt repetavon : Canten !
Canten Venus, la grand divesso
De quau prouvèn touto alegresso !
Canten Venus, la segnouresso,
La maire de la terro e dóu pople arlaten ! —

Lou front aut, la narro duberto,
L'idolo, encourouna de nerto,
Dins li nivo d'encèns pareissié s'espoumpi ;
Quand, endigna de tant d'audanço,
E derroumpènt e crid e danso,
Lou vièi Trefume que se lanço,
En aussant si dous bras sus lou mounde atupi,

D'uno voues forto : Pople d'Arle,
Escouto, escouto que te parle !
Escouto, au noum dóu Crist !. E n'en diguè pas mai.
Au frounsimen de sa grando usso,
Vaqui l'idolo que brandusso,
Gènço, e dóu pedestau cabusso.
Em' èu li dansarello an toumba de l'esfrai !

Se fai qu'un crid, s'entènd qu'ourlado.
Vers li pourtau, de troupelado
S'engorgon, e pèr Arle escampon l'espravant ;
Li majourau se descourounon,
Li jouvenome s'enferounon,
En cridant : Zòu ! nous environon...
En l'èr milo pougnard lusisson tout d'un vanc.

Pamens, de nosto vestiduro
L'enregouïdo saladuro ;
De Trefume lou front seren, coume enciéucla
De clarour santo ; e mai poulido
Que sa Venus enfrejoulido,
La Madalino ennivoulido,
Tout acò, 'n moumenet, li faguè recula.

Mai alor Trefume : Gènt d'Arle,
Escoutas-me que, iéu vous parle !
Ie cridè tournamai, après me chaplarès !
Pople arlaten, vènes de vèire
Toun diéu s'esclapa coume un vèire
Au noum dóu miéu ! Anes pas crèire
Que ma voues l'a pouscu : nous-àutri sian pas res...

Lou Diéu qu'a 'sclapa toun idolo
N'a gens de tèmple sus la colo !
Mai lou jour e la niue veson qu'éu eilamount...
Sa man, pèr lou crime severo.
Es alarganto à la preièro ;
Es éu soulet qu'a fa la terro,
Es éu qu'a fa lou cèu, e la mar, e li mount.

Un jour, de soun auto demoro,
A vist soun bèn manja di toro ;
A vist béure à l'esclau si plour e soun verin ;
E jamai res que lou counsolo !
A vist lou Mau, pourtant l'estolo,
Sus lis autar teni l'escolo !

. . . .

E pèr espurga tau brutice,
Pèr bouta fin au long suplice
De la raço oumenenco estacado au pieloun,
A manda soun Fiéu : nus e paure,
Emé pas un rai que lou daure,
Soun Fiéu es davala s'enclaure
Dins lou sen d'uno Vierge ; es na sus d'estoubloun !

O pople d'Arle, penitènci !
Coumpagnoun de soun eisistènci,
Te poudèn afourti si miracle : eilalin,
Is encountrado mounte coulo
Lou blound Jourdan, entre uno foulo
Espeiandrado e mau sadoulo,
L'avèn vist blanqueja dins sa raubo de lin !

E nous parlavo qu'entre nautre
Falié s'ama lis un lis autre ;
Nous parlavo de Diéu, tout bon, tout pouderous ;
E dóu reiaume de soun Paire,
Que noun sara pèr li troumpaire,
Lis auturous, lis usurpaire,
Mai bèn pèr li pichot, li simple, li plourous.

E fasié fe de sa dóutrino
En caminant sus la marino ;
Li malaut, d'un cop d'iue, d'un mot li garissié ;
Li mort, mau-grat lou sourne bàrri,
Soun revengu : vaqui Lazàri
Que pourrissié dins lou susàri !...
Mai, rèn que pèr acò, boufre de jalousié,

Li rèi de la nacioun Jusiolo
L'an pres, l'an mena su 'no colo,
Clavela su 'n trounc d'aubre, abéura d'amarun,
Cubert d'escra sa santo fàci,
E pièi auboura dins l'espàci
En se trufant d'éu !... — Gràci ! gràci !
Esclatè tout lou pople, estoufa dóu plourun ;

Gràci pèr nautre ! Que fau faire
Pèr desarma lou bras dóu Paire ?
Parlo, ome de Diéu, parlo ! e s'èi de sang que vòu,
le semoundren cènt sacrefice !
— Inmoulas-ie vòsti delice,
Inmoulas vosto fam de vice,
Respoundeguè lou Sant en se jitant pèr sòu.

Nàni, Segnour ! ço que t'agrado,
N'es pas l'óudour d'uno tuado,
Ni li tèmple de pèiro : ames, ames bèn mai
Lou tros d'artoun que l'on presènto
A l'afama, vo la jouvènto
Que vèn à Diéu, douço e cregnènto,
Oufri sa casteta coume uno flour de Mai. —

Di bouco dóu grand Apoustòli
Ansin raiè coume un sant òli
La paraulo de Diéu : e plour de regoula,
E malandrous e rusticaire
De beisa sa raubo, pecaire !
E lis idolo, de tout caire,
Sus li graso di tèmple alor de barrula !

Entanterin, en testimòni,
L'Avugle-na (qu'èro Sidòni)
Moustravo is Arlaten si vistoun neteja ;
En d'autre Massemin recito
Lou Clavela que ressuscito,
La repentènci qu'es necito...
Arle, aquéu meme jour, se faguè bateja !

Mai, coume uno auro qu'escoubiho
Davans elo un fio de broundiho,
Sentèn l'Esprit de Diéu que nous buto. E veici,
Coume partian, uno embassado
Qu'à nòsti pèd toumbo, apreissado,
En nous disènt : Uno passado,
Estrangié dóu bon Diéu, vougués bèn nous ausi !

Au brut de vòsti grand miracle
E de vòsti nouvèus ouracle,
Nous mando à vòsti pèd nosto pauro ciéuta...
Sian mort sus nòsti cambo ! Alabre
De sang uman e de cadabre,
Dins nòsti bos e nòsti vabre
Un moustre, un flèu di diéu, barrulo... Agués pieta !

La bèstio a la co d'un coulobre,
A d'iue mai rouge qu'un cinobre ;
Sus l'esquino a d'escaumo e d'àsti que fan pòu !
D'un gros lioun porto lou mourre,
E sièis pèd d'ome pèr miés courre ;
Dins sa cafourno, souto un moure
Que doumino lou Rose, emporto ço que pòu.

Tóuti li jour nòsti pescaire
S'esclargisson que mai, pecaire ! —
E li Tarascounen se bouton à ploura.
Mai, sènso pauso ni chancello,
Marto s'escrido : Emé Marcello
Iéu i'anarai ! Moun cor bacello
De courre à-n-aquéu pople e de lou deliéura. —

Pèr la darriero fes sus terro,
Nous embrassan, emé l'espèro
De nous revèire au cèu, e nous desseparan.
Limoge aguè Marciau ; Toulouso
De Savournin fuguè l'espouso ;
E dins Aurenjo la poumpouso
Estròpi lou proumié semenè lou bon gran.

12

Mai ounte vas, tu, douço vierge?...
Em'uno crous, em'un asperge,
Marto, d'un èr seren, caminavo tout dre
Vers la Tarasco : li Barbare
Noun poudènt crèire que s'apare,
Pèr espincha lou coumbat rare,
Èron tóuti mounta sus li pin de l'endré.

Destrassouna, poun dins soun soustre,
Aguèsses vist boumbi lou moustre !...
Mai souto l'aigo santo a bèu se trevira,
De-bado reno, siblo e boufo...
Marto, em'un prim seden de moufo
L'embourgino, l'adus que broufo...
Lou pople tout entié courreguè l'adoura !

— Quau sies ? La cassarello Diano ?
Venien à la jouino Crestiano,
O Minervo la casto e la forto ? — Noun, noun,
Ie respoundeguè la jouvènto :
Siéu de moun Diéu que la servènto ! —
E quatecant lis assavènto,
E m'elo davans Diéu pleguèron lou geinoun.

De sa paraulo vierginenco
Piquè la roco Avignounenco...
E la fe talamen à bello oundo gisclè
Que li Clemèn e li Gregòri
Plus tard, emé soun sant cibòri,
Vendran ie béure. Pèr sa glòri
l'a Roumo qu'eilalin setanto an tremoulè !

Pamens, deja de la Prouvènço
Mountavo un cant de reneissènço
Que fasié gau à Diéu : l'as agu remarca,
Tre qu'a plóugu 'n degout de plueio,
Coume tout aubre e touto brueio
Aubouron lèu sa gaio fueio ?
Ansin tout cor brulant courrié se refresca.

Tu memo, auturouso Marsiho,
Que sus la mar duerbes ti ciho,
E que rèn de ta mar noun te pòu leva l'iue,
E qu'en despié di vènt countràri,
Sounjes qu'à l'or entre ti bàrri,
A la paraulo de Lazàri,
Rebalères ta visto e veguères ta niue !

E dins l'Uvèuno que s'aveno
Emé li plour de Madaleno,
Lavères davans Diéu toun orro queitivié...
Vuei tourna-mai drèisses la tèsto...
Davans que boufe la tempèsto,
Ensouvène-te, dins ti fèsto,
Di plour madalenen bagnant tis óulivié !

Colo de-z-Ais, cresten arèbre
De la Sambuco, vièi genèbre,
Grand pin que vestissès li baus de l'Esteréu,
Vous, mourven de la Trevaresso,
Redigas de quinto alegresso
Vòsti coumbo fuguèron presso,
Quand passè Massemin pourtant la crous em' éu !

Mai, alin, la veses aquelo
Que, si bras blanc sarra contro elo,
Prègo au founs d'uno baumo ? Ai ! pauro ! si geinoun
Se macon à la roco duro,
E n'a pèr touto vestiduro
Que sa bloundo cabeladuro,
E la luno la viho emé soun lumenoun.

E pèr la vèire dins la baumo,
Lou bos se clino e fai calaumo ;
E i'a d'ange, tenènt lou batre de si cor,
Que l'espinchon pèr uno esclèiro ;
E quand perlejo sus la pèiro
Un de si plour, en grand pressèiro
Van lou cueie e lou metre en un calice d'or !

N'i'a proun, n'i'a proun, o Madaleno !
Lou vènt que dins lou bos aleno
T'adus dempièi trento an lou perdoun dóu Segnour ;
E de ti plour la roco memo
Plourara sèmpre ; e ti lagremo
Sèmpre, sus touto amour de femo,
Coume uno auro de nèu, jitaran la blancour ?

Mai dóu regrèt que l'estransino
Rèn counsoulavo la mesquino :
Ni lis aucelounet qu'en foulo au Sant-Pieloun,
Pèr èstre benesi, nisavon,
Ni lis ange que l'enaussavon
A la brasseto, e la bressavon
Sèt fes tóuti li jour, en l'èr sus li valoun !

A tu, Segnour, à tu revèngue
Touto lausenjo ! à nautre avèngue
De te vèire sèns fin tout lusènt e verai !
Pàuri femo despatriado,
Mai de toun amour embriado,
De toun eterno souleiado
Avèn, nàutri peréu, escampa quàuqui rai !

Colo Baussenco, Aupiho bluio,
Vòsti calanc, vòstis aguïo,
De nosto predicanço à toustèms gardaran
La gravaduro peirounenco...
I soulitudo palunenco,
Au founs de l'isclo Camarguenco,
La mort nous alóujè de nòsti jour óubrant.

Coume en touto causo que toumbo,
L'óublit rescoundè lèu li toumbo.
La Prouvènço cantavo, e lou tèms courreguè ;
E coume au Rose la Durènço
Perd à la fin soun escourrènço,
Lou gai reiaume de Prouvènço
Dins lou sen de la Franço à la fin s'amaguè.

— Franço, emé tu meno ta sorre !
Diguè soun darrié rèi, iéu more.
Gandissès-vous ensèn alin vers l'aveni,
    Au grand prefa que vous apello...
    Tu sies la forto, elo es la bello :
    Veirés fugi la niue rebello
Davans la resplendour de vòsti front uni. —

    Reinié faguè 'cò bèu. Un sero
    Qu'entre-dourmié dinssa coucero,
Ie moustrerian lou rode ounte èron nòstis os :
    Emé douge evesque, si page,
    Sa bello court, sis equipage,
    Lou rèi venguè sus lou ribage,
E souto lis engano atrouvè nòsti cros...

    Adiéu, Mirèio !... L'ouro volo,
    Vesèn la vido que tremolo
Dins toun cors, coume un lume en anant s'amoussa.
    De davans que l'amo lou quite,
    Parten, mi sorre, parten vite !
    Vers li bèlli cimo, es necite
Qu'arriben davans elo, es necite e pressa.

    De roso, uno raubo nevenco
    Alestissen-ie : vierginenco
E martiro d'amour, la chato vai mouri !
    Flourissès-vous, celèsti lèio !
    Sànti clarour de l'empirèio,
    Escampas-vous davans Mirèio !..
Glòri au Paire, em' au Fiéu, em' au sant Esperit !

                  (F. MISTRAL)

LEXIQUE

A

Abasima, abîmer, oppresser.
Abauca, apaiser,
Ablasiga, ruiner; accabler de lassitude.
Abrama, affamé.
Acana, abattre.
Aclapa, ensevelir, surcharger.
Acrouchouni (s'), ratatiner, se blottir
Adès, tantôt, à présent.
Adré, côté d'une montagne situé au midi; c'est l'opposé de l'*uba*
Adounc, alors.
Adous, source.
Afera, effarer.
Afisca, animer.
Aflat, souffle.
Afoudra, effondrer.
Afouga, affoler.
Agarri, attaquer, harceler.
Agarrus, touffe de houx
Agrouncha (s'), s'accroupir, se blottir.
Agouloupa, envelopper.
Aigo-sau, eau-de-mer.
Aitambé, aussi.
Alabre, avide.
Alarga, avancer au large, étendre.
Alargant, généreux.
Alcioun, martin-pêcheur

Alègre, réjoui.
Alena, respirer,
Aleni, adoucir.
Alesti, préparer.
Aléuja, alléger.
Alu, ailé
Amaga, envelopper.
Amansi, adoucir, apaiser.
Amantoula, couvrir d'un manteau.
Amassoula, assommer, frapper avec une massue.
Ameisa, adoucir.
Amourra, (s') se prosterner le visage contre terre, boire en plongeant les lèvres dans l'eau.
Anequeli, exténué.
Anguieloun, aquilon.
Anouï, affaibli.
Anteno, antennes.
Apasima, apaiser.
Apensamenti, pensif.
Apiela, appuyé.
Apreissa, presser vivement, insister.
Aqueira, lapider, lancer des pierres sur quelqu'un.
Araire, charrue.
Arcèli, coquillage.
Archimbello, balance.

Arderous, ardent.
Arèbre, abrupte.
Arnavèu, buisson.
Arpateja, envoyer les griffes, agiter les bras.
Artisoun, mite, insecte.
Artoun, pain.
Ascla, fendu ; *rire ascla*, rire d'un large rictus.
Asounda, inonder.
Asseguranço, appui, assurance.
Assousta, protéger.
Asti, dard, broche.
Astra, prédestiné
Atahut, tombeau, cercueil.

Atupi, stupéfait.
Aufo, sparterie.
Augo, algue.
Aureliho, les oiseaux.
Auro, souffle, vent.
Aurouge, venteux.
Ausso, vague.
Auturous, hautain, élevé.
Auvari, accident, malheur.
Avani (s') s'évanouir.
Avau, là-bas.
Avé, troupeau.
Aven, gouffre.
Avisadamen, avec réflexion

B

Ba, le.
Babiolo, futilité.
Bacela, battre.
Badasso, plantain, rameau de cocons.
Baile, bailli, chef, nourricier.
Balau, fagot.
Bandi, déployer, lancer, proclamer.
Baragno, haie.
Barbabou, espèce de chicorée.
Barbela, désirer vivement, panteler.
Barcarés, flotte.
Bardeto, coussinet.
Barreto, bonnet.
Barri, rempart.
Barrula, courir sans sujet, rouler.
Basto, bref, assez.
Baus, escarpement.
Baudo, câblière, pierre que l'on met à une nasse pour la tenir au fond de l'eau.
Bechas, houe.
Bedoco, morceau de bois ayant une rainure.
Bela, contempler.
Belòri, beauté.

Belu, *belugo*, étincelle.
Belugueja, étinceler.
Bessai, peut-être.
Bescaire, oblique.
Bèu-bèu (faire), faire fête
Biais, tournure, adresse.
Bigot, hoyau.
Blaven, bleu, livide.
Blesi, blasé, usé.
Blet, décoloré, énervé.
Blous, pur, sans mélange.
Boufre, enflé.
Bouié, bouvier, laboureur.
Bouldro, limon que dépose l'eau trouble d'une rivière,
Bourgin, filet de pêche.
Bousca, rechercher.
Bouscage, bocage, arborescence.
Bouscatié, bûcheron.
Boutis, étoffe piquée à l'aiguille.
Bramadisso, criaillerie.
Brego, mâchoire.
Bresihage, babil, gazouillis.
Bro (à), avec abondance.
Broufounié, ouragan.
Broundiho émonde, brindille
Brout, jeune pousse, brin.
Brueio, végétation.

C

Cabeladuro, chevelure.
Cabridello, aster, plante commune dans les marécages du midi.
Cabussa, précipiter, tomber la téte la première.
Cafourno, caverne.
Cai, matière coagulée. grains.
Caire, coin, place, endroit.
Cala, faiblir, renoncer.
Calabrun, crépuscule.
Calaman, madrier.
Calamar, perche qui soutient le filet appelé carrelet
Calamèu, chalumeau.
Calanc, pente de montagne.
Calanco, port.
Calaumo, calme.
Calèu, lampe.
Cambia, changer.
Camello, monceau.
Campaneto, campanule.
Campeja, pousser, chasser.
Cando, transparente.
Candi, émerveillé.
Capelu, huppe.
Capita, réussir, deviner juste, être heureux dans une affaire.
Capo, manteau.
Capoulié, chef.
Capoun-fèr, vautour.
Carage, visage.
Carcagna, inquiéter.
Carenau, quille d'un vaisseau.
Caro, visage.
Cascareleja, gazouiller.
Castagnaredo, châtaigneraie.
Casteta, chasteté.
Castiga, châtier.
Catièu, chétif, mauvais.
Caudolo, pain azyme.
Caunu, qui renferme des cavités.

Caussado, chaussée.
Caussano, longe, bride.
Cepoun, soutien.
Chale, délice.
Chaple, massacre.
Chaupina, traquer, fouler.
Chavano, giboulée, orage.
Cherescle, effilé, grêle.
Chourlo, valet de ferme.
Chourmo, horde, cohue.
Cièri, cirque.
Ciéuta, cité.
Ciho, cil.
Cinobre, cinabre, vermillon.
Cisampo, vent impétueux.
Civado, avoine.
Clafi, remplir, combler.
Clanti, retentir.
Clarejant, qui répand la clarté.
Clas, glas.
Clastro, cloître.
Clot, touffe.
Colo, colline.
Conse, consul.
Cor, cœur.
Cors, corps.
Coucero, duvet, édredon.
Coucudo, primevère.
Cougi, contraindre.
Coulet, petite colline.
Coulobre, dragon.
Coumbo, vallée.
Coumbour, conflagration.
Councha, souiller.
Counglas, glacier.
Coungreia, produire, engendrer.
Couquihado, cochevis, alouette-huppée.
Courbo-dono, narcisse des poètes
Courchouna, qui a une croûte rebondie.
Courlu, courlis.
Courous, brillant, élégant.
Coursihoun, brassières.

Coutello, narcisse.
Coussaia, chasser.
Coutiga, chatouiller.
Cracina, craquer.
Crau, plaine caillouteuse.
Crema, brûler.

Creniha, grésillonner, grincer.
Creseire, croyant.
Cresten, crête, sommet.
Crussi, grincer.
Cuerbi, couvrir.

D

Dan, dommage, tort.
Dardai, rayonnement.
Dardal, ardeur de la lumière.
Darrierouge, qui est en retard.
Darut, sot.
Debaussa précipiter.
Dedau, doigtier,
Delembra, oublier.
Deli, effacer, detruire.
Delicura, délivrer.
Deroui, ruiner.
Derroumpre, interrompre.
Desavia, désoler, détourner, inquiéter.

Desbounda, débonder.
Descadena, déchaîner.
Deslama, ruiner.
Desoundra, ravager.
Desranca, renverser.
Destrassouna, réveiller en sursaut.
Dèstre, droite.
Destré, pressoir.
Destria, distinguer, découvrir.
Dougan, berge, rive.
Draio, sentier.
Drud, gros, robuste, fécond.

E

Enanti, avancé, formé.
Encagna, irrité.
Engano, salicorne.
Engrana, écraser.
Enmascaire, magicien.
Ennivouli, voilé d'un nuage.
Enregoui, raidi.
Enserta, greffer.
Enso, tira l'enso, peiner.
Ensouca, accoupler.
Entanterin, en attendant.
Entesa, tendre, diriger.
Entrava, heurter.
Entre-lusido, vision.
Entresigne, marque, preuve.
Entreva (s'), s'informer.
Envans, auvent.
Ermas, lande, friche.
Errour, crépuscule.
Erso, vague.
Esbarluga, éblouir, causer la berlue.

Esbléugido, éblouissement.
Esbramassa, épouvanter par des menaces.
Escalabrous, montueux.
Escampiha, disperser.
Escandihado, échappée de soleil.
Escarlimpa, gravir.
Escarrabiha, enjoué, éveillé.
Escarradoun, petit troupeau de brebis ou de chèvres.
Escarrido, décharnée.
Escaumo, écaille.
Escavarta, dissiper.
Esclau, esclave.
Escléiro, interstice.
Escra, crachat.
Escranca, écloppé.
Esdevenidou, avenir.
Esglaria, emporté, étonné, éperdu.
Espaime, bête noire.

Espalanca, briser.
Espanta, émerveillé.
Espargoulo, pariétaire.
Espeiandra, déguenillé.
Esperitoun, esprit familier.
Espectaclous, gigantesque, prodigieux.
Espigado, champ d'épis.
Espignaire, épineux.
Espoumpi, enflé d'orgueil.
Espourtin, cabas.
Espouscado, éclaboussure.
Espouti, écrasé.
Esquierlo, clochette.

Estabousi, stupéfait.
Estè, truc, façon.
Esterpa, piétiner, éparpiller.
Estéu, écueil.
Estivenc, estival.
Estoumaga, inquiet, chagrin.
Estrambord, transport, enthousiasme.
Estransina, consumer.
Estroupa, trousser.
Estroupo, enveloppe.
Esvali, évanouir.
Esvarta, dissiper.

F

Fado, fée.
Fali, à jour fali, nuit tombante, jour manquant.
Fartaio, jardinage.
Faus, faucille.
Felen, petit-fils.
Fenassiéu, amas de foin.
Fèr, sauvage.
Ferni, frémir.
Ferouge, farouche.
Ferrasso, aigle de mer.
Fielousello, fleuret, sorte de fil fait avec la soie la plus grossière.
Fièu, fief.
Flahuto, *flaveto*, flûte.
Flèu, fléau.

Flouca, orné de nœuds.
Floun, drisse.
Fouiga, fouger, action du sanglier quand il fouille la terre.
Fouire, fouir, piocher.
Fouletoun, esprit follet, tourbillon de vent impétueux.
Fouligauda, folâtrer.
Fouscarin, pâle, blafard.
Fousco, brume.
Fraisse, frêne.
Franc de, à l'exception de.
Frejau, pierre froide, pierre meulière.
Frounsi, froncé.
Frusta, frôler.
Furna, fureter, fouiller.

G

Gabian, goëland.
Gabin, humide.
Galafre, trident.
Galagu, avide.
Galapastre, bergeronnette.
Galapian, escogriffe.
Gandi (se), s'acheminer.
Gara, guéret.
Garagai, abîme.
Garamaudo, bête noire.

Gargassoun, partie supérieure de l'œsophage.
Garrouio, querelle.
Gaubi, adresse.
Gavagi, gosier.
Gème, gémissement.
Gaugno, les parties latérales des joues, les parotides, la joue.
Genèsto, genêt.

Gèu, gelée.
Gibla, tordre, plier.
Gibo, bosse.
Gingoula, gémir.
Girello, girelle.
Giscla, jaillir.
Gisclant, jaillissement.
Granesoun, production de grains
Gourbihoun, corbillon.
Grapa, gratter.

Graso, bloc de pierre.
Gres, coteau, terrain cailloureux.
Gréu, brout, germe.
Gremous, larmoyant.
Grèvo, lourde, grave.
Gripet, lutin.
Grueio, écorce.
Gueira, observer.

I

Iero, aire.
Ime, humide.
Inchaiènt, nonchalant.
Inde, vase en cuivre à bec et anses pour tenir l'eau.

Ipoudroun, hippodrome.
Isclo, île.
Ista, rester.

J

Jaiet, jais.
Jasènt, gisant.

Jasso, bergerie.

L

Labechado, tourmente.
Ladre, lépreux.
Lagno, chagrin.
Lagremo, larme.
Lahut, luth.
Lambrusco, lambruche.
Làmi, requin.
Lampa, courir rapidement.
Lampre, lamproie.
Landa, courir précipitamment.
Làngui, chagrin, langueur.
Larga, lancer.
Lasami, paon-de-mer.

Làupi, tas, pile.
Lausenjo, louange.
Lauso, dalle, tablette de pierre.
Lavando, lavande.
Lèio, allée.
Levado, poumon, mou.
Lièura, délivrer.
Lièurèio, livrée.
Linde, limpide.
Lindau, seuil.
Lingueto (faire), faire envie.
Luseto, ver-luisant.

M

Macaduro, meurtrissure, cotissure en parlant des fruits.
Magnac, mignon, chéri.
Mainatjou, enfant.
Majourau, chef.
Malamen, beaucoup, dans un sens péjoratif.

Malancounié, mélancolie.
Malastre, malheur.
Malemparado, mésaventure.
Mandamen, commandement.
Manidet, petit enfant.
Manit, enfant.
Margai, ivraie, gazon.

Marino, mer, vent marin.
Mas, maison de campagne.
Mato, fou.
Matrassa, harassé, meurtri.
Mau-ancoues, angoisse, douleur profonde.
Maucoura, découragé.
Melico, eau miellée.
Menesteirau, artisan.
Ment, teni d'à-ment, observer.
Mentastre, menthe sauvage, marrube.
Mestreja, maitriser.
Miarro, serviteur des valets.

Mirgaia, émaillé.
Mistoulin, léger, délicat.
Mite, mythe.
Mouca, tondre.
Moufo, mousse.
Mouisse, humide.
Moulan, langoureux.
Moulèire, pilon.
Mouloun, monceau.
Moungeto, jeune religieuse.
Mourven, espèce de genièvre.
Moussiha, mâcher.
Mussèu, peloton.

N

Narro, narine.
Nau, nef.
Nebla, voiler.
Nega, nier.
Nerto, myrte.

Nevenc, de neige.
Nieroun, puceron.
Nistoun, petit enfant.
Nouvelun, sève.

O

Omenenco, humaine.
Orre, horrible.
Orri, grenier.
Ort, jardin.
Oubrant, ouvrable.

Oufega, offusquer.
Oupila, s'adonner à quelque chose avec passion.
Ourla, hurler.

P

Pagés, paysan.
Paiòu, pont de vaisseau.
Pàli, dais.
Paloumbo, colombe.
Palun, marais.
Palunenc, paludéen.
Pantai, songe, rêve.
Paret, mur, paroi.
Partego, gaffe.
Pascau, printanier.
Pastèco, pastèque.
Pàti, pâturage.
Patuscla, déguerpir, prendre la fuite.
Pauriho, les pauvres.

Pavouna (se) se pavaner.
Pecaire, hélas ! pauvret.
Pège, tronc d'arbre.
Peiado, trace des pieds.
Pelerin, alouette-lulu.
Pelous, bogue.
Pelu, poilu, velu.
Peluca, picoter, becqueter.
Peneca, sommeiller, souffrir.
Penello, barque.
Perco, perche.
Peréu, aussi.
Pesqueirolo, pluvier.
Pestèu, pêne.
Petelin, térébinthe.

Petous, lâche.
Pieloun, pilier, pilori.
Pies, poitrine.
Piéucello, bachelette.
Pigal, bigarré comme les pies.
Pimpa, parer.
Pimpeieto, paillette de clinquant.
Pimparrin, mésange.
Pinedo, bois de pins.
Pintra, dépeindre.
Pitassa, donner des coups de bec.

Piue, pic, falaise.
Piulet, gloussement.
Pla, bien.
Plai, érable.
Planuro, plaine.
Plauco, colymbe à crête.
Porge, porche.
Pouderous, puissant.
Pourcàri, abbé du monastère de Lérins pendant l'invasion des maures.

Q

Quasimen, presque.
Quatecant, aussitôt.
Queitivié, immondices.

Quiha, planté comme une quille.
Quinsoun, pinson.
Quinte, lequel.

R

Rabaia, ramasser.
Ràbi, rage.
Raco, marc de vendange.
Ràfi, valet de ferme.
Ragage, grotte marine.
Raia, couler.
Rajeiròu, ruisseau.
Ram, rameau.
Ramba, rassembler.
Ramiho, ramée, ramille.
Rancaredo, falaise, chaîne de montagne.
Rangoulun, râle.
Rasinet, grappillon.
Rassado, gros lézard gris.
Rastencle, lentisque, espèce de pistachier.
Ratamalo, mauvais navire.
Ravaniho, ramassis, fretin.
Rebala, traîner, abaisser.
Rebalado, action de traîner, traînée.
Rebat, reflet.
Rebeca, répondre avec fierté.
Rebrounda, émonder.

Recaliéu, débris de braise, reste de feu caché sous la cendre.
Recàti, asile, retraite.
Recordo, récolte.
Redorto, lien d'osier, clématite.
Redoulènt, suave, embaumé, odorant.
Refoufa, regorger.
Refreni, frissonner.
Regalido, feu joyeux.
Regi, régir.
Regounfle, regonflement.
Reinaùbi, motteux.
Rèire, ancêtre.
Rèire (à), derrière, en arrière.
Relarg, espace, préau.
Releisset, rebord.
Reluca, reluquer, regarder d'une manière affectée.
Remaire, rameur.
Renos, festin.
Requiste, exquis.
Resclanti, retentir.
Resson, écho.
Retoussi, retordre.

— 194 —

Reviéuda, ressusciter, raviver.
Reviéure, renouveau, regain.
Revoulino, tourbillon.
Revoulunado, rafale, vent tournoyant, subit et impétueux.
Ribeirés, rivage.
Risènt, flots clapoteux.
Risoulet, souriant.
Rispo, bise froide, vent glacé.
Rode, endroit.
Rodo, chevaux qui tournent ensemble pour fouler le blé.
Roudouleja, vaguer.
Roumiéu, pèlerin.
Roumaniéu, romarin.
Roumavage, fête patronale, pèlerinage.
Rounca, rugir, ronfler.
Rountau, tertre.
Roupo, manteau.
Rousello, coquelicot.
Rousseto, bruant des prés.
Ruscle, appétit dévorant, faim canine.
Rustica, travailler péniblement.

S

Sacamand, scélérat.
Sacre, sacre.
Sagata, égorger.
Sagniero, marais.
Sauco, *sóuco*, sillon.
Saume, psaume.
Saunié (*faire de*) fouiller.
Sausedo, sausaie ou saulaie.
Sausin, friquet, passereau de saule.
Sautourleja, sautiller.
Saure, blond.
Sáuvi, sauge.
Segui, suivre.
Sesiho, séance.
Seisseto, froment de la plus belle qualité.
Semo, calme.
Sèmpre, toujours.
Semoundre, offrir.
Senèstro, gauche.
Serre, cime, montagne.
Sestié, sétier.
Siau, calme, suave.
Sòci, compagnon.
Soustre, antre.

T

Tanca, accoter, arrêter une porte en dedans.
Targo, bouclier.
Tartarasso, oiseau de proie.
Tempèri, temps, intempérie.
Tendo, tente.
Tèume, tillac, dôme.
Tiero, file, rangée.
Timoun, gouvernail.
Tintourla, amuser un enfant en le balançant.
Tirasso, filet traînant.
Tiragasso, clématite.
Tis, nasse.
Toro, chenille.
Touesso, hallier, buisson.
Touno, tonnelle.
Toural, tertre.
Tousco, touffe d'arbrisseau.
Tousello, froment à épis blancs dépourvus de barbes.
Trafiga, percer.
Traire, jeter.
Tranca, trancher.
Trantaia, vaciller.
Trebau, tracas.
Treboulènt, turbulent.
Trebouléri, forte secousse.
Trecoula, dépasser le sommet des monts.

Trefouli, tressaillir, brûler d'envie.
Trelus, apparition instantanée du soleil, splendeur.
Trelusènt, brillant.
Tremoula, trembler.
Trenqueja, piocher.
Trepadou, sentier.
Tresana, perdre la respiration en pleurant, tressaillir.
Trescamp, lande.
Tressaut, tressaillement.
Treva, hanter; aller, venir dans le même lieu.
Trido, bruant des près.
Trigousseja, balloter.
Trima, fatiguer, peiner.
Trouféu, trophée.
Trounèire, tonnerre.
Trufa (se) se moquer de quelqu'un, le railler.
Turtado, choc.

U

Ufanous, superbe, bouffant.
Uscla, brûlé.
Uvèune, Huveaune, petite rivière du Var.

V

Va, le.
Vabre, ravin.
Valourous, valeureux.
Vanc, élan.
Varaia, rôder.
Vege, osier.
Verguello, petite verge.
Versano, sillon.
Vertoulet, meulon, verveux.
Vertudous, verdoyant, vigoureux.
Veto, bandelette, ruban, filon.
Vièuta (se) se rouler, se vautrer
Vigèiro, oseraie.
Visplo, vouge, serpe.
Voio, courage, vigueur.

Z

Zambougno, instrument à cordes.
Zounzouna, bourdonner, murmurer.

TRADUCTIONS

I

CONSÉCRATION.

Je te consacre mes chants, ô Seigneur de mon âme. Esprit saint et sublime ! accord, lumière et flamme, tout te revient de droit puisque tout nous jaillit d'en haut.

Si l'oisillon ravi te déploie sa chanson dans les feux de l'aube, si pour toi le grillon grésillonne dans la pelouse, et si pour toi le moucheron bourdonne,

Moi aussi, je mêlerai ma faible voix au concert de la grande nature. Dieu bon ! qu'elle te soit plus agréable que celle des créatures : de l'eau, de l'air et des bois !

II

O CROIX, JE TE SALUE !

O croix, je te salue ! source d'immortelle lumière, ô testament, écrit avec le sang d'un Dieu ; la Provence s'inclina la première à tes pieds, protège la Provence, ô croix de Jésus-Christ !

III

AU BORD DU RHONE.

Fleuve, qui lentement déroules ton ruban d'argent, tes vagues luisent un moment aux baisers du soleil ; elles suivent rapidement leur chemin, disparaissent et s'effacent.

O fleuve, mes espérances hélas ! sont comme tes vagues ; elles viennent de loin, resplendissantes ; elles remontent, brillent et passent.

IV

LES VOLONTAIRES.

De ce côté-ci, ils ne sont que trois cents ; mais, enfants de la France, ils n'ont jamais renié ni leurs pères ni Dieu ; ils veulent de leur pays achever la délivrance : Vaincre ou mourir ! voilà pourquoi ils ont pris le fusil.

Ils sont trois mille, de l'autre côté, forts et appuyés de leurs canons d'acier, ils s'avancent, nuage noir ! — brûlant et massacrant. C'est une guerre à outrance, horrible épouvante des mères et tuerie des fils.

Un contre dix, vous êtes assez (nombreux), ô jeunes hommes ! vos aïeux ne comptaient l'ennemi que quand ils l'avaient couché sur le sol. Comme eux, zou ! en avant ! et criez : Dieu le veut !

— Alors, bras ouverts, compagnon d'armes, un prêtre se lève, et les bénit au grondement du canon.

— Et ils furent les forts : ils s'étaient mis à genoux !

V

LA CABANE.

Lorsque le mistral frappe à la porte avec ses cornes, comme il fait bon être seul dans la cabane ! tout seul comme une grange de la Crau ;

Et voir par un petit trou, là-bas bien loin, dans les salicornes, luire les marécages de Giraud ;

Et n'entendre que le mistral frappant à la porte avec ses cornes, puis de temps en temps, les clochettes des sauvages coursiers de la Tour-du-Taureau.

VI

LA FLEUR DE LÉRINS.

Elle est à Lérins sur un sol baigné par les vagues marines et par les ruisseaux de sang des martyrs. O fleur, que ta corolle empourprée s'épanouisse, bercée mollement par la brise du matin !

Si je t'ai choisie entre mille, ô fleur, dans les ruines du triste monastère, veuf de chant pieux, c'est que le sang vermeil dont s'abreuvent tes racines brille comme un corail sur ton velours si fin.

Rosette, depuis que ma main t'a cueillie, tu as perdu tes parfums et tu t'es flétrie ; mais tu conserveras longtemps une mystique odeur.

C'est l'odeur des vertus que Lérins, reliquaire où sont conservés avec respect les compagnons de Porcaire, au cœur de tout fidèle rappellera toujours.

VII

SOUPIR.

Puisque je suis si malheureuse sur la terre, ne m'y laisse point davantage languir dans la douleur ; vienne vite la mort, sa voix si effrayante me plaira, mon Dieu, comme un beau chant d'amour.

Que le bonheur, ici-bas, est terni par les larmes ! les heures les plus douces ont leur goutte de fiel ; ma chétive nef, pauvrette ! a peur de la mer tranquille ; je le sens, je ne serais bien que là-haut dans ton ciel.

Hélas ! nous n'avons jamais de miel sans amertume ; nous voyons glisser des nuages dans l'azur resplendissant ; les jours les plus heureux ont leur nuit de tristesse, et le berceau du bonheur en est souvent le tombeau.

Aussi, mon âme prisonnière s'élève vers toi ; prends-là pour t'aimer dans l'éternel séjour. Je veux mourir, ô mon Dieu, écoute ma prière, car le jour de ma mort sera mon plus beau jour.

VIII

A UNE ÉTOILE.

Chaque nuit, je vois une étoile qui s'abaisse vers l'Occident ; ses rayons ardents effacent la lune pâle et blanchissante.

Fleur du ciel, douce *aster* ; il me semble que nous nous connaissons : Tu me regardais en souriant, ce soir, quand tu ouvrais tes paupières.

Es-tu l'œil de l'ange-gardien que Dieu donne aux petits enfants, et qui les garde, et qui les guide ?

Astre brillant, étincelle d'or, es-tu l'âme des pauvres morts que nous avons connus dans la vie ?

IX

LA PETITE CHAMBRE.

Dans un coin, se trouve le charriot et des poupées abandonnées, et ses joujoux, et, par terre, sa chemisette festonnée.

Les perles qu'il portait au cou, à un clou sont suspendues, et, commme un linceul, la poussière couvre le berceau désolé.

Ses souliers bleus, si lestes, si vifs, sont au milieu, et assez, ô mon Dieu, ils ont couru et joué...

— Mais quelqu'un vient.... Fermez la porte, et silence! soyez muets sur cette petite chambre ; la mère n'y est point entrée encore.

X

DEUX BOUTONS DE ROSE.

Tu viens de naître, frais bouton de rose, au milieu des roses en fleurs ; encore un baiser de soleil, et tu seras fleur épanouie.

Et puis, sur ton buisson, tu seras une perle, et la plus jolie ; et puis, vienne demain, tes feuilles en un tas seront flétries.

Enfant, tu es un bouton naissant ; mon ange, tu as une grâce charmante ; si Dieu, le veut, tu deviendras grandelette.

A vingt ans, tu te marieras ; tu te flétriras avant trente ans, et puis tu mourras, Marguerite.

XI

LE PAPILLON.

Superbe papillon, quand la nature en fleurs se marie au printemps, nous te voyons polir ton élégant aiguillon ; mais tu oublies en fouillant le bouton des roses, tu oublies que tu n'étais hier qu'une chenille odieuse.

Tu ne sais donc pas ce qui t'a fait si joli ? — Un souffle léger que le bon Dieu du ciel a laissé tomber sur toi, une pincée de poussière d'or, soulevée par ses pieds, qu'un faible vent, s'Il le veut, soudain peu dissiper.

Papillonne va ! que tes ailes déployées t'amènent sur les fleurs ; épanouis au soleil tes couleurs reluisantes ; vole! vole! mignon ; mais souviens-toi toujours que tu n'étais hier qu'une chenille odieuse.

XII

DEMAIN.

Il en est qui font de longs pèlerinages, pauvres oiseaux, loin, loin du nid ; il en est bien loin de leurs villages, il en est dans Rome et dans Paris. Puissions-nous les revoir quelque jour, si jamais ils retournent au pays !

Ce sont de jeunes filles bien aimées, ce sont aussi de braves jouvenceaux ; il en est qui sont conscrits à l'armée, il en est qui sont nonnes au couvent ; ils ne s'assemblent plus à la veillée, mais nous parlons d'eux bien souvent.

Et toujours il faut que quelqu'un s'éloigne, des vieux amis : ah ! nous ne sommes pas tant ! Tous les jours, de notre branle une main laisse une autre main. Moi, il est des fois où je me demande : Qui est-ce qui partira demain ?

XIII

L'OLIVIER EN FLEUR.

Sous les rayons de Juin, l'olivier pâle épanouit en souriant dans ses rameaux argentés, de jolis grappillons, de petites fleurs de neige ; dans sa blancheur sa tête est encore plus pâle.

Sa floraison exhale une haleine de miel que le vent frais emporte sur son aile ; et vous diriez qu'il a trait de sa mamelle enflée, le lait embaumé de la Provence.

Le front ceint de ta couronne en fleurs, bel olivier couvert de grappes, tu souris dans ta livrée ; tes parfums abondants sont délicieux !

Plus tard, chaque raisin de neige aura son faix de fruits mûrs et pleins de l'huile d'Aix, or blond qui coule dans les jarres en filets odorants.

XIV

SUR UN TIGRE PEINT.

O tigre, en te voyant si terrible et si beau, le frisson me saisit et mon âme troublée ressent l'effroi du pâtre et de l'agneau ; une fée alluma la flamme de ton regard qui, semblable à l'éclair quand il brille dans la nuit, ferait cligner les yeux au chasseur Nemrod ; la lave, au lieu du sang ruisselle dans tes veines. Tu as rugi, où sommes-nous ? Arles, dans tes arènes. Un esclave a ouvert la prison du tigre ; là-haut, sur l'estrade, la mère de César tremble et cache, entre ses bras, son petit enfant, et l'épée meurtrière, que le gladiateur agite, ploie dans sa main comme un jonc de marais.

XV

L'ORPHELINE.

Mais d'où vient que tu es seule au cimetière, si matin ? Ma brave Aguette, dis-moi donc ce que tu viens faire ici :

En un lieu où l'on pleure, pourquoi, souriante, folâtrer ainsi ? Tu cueilles des fleurs ?.... Ah ! pauvrette ! si tu savais ce que c'est ce jardin !...

Ne cours pas autant, gentille orpheline : Tu pourrais, ma belle (enfant) te heurter à quelque noire croix de mort !..

Ne fais pas de bruit, car ta mère, *pecaire* ! depuis ton baptême, dort, couchée sous l'herbe.

XVI

LE TEMPS OU BERTHE FILAIT.

Lorsque l'Empereur Henri tenait sa Cour dans la ville de Padoue avec la reine Berthe, celle-ci se trouva un jour à la grande église pour entendre la messe. Et voici qu'une paysanne, nommée Berthe, voyant la reine modestement vêtue d'une robe commune, s'imagina qu'elle était dépourvue de vêtements, et elle dit à ses compagnes : Notre reine, pauvrette, n'est guère bien vêtue ; j'ai l'idée de lui apporter mon fil. Ce qu'elle fit : O souveraine, si cela ne vous déplaisait pas, je vous donnerais de bon cœur ce fil, qui est le mien, pour vous faire un autre vêtement ; aussitôt la reine d'un air affable fit signe à ses gardes de recevoir le fil, et de donner à Berthe et à son mari autant de terrain que l'étendue de ce fil pourrait en contenir.

Les autres paysannes, voyant cela, se mirent toutes à porter leurs écheveaux et leurs pelotons à l'impératrice, en croyant recevoir la même récompense. Mais la reine leur dit : Il est passé le temps où Berthe filait.

XVII

AVIGNON.

Avignon est veuve et chrétienne. L'antique et noble Princesse a pour compagnon le soleil. Son sourire dissipe la tristesse amère.

Le vent du nord dénoue sa chevelure, sa sainte Eglise, avec tendresse, s'endort au bruit de ses carillons et le grand Rhône la caresse.

Eblouissante de splendeur comme au temps de Pétrarque et de Laure, elle amarre la barque de Saint-Pierre ;

Et garde ses beaux troubadours qui, aux quatre coins de la Provence, à flots répandent la lumière et la foi.

XVIII

LE MOIS DE MARIE.

Tout chante au mois de Mai ; la terre ressuscitée, belle comme un autel orné de guirlandes fleuries, élève un hymne sublime à Dieu son créateur avec les mille voix des échos du vallon.

L'encens avec les cantiques d'amour, pendant ce mois, ô Vierge bienheureuse, montent vers toi !

De jeunes filles rassemblées dans l'église, à tes pieds, chantent avec affection ta gloire et tes louanges.

Peut-être l'*hosanna* céleste qui glorifie ton nom n'est pas celui de la cour angélique ; c'est peut-être que tu prends, ô Mère aimable, les jolis chants de la terre attendrie pour le concert du ciel, et les anges mortels pour ceux du paradis.

XIX

LA CROIX.

J'étais dans la forêt un arbre sombre ; le premier, de la rosée j'avais les blanches perles, du soleil matinal les baisers ardents, et les petits oiseaux chantaient sur mes branches.

Dans ma feuillée le nid trouvait un abri, la fatigue dormait heureuse sous mon ombre ; mais, à coups de hache, un bourreau me charpente, et de moi taille un bois de supplice, une croix.

Des embrassements et des pleurs de Jean, des saintes femmes, je suis encore brûlante ; j'ai bu les larmes, le sang de Dieu, rançon de l'homme qui périt.

De l'enfer je suis l'effroi, du purgatoire l'espoir ; la Mort gagna par moi sa dernière victoire, le jour que dans mes bras expira Jésus-Christ.

XX

LE CRÉPUSCULE.

L'essaim des blonds moucherons luit dans les airs ; la terre embrasée a besoin de fraîcheur ; voici la nuit !... laissez-là les faulx ! Le soleil teint les nuages du crépuscule.

Voici la nuit !... là-bas, dans les grands sentiers, s'élève au ciel comme un long chant d'amour ; haut et poudreux, le grand charriot vacille ; les hommes fatigués retournent du labour.

L'enfant joyeux arrive de l'école ; la douce chanson des bouviers s'unit au mugissement des bœufs.

Allons, jouvenceaux, *zou!* que le licou soit mis à l'âne ; voici le crépuscule !... c'est l'heure du bien-être. Allons !... qu'il faut se réveiller matin.

XXI

PETIT MOINEAU.

Petit moineau, que tu es heureux ; ta vie est faite de peu de jours, si la branche rude te cache, tu as un nid plus doux sur la mousse. L'homme va, vient, monte et descend ; il amasse et n'a jamais assez ; toi, tu voles vers Celui qui t'a donné des ailes, et tu lui envoies ta chanson. L'homme se fatigue éperdûment pour de la fumée, de l'or et des futilités ; mais toi, pauvre et sage petite créature, tu ne demandes au Bon Dieu qu'un nid dans la ramille, assez grand pour pouvoir y aller deux, une *goutte d'eau*, un seul grain ; petit moineau, que tu es heureux !

XXII

LE PARLER DE LA PROVENCE.

Si jamais le grand soleil, resplendissant, et bon, et beau, ou si les claires étoiles, blondes et calmes, et songeuses, par la grâce du Bon Dieu, pouvaient, naturellement, parler comme vous et moi, à coup sûr leur parler serait dans la langue d'or, l'idiome doux et fort, l'idiome qui fait plaisir, dans la langue provençale.

Si jamais les fleurs gentilles, fraîches, fines, faites au tour, si jamais la rose aimée, belle, douce, odorante, avaient grâce pour chanter, elles auraient, naturellement, la langue de la beauté et de la courtoisie pure; elles auraient le parler charmant qui me fait, moi, tressaillir de jouvence, d'allégresse, le parler de la Provence !

XXIII

LA GIBOULÉE.

Viens dans ma cabane, viens t'abriter, vite ! ne vois-tu pas la giboulée qui va ruisseler partout.

Il y a, là-bas, une petite grotte pour y cacher tes brebis avec les jeunes agneaux et le tendre bétail ; et, va, il n'est pas nécessaire de leur mettre des claies parce que l'averse en tombant les réunira bien assez.

Viens dans ma cabane, etc...

Laisse là le sauvage escadron de tes chevreaux tondre sur la côte l'herbe et les chênes-nains ; va, lorsque, tout à l'heure, le nuage répandra sa pluie abondante, ils s'assembleront vite sous le dôme des hêtres.

Viens dans ma cabane, etc...

Le tonnerre, au loin, roule dans une effrayante obscurité, un vent redoutable se lève, le nuage monte, plus de soleil, les oisillons, en criant, se blottissent dans les bois ; toi aussi, sauve-toi vite, Nini, sauve-toi vite !

Entre dans ma cabane, viens donc t'abriter, ne vois-tu pas la giboulée qui pouvait te surprendre ?

XXIV

LA VISION.

Aigulf, comte de Maguelone, se promenait un jour dans la Valfère, alors lieu sauvage, âpre, inculte, aujourd'hui grand quartier de Montpellier.

Il venait, dans l'effrayante obscurité de l'épaisse forêt, découvrir les secrets de l'avenir, accompagné d'un Juif, qui était un puissant magicien.

Tout à coup, ô merveille ! hors de terre surgissent deux bourgeons, qui en un clin d'œil croissent, s'élèvent et deviennent deux arbres étendant partout, larges et forts, leurs rameaux. Puis l'écorce s'ouvre, les troncs se rejoignent, les branches s'entre-mêlent doucement ; les deux arbres se fondent petit à petit l'un dans l'autre et bientôt ils n'en font plus qu'un seul, énorme, élevé et puissant par-dessus tout.

Cependant deux vierges apparaissent : yeux bleus, visage angélique, couronne d'or sur la tête et chantant comme des sirènes. De nouveau, voilà qu'elles s'avancent, s'approchent, s'embrassent, se confondent l'une avec l'autre, et il ne reste à la fin, au pied du seul arbre, qu'une seule vierge, avenante et gracieuse comme une jeune fille d'Arles ou de Montpellier.

C'est ainsi que la France et l'Espagne ne font plus qu'un cœur et qu'une âme, comme les deux arbrisseaux un seul arbre géant !

C'est ainsi que Catalogne et Provence, les deux jeunes filles toujours aimables et gaies, s'embrassent et se confondent pour ne faire qu'une littérature, qu'une famille, qu'un couple fraternel.

XXV

L'AUBE ET LE SOLEIL COUCHANT.

L'aube, avec ses doigts de rose et ses tresses blondes, éteint la lampe de la nuit sombre, et, au sortir de l'onde, elle ouvre les portiques du soleil.

Et le chaste Apollon, inondé de splendeurs, lance son char dans les espaces purs, et bientôt un hymne tressaillant s'élève de la terre féconde et monte vers le ciel.

Le soleil disparaît à l'horizon, laissant encore une lueur qui dore la cime des montagnes bleues ; l'amour divin lance les étincelles de ses hymnes : la terre s'émeut, la mer s'apaise.

Les fiers panaches des arbres gigantesques exaltent la gloire sublime de Dieu, et, pour adoucir le deuil qui oppresse, mille chants ailés retentissent dant la forêt.

XXVI

L'ENFANT.

Bien qu'il donne de la peine, bien qu'il empêche quelquefois de dormir, l'enfant est le plus beau présent que Dieu puisse faire à deux cœurs qui s'aiment.

L'enfant, c'est l'espérance pure qui accompagne nos années de vieillesse, le joyau qui embellit l'épouse bien mieux qu'un collier de diamants.

L'enfant, c'est la richesse du pauvre, le soulagement de l'ouvrier ; quand nous sommes tristes, c'est notre allégresse ; c'est notre repos lorsque nous sommes fatigués.

L'enfant, c'est l'aube réjouie qui resplendit sur le seuil ; l'enfant, c'est le germe de la vie ; l'enfant, c'est l'âme de la demeure !

L'enfant, c'est l'oiseau qui chante dans les rameaux de l'arbre touffu ; quand le sombre hiver le chasse, le bois devient triste et silencieux.

O toi, qui pour chaque arbuste élèves un petit oiseau, mon Dieu, conserve la famille, bénis le jeune enfant !

XXVII

LES GRILLONS.

« Mais comment se fait-il, petits grillons, noirs et luisants comme jais, que, le jour, vous ne disiez pas mot et que, le soir, avec la lune vous chantiez les vêpres du laboureur ? »

« Ah ! pendant le jour tel babil font les bourdons et les abeilles que notre chant serait enterré, ou, s'il pouvait monter dans l'air, les oiseaux nous mangeraient tous. »

« Pauvres grillons ! » « Mais au moment où rentre prudemment chez elle dame Fourmi, nous, silencieux, en attendant que tout se taise, sur les mottes sommes au guet.

Et puis, pauvrets, tout doucement nous joignons nos petites voix pour qu'elles bruissent un peu plus, et la lune, en filant ses rayons, écoute notre chansonnette. »

XXVIII

LA PAUVRE MÈRE.

I

Penchée sur un berceau, une mère affligée pleurait amèrement son enfant gracieux, que l'Ange de la Mort, hélas ! venait lui ravir pour le conduire au ciel.

Et de sa bouche vainement, elle échauffait la petite bouche de son pauvre innocent presque mort dans son lit ; ses joues comme celles d'un ange étaient déjà violettes, et la mère disait :

II

La neige ne blanchit plus le front de la montagne ; le zéphyr du printemps souffle dans la campagne fleurie ; l'olivier des coteaux ne craint pas de périr sur le champ, et mon fils va mourir !

La rose des buissons sera bientôt éclose, le rameau du poirier va être revêtu de fleur ; le pommier, dans les jardins, est presque tout fleuri et mon fils va mourir !

Le petit rossignol chante sous le feuillage, la prudente hirondelle arrive de son émigration, dans les blés on entend le doux chant du grillon brun et mon fils va mourir !

Le ruisseau dans les étroits sentiers, promène son eau limpide entre le narcisse et la pâquerette ; le jeune papillon volète sur les fleurs abritées, et mon fils va mourir !

III

Puis, l'Ange du Seigneur, plus matinal que l'aurore, descend sur le berceau, et contemplant le petit enfant, le prend bien doucement, l'enveloppe dans sa robe de lin et le transporte aux cieux !

XXIX

SAINT VINCENT DE PAUL.

Que nous détrônions les rois, que nous fassions la paix ou la guerre, que nous nivelions la fortune et les rangs, le lendemain, nous voyons des pauvres sur la terre ; or, dans tous les temps, la charité sera reine et saint Vincent de Paul, son grand représentant, qui enverra partout son armée nombreuse, compatissante et consolatrice.

Jusqu'à la fin du monde, il y aura la misère à secourir, des larmes à sécher et des plaies à guérir ! Ses vieux drapeaux comme ses enseignes nouvelles comptent plus de soldats que le ciel n'a d'étoiles ; c'est pour cela que de notre temps, ô grand Saint, tu t'es fait le ministre de l'Esprit, de l'Eglise et de la charité.

Il enflamma l'âme froide à son âme brûlante, il appela, sur la chaumière, la bonté du palais ; la piété visita la vieillesse en souffrance ; les demeures qui perdaient un enfant au berceau, près de lui, en trouvaient trente ; au milieu des plaisirs, il faisait tomber des pleurs qui, aussitôt, se changeaient en miel pour les malheureux ; plus d'un maître, à sa voix, rendit la liberté à son esclave ; plus d'un roi se maîtrisait dans les grandes choses, et l'on dit même qu'à Paris, plus d'une fois, dans les bals, on a vu des reines, au moment où le sage quêtait, se dépouiller des diamants et des rubis qui ornaient leur chevelure, et se découronner pour les pauvres dont saint Vincent de Paul dépeignait l'indigence.

Pour chanter son drapeau si noble, Dax, servons dans ton fils la meilleure des causes, et le poète y gagne une double couronne, car saint Vincent de Paul attache à son rameau, la gloire de la terre... et le parfum du ciel !

XXX

A LAMARTINE.

Si j'ai l'heur d'avoir ma nacelle à flot de bon matin, sans crainte de l'hiver, à toi bénédiction, ô divin Lamartine, qui en as pris le gouvernail !

Si ma proue porte un bouquet, bouquet de laurier en fleur, c'est toi qui me l'as fait ; et si ma voile s'enfle, c'est le vent de ta gloire qui dedans a soufflé.

C'est pourquoi tel qu'un pilote qui gravit la colline d'une église blonde et, sur l'autel du saint qui l'a gardé sur mer, suspend un petit navire,

Je te consacre Mireille : c'est mon cœur et mon âme, c'est la fleur de mes années ; c'est un raisin de Crau qu'avec toutes ses feuilles t'offre un paysan.

Généreux comme un roi, lorsque tu m'illustras, au milieu de Paris, tu sais que, dans ta maison, le jour où tu me dis : *Tu Marcellus eris ; (tu seras un Marcellus)*.

Comme fait la grenade au rayon qui la mûrit, mon cœur s'ouvrit, et ne pouvant trouver un langage plus tendre, se répandit en pleurs.

XXXI

LA CIGALE.

Un beau matin, je trouvai, sur sa branche fleurie, une jolie cigale qui disait son gai refrain ; son aubade me plut tellement que je pris sur sa brindille, la chanteuse animée et je l'emportai avec moi.

Je lui dis : « Petite cigale, tu serais bien gentille si ta douce chansonnette voulait se joindre à mes rêves ; la branche de ma vie est battue par le sort, et ta voix si joyeuse charmerait mon cœur... »

Mais son chant, pauvre petite ! ressemblait à un chant de douleur : « Mignonne comment se fait-il qu'il y ait tant de pleurs dans ta chansonnette !

Elle me dit en son langage : « C'est le soleil qui me fait chanter... Si tu veux que je sois encore gaie, oh ! rends-moi la liberté ! »

XXXII

A NOTRE-DAME DE PROVENCE.

La Provence te supplie dans son vieil et doux langage ; la Provence est catholique ; Notre-Dame, écoute-la !

Refrain.

Provençaux et catholiques, notre foi n'a pas failli; chantons tous en tressaillant. Provençaux et catholiques !

Jadis, du côté de Toulouse quand se leva l'orage, d'une fin épouvantable ton rosaire nous sauva.

Les petits-fils, comme les ancêtres, nous te serons toujours fidèles; nous croirons tout ce qui est de foi et nous vivrons dans le devoir.

Nos fils, ô bonne Mère, préserve-les des faux savants; garde-leur la foi paternelle, car il se lève un vent mauvais.

Si la bise glacée du Nord sur leurs champs vient à souffler encore, ils s'armeront pour la Croisade sur l'autel que nous t'avons bâti.

Mais écarte foudres et guerres loin des pères, loin des fils, et que notre terre fleurisse dans la douce paix de Dieu !

Abrite donc, ô citadelle, toutes les générations; puis, réunis, ô belle Reine, tout ton peuple dans Sion !

XXXIII

LA MESSE DE MORT.

Il revêt la chasuble aux bouquets blancs et noirs ; son visage est noble et pâle... Il a bien de la peine à suivre l'enfant qui va devant et porte le missel : il est vieux, le prêtre. Combien a-t-il d'années? Qui le sait ! De ses cheveux les blanches boucles abondantes flottaient. Quand il disait, en se tournant vers le peuple : *Dominus vobiscum*, ses pauvres vieilles mains tremblaient tout le temps, et les cierges allumés lui faisaient une auréole du reflet de leurs flammes. Il n'avait plus rien de l'homme ainsi, ce n'était qu'une âme ; et ses beaux yeux levés vers le monde à venir voyaient certainement la joie et le dam infinis. Ce regard si limpide et profond vous trouble ! Contre les vitres là-haut, la bise hurle, et dans les mugissements du vent, parfois on sent passer, avec de longs cris aigus, la plainte des trépassés. Il dit : *Requiescant in pace*. La suprême prière sur ses lèvres expira. Deux larmes mouillèrent en tombant la nappe de l'autel. Le petit clerc, étourdi, trouvant qu'il se fait tard, plus souvent qu'il ne faut agite la clochette, et rit, et de temps en temps joue avec le bonnet : lui, grave, à demi-voix, prie... Et je frissonne alors, me semblant que le vieillard dit sa messe de mort.

XXXIV

ÉPANOUISSEMENT.

Oh ! qu'il fait bon s'en aller seul le long du chemin et dans les sentiers, lorsqu'au piaulement des oisillons s'entremêle le bruit d'une fontaine qui coule et le murmure des zéphyrs.

Impossible d'exprimer combien il fait bon laisser là ses douleurs et ses peines, et aller chercher le sourire qui s'épanouit au front des fleurs pour alléger les cœurs souffrants.

Il est agréable aussi, le long des rivières ou dans les touffes de houx, de se promener de longues heures, et de sentir l'odeur des bruyères et de cent autres plantes qui croissent dans les bois.

Assurément il fait bon, et je me plais en portant mes pas vers la montagne, — alors que l'air est pur, frais et gai, et qu'en perles d'or la rosée tombe, — à saluer le mois de Mai.

Dans les landes couvertes de thym, où mon cœur respire à l'aise, il n'y a ni tracas ni *farandoles*, et je ne saurais me taire, car le calme me rend à la vie.

Venez donc ! Le long du chemin chaque buisson pousse des roses ; les aubépines refleurissent, et vous verrez le ciel les rafraîchir avec la rosée du matin.

XXXV

LES ENFANTS DE LA PROVENCE.

Nous sommes les enfants de la Provence, et notre mère nous réjouit. Sortis du peuple provençal, nous voulons garder nos croyances ; nous voulons garder le tambourin pour quand il faudra nous mettre en train.

Nous voulons garder la joie saine et l'amitié des fêtes patronales ; nous voulons garder la franchise et la simplicité du village : lorsque dans le monde tout est blasé, nous voulons garder les anciens plaisirs.

Nous voulons toujours rester fidèles au langage séduisant des fiers troubadours ; nous voulons parler dignement le gentil parler de nos pères ; pour les moissons et les vendanges, nous voulons garder nos chansons.

Tant que le Rhône et la Durance s'écouleront à la mer ; tant que nous verrons notre ciel clair azurer sur la Provence, ô belle terre du Midi, nous te garderons notre amour.

XXXVI

L'ESCALIER DES GÉANTS.

Escalier des Géants, dans tes murs superbes, le lézard glisse, et fleurit l'herbe folle ; Mars et Neptune, fiers, sur leurs piédestaux sont debout toujours, mais personne n'arrive du portique, ni le Conseil des Dix, ni Doge et Dogaresse, — et c'est aux dieux de marbre une grande amertume que les papes et les rois au palais ne retournent plus. Comme des tourbillons, parfois, dans la lumière, les pigeons familiers volent et viennent boire aux citernes de bronze où s'attache le lierre. Dans ton cloître désert, ô vieux palais ducal, on n'entend que le pas fin des filles aux pieds nus qui courent puiser l'eau, et le seau qui tombe. Toute ta splendeur est pour moi un tombeau recouvrant noblement le passé vénitien : Palma, Véronèse, Tintoret, le Titien, ta République morte et sa vigueur terrible, ô Venise tombée aux mains de la Savoie!

Et malgré le soleil qui enflamme tes murailles, celui qui hante ta cité a froid dans les moelles.

Mais, comme un chien fidèle léchant les pieds du maître, ô Venise, malgré le temps et les alarmes, la mer te reste amie, et d'un baiser tremblant baise sans fin tes ponts de marbre blanc. Tu es sa fiancée encore, Adriatique ! il te souvient de sa gloire et de la noce antique ; il te souvient, en baignant le rivage latin, de la reine des mers et du matin pompeux ; quand, devant les jeunes hommes, devant les blondes vierges mêlant dans leur beauté l'Europe et l'Asie, devant le Sénat muet, devant les pêcheurs prêts à se jeter au fond du gouffre vert, le Doge magnifique, du haut du Bucentaure, se penchait, attendant que l'onde s'élève à lui, et laissait tomber la bague sur ton sein!

Ainsi seul demeure l'art, et nous, il faut passer.

Cependant le lion de saint Marc qui te garde, en frémissant des ailes, ô vieux palais, regarde les étrangers errants, anglais, américains, monter, nains pâles, l'escalier des Géants.

XXXVII

A UN BEL ENFANT.

Comme un rayon de soleil au milieu d'une caverne sombre et triste, ton visage, bel enfant, me hante, où je vais, et me rend joyeux ; la toison d'or de tes tresses me poursuit, la grâce riante de tes petites manières, et tes yeux plus bleus que l'eau d'un gouffre me ravissent de joie.

Quand tu ouvres tes lèvres, qui respirent le doux parfum d'une fleur, ton clair gazouillement est murmure de coquillage à mes oreilles ; le bruit du coquillage est l'écho marin de l'onde maternelle, et ta voix délicieuse est comme un souvenir du Paradis lointain!

O rayon de miel dans notre amertume! candide allégresse entrée sans peur dans cette vallée de pleurs et de conflagration! agneau sans péché au milieu des pécheurs ! en Janvier jour de Mai! je t'aime ineffablement, mais je te plains aussi et je m'écrie : *Pecaire !* (1)

Quel malheur, cher enfant, si tu étais destiné à l'erreur; si tu devenais, toi, si pur, comme la multitude empoisonnée !

(1) PECAIRE, mot intraduisible, interjection de compassion, d'amitié, de tendresse.

Car l'haleine du matin est trop souvent suivie par la bise turbulente et la chaleur étouffante..., et la beauté du lis est prédestinée à périr !

XXXVIII

MATINÉE.

Dans la prairie et les jardins les fleurs sont fraîches et gaies, et sur les bords du chemin chaque brin d'herbe a sa petite perle.

La nuit s'évanouit, et, souriante, l'aube point ; au loin bleuit la montagne, et dans le ciel encore gris se tamise la douce rosée.

Et moi, joyeux comme un bon roi que rien n'enferme dans son palais, bien vite je me mets en route dès qu'apparaît la belle étoile du matin.

Je renais avec le nouveau jour, et j'ai ma bonne part de bonheur, lorsque, sur son char, le soleil s'élance éblouissant le monde.

Et dans la prairie et dans les jardins les fleurs sont fraîches et gaies, et sur les bords du chemin chaque brin d'herbe a sa petite perle.

A la fraîche haleine du zéphir, les lambruches et les clématites chatouillent les arbres verts et s'entortillent à leur écorce.

Et sur la branche l'oisillon sautille joyeux et chantonne ; le ruisseau dans le vallon s'enfuit, gazouillant de bonheur.

De la vaste mer au mont Ventour tout ressuscite et se dilate ; la brise a le parfum des roses, et le poëte, heureux, rêve et médite.

Et dans la prairie comme aux jardins les fleurs sont fraîches et gaies, et sur les bords du chemin chaque brin d'herbe a sa petite perle.

XXXIX

LE ROUGE-GORGE.

Il nous arrive à la cueillette des olives, aux plus sombres jours de l'année, un peu avant les gelées, un peu après la Toussaint.

Un matin que le vent froid a dépouillé les collines, et que les feuilles qu'il entraîne sont amoncelées dans l'enclos,

Que l'enthousiasme des rayons, des fleurs, des ailes a fini, et que le nuage descend comme un suaire de mort.

Un oiselet frêle et rouge se vautre et rit dans le vent, et met dans le ciel en fureur comme un reflet de printemps.

C'est un sourire dans la tristesse, une petite étincelle sous le givre, dans l'ombre des broussailles, c'est un rayon de soleil.

Merveille de l'ouïe, effleurant la terre ou se jouant dans les airs, c'est l'être, le chant, la vie de nos campagnes en deuil.

C'est le rouge-gorge, voix réjouie, esprit familier de l'hiver, le rouge-gorge, vaillance et joie, et l'espoir du renouveau.

XL

SONGE DE MÈRE.

Nous sommes à l'automne ; une petite fille charmante vient se balancer sous la tonnelle.

Assise sur le coussinet d'une corde légère, la brise attiédie vient la bercer.

Pendant ce temps, hélas ! sa triste mère pleure à l'écart ; elle voit bien qu'il lui en faut peu pour s'éteindre.

Elle sent que sa vie est affaiblie et que la mort avide, comme une louve terrible, vient la dévorer.

Et, pensive, elle se dit : Quand la cruelle m'aura frappée et séparée de toi,

O ma pauvrette ! moi, ta petite mère, ombre fugitive, je viendrai avec la brise pour te caresser.

XLI

SOUVENIR.

Si vous voyiez cela cette année, à Paris, nous vous faisons envie, avec nos raisins, nos petites figues blanches, et nos pêches, et nos abricots.

Les marchés, appelés les halles, ne sont pleins que de gros monceaux, et de pastèques, et de melons, et de jardinages de la Provence.

Les chemins de fer, dans deux ou trois ans, viendront tout chercher ; Paris sera Maître Jean-Pierre, et la Provence, son jardin.

Les wagons, dans des corbeilles, charrient tout, et vite, vite, vite !... mais ils ne charrient pas le soleil, mais ils ne charrient pas les étoiles.

Ils ne charrieront jamais l'été, l'été qui mûrit les treilles, et le ciel qui fait la patrie : cela regarde le bon Dieu.

Le fruit part et les arbres demeurent, et les beaux amandiers fleuris se gardent bien d'aller mourir où les beaux mûriers se meurent.

Le nord aura tout ce qu'il avait : de l'orge, du blé et de l'avoine ; mais il n'aura pas la cueillette des olives, et nous garderons les oliviers.

O belle terre du midi ! paradis terrestre, que je regarde avec plus d'amour depuis que Dieu a dit où il était.

O beau village de Cabane, qui m'a dit, au jour de ma naissance, le premier nom dont je fus appelé et que les cloches saluèrent.

Si jamais je t'oublie à Paris, je veux mourir où je demeure..... et je ne veux pas, lorsque je mourrai, t'oublier dans le paradis.

XLII

LE LABOUREUR ET SES ENFANTS.

Le bien nourrit toujours son maître,
Quand le paysan le cultive assidûment.

Un laboureur aisé, sentant que sa fin approchait, disait à ses enfants dans son simple langage : Mes amis, gardez-vous, lorsque je ne serai plus de vendre l'héritage qui nous vient légitimement de nos aïeux ; un trésor y est caché ; en le cherchant vous trouverez de l'or ; mais il vous faut pour cela retourner le sol dans les espaces de vignes, déboucher tous les carrés quand vous aurez fait de bon guérets et creuser profondément toutes les rangées d'arbres : dans la terre enfin, vous le trouverez.

Le laboureur comme tous les pères vint à mourir, et les enfants, alors, avec le fer à la main, l'un la charrue, l'autre la houe, fouillèrent le vieux champ de tous côtés ; ils ne trouvèrent rien. Au bout de l'année la récolte fut doublée en fourrage, blé, orge et avoine ; les vignes étaient chargées de raisins, les oliviers, d'olives ; et de pain, et de vin, et d'huile, ils en eurent pour l'année, et pour vendre aussi.

Il n'y avait point de trésor, et pour eux il valait bien mieux.

Le laboureur, avant sa mort, fit voir à ses enfants qu'il est toujours bon de croire aux conseils des vieillards : la terre dans ses flancs est toute remplie d'or, et il n'y a que le travail qui puisse enrichir.

XLIII

LA JEUNE FILLE AVEUGLE.

I

C'était le jour si beau où une Vierge enfantait à Bethléem, et son fruit béni tremblait de froid sur un peu de foin. Les anges, là-haut, achevaient à peine leur *Gloria*, et de tous côtés, pâtres et bergères venaient dans l'étable s'agenouiller.

On dit qu'en ce jour de grande allégresse, une pauvre enfant, une dolente jeune fille, aveugle de naissance, en pleurant disait :
— Mère, pourquoi voulez-vous qu'ici je reste seulette ? Je languirai dans l'ennui. Cependant que vous dorloterez le petit enfant, moi je pleurerai !
— Tes larmes, ô mon sang ! lui répondait sa mère, me font pitié. Nous t'y mènerions bien, mais qu'y viendrais-tu faire ? Tu ne vois point... Vers le soir, demain, que tu vas être contente, quand nous serons de retour ! car, ô ma pauvre dolente, nous te dirons tout ce que nous aurons vu.

— Je le sais ! jusqu'au tombeau, dans l'obscurité noire je marcherai. O beau visage d'or, créature divine, je ne te verrai pas !... Mais qu'est-il besoin d'yeux, bonne mère, pour croire et pour adorer ? Ma main, Enfant de Dieu, si je ne puis pas te voir, te touchera.

II

L'Aveugle pleura tant, et tant, hélas ! elle pria, à genoux ; tant elle lui déchira le cœur que sa mère n'osa plus dire non. Et quand ensuite la pauvrette arriva dans l'étable, elle tressaillit. De Jésus elle mit sur son cœur la petite main, et ses yeux virent !

XLIV

PLUIE ET SOLEIL.

La vieillesse pleure, et nous chantions, barbouillés de mûres comme des bohémiens : nous chantions Marseille où sur un pont neuf, il pleut et fait soleil, il fait soleil et il pleut.

L'eau baise, tout en tremblant, ses grandes parois froides et ses piliers blancs. On n'a jamais vu de pont si merveilleux : là le soleil est triste et la pluie, souriante.

La pluie l'arrose !... Mais vite la couleur des roses lui vient du soleil ; et les rêveurs sont arrêtés, ne sachant que faire, pleurer ou chanter !

L'hiver qui ruine, a détruit le pont neuf. Maintenant c'est dans mon âme qu'il pleut et fait soleil, maintenant tout me baigne et brûle le cœur : rayons humides de rosée, ô belle pluie d'or !

XLV

A CARON.

Caron, plante un coup de ta gaffe ! élève le gouvernail et vire de bord ; si ton eau est comme de la poix, et si ta barbe est blanche, oh ! tu es vigoureux ! je suis mort, je suis mort !... regarde mon visage.., conduis-moi sur l'autre rive ! j'ai de quoi payer le passage ; il me reste encore un sou de bon aloi.. Caron, viens vite m'embarquer !

Je suis mort comme j'avais pris naissance et, pour mieux dire, comme j'ai vécu ; dans le songe de l'existence, j'ai tout appris et je n'ai rien su ; mais, silence ! A quoi sert d'allonger mon histoire ? Maintenant, je bois l'eau de la paix, l'eau qui enlève la mémoire ; il ne me reste plus qu'un pas à faire ; Caron, donne-moi vite ton bras !

Sur le sentier de ce rivage, il y a un air humide qui vous rend malade... il tonne, il fait des éclairs ; et, sous les peupliers, souffle un vent de tempête, froid, chaud qui brise la cime des branches...

Aïe! je me sens accablé de lassitude! mes deux pieds s'enfoncent dans le limon, ils ont peine à se désembourber... Caron, fais-moi vite naviguer!

Dans le lointain, sur la terre abaissée, rassemblés comme des vols d'oiseau, quelle populace! que de gens qui n'auront plus de place au soleil si beau!.. Mais, je vois, là-bas, ma pauvre mère, mon père, mon fils trépassés, avec cette femme, hélas! qui, depuis si longtemps, m'a quitté... Caron, viens vite me passer!

XLVI

DEUX AGNEAUX.

I

Un bel enfant, joyau d'amour, est dans le pré, où, embaumée, la première haleine d'avril à toute herbe donne une fleur.

Avec un agneau qui sautille, gambade le blond enfant. Voyez! il serre l'agnelet dans ses bras, le baise et le baise.

L'enfant est beau, l'agneau est doux; la laine de l'agneau est aussi blanche que le lait qu'il tète... Oh! qu'ils sont jolis tous les deux!

Entendez-vous pas l'agneau qui bêle? Le voilà qui court après l'enfant. Comme ils font bien tout ce qu'ils font! et qu'elle est belle, l'innocence!

Le ciel est clair, il fait bon soleil; les passereaux volent et pépient; l'eau (du ruisseau) reluit; eux se roulent sur l'herbe. Quel charmant tableau, mon Dieu!

Quand je les vois, assurément il me semble voir un coin du paradis! Ce que l'on dit est bien vrai : Qui se ressemble s'assemble.

II

Enfant, mets à profit ton beau temps; saute sur le velours de l'herbe, et reçois sur tes joues tous les baisers du printemps.

Tu verras la fin de cette fête. Dans ton ciel viendront des nuages; ces fleurs se flétriront : trop tôt grondera l'orage.

Allons! joue avec l'agnelet. Hélas! il n'en sera pas toujours ainsi : tu trouveras la vie amère... tu deviendras homme, pauvre petit enfant!

III

Avec l'agneau jouait l'enfant; il me regardait, et souriait... Il ne comprenait pas ce que lui disait en pleurant ma jeune muse.

XLVII

LES HARMONIES D'UNE NUIT DE MAI.

Que tes harmonies sont belles, tranquille nuit du mois de Mai ! l'ombre chante ses litanies quand le jour se tait et s'en va.

Il n'y a point de repos sur la terre, c'est une prière et une louange sans fin ; tous et de toutes les manières célèbrent leur divin Créateur.

L'ermite reclus à Saint-Jacques, a commencé la sérénade ; par lui, la cloche est balancée, et il nous a sonné l'*Angelus*.

Vous entendez le courlis, perché bien plus haut que le peuplier antique ; il redit sa chanson dans les airs avant de se coiffer de nuit.

Entendez-vous le moucheron qui violonne ? son archet long et délicat avance, recule, résonne ; qui pourrait mieux que lui filer un son ?

Une volée d'alouettes-lulu, émigrées de Jérusalem, battent l'estrade, vers les étoiles, au chant des ortolans de mai.

La lune se mire dans les eaux riantes, les vers-luisants brillent aux prés ; la caille nous redit son *lei-le-rei !* et le grillon a soupiré.

Un vieux coq bien d'éloge, aux petits donne *la-mi-la !* Tous répondent... L'horloge, sur les coqs vient de se régler.

Le rossignol sur son nid veille, chante, se plaint, et sa voix, merveille gracieuse et pure, jette des perles dans les bois.

XLVIII

SAINTE ROSE DE MAI.

Parmi les chants que les anges font retentir dans les riches campagnes du ciel, parmi les fleurs qui s'épanouissent aux rayons du soleil éternel, il y a la rose de mai.

Fleur virginale, immaculée et belle, étincelante au milieu des étoiles, sainte rose de Mai ; les bienheureux te comblent de louanges.

Humble fleur, éclose dans une terre sanctifiée, tu croissais à l'ombre des lis ; Dieu, la voyant si pure, l'a cueillie pour la greffer au divin rosier et pour couronner le mois de Mai.

Fleur virginale, immaculée et belle, étincelante au milieu des étoiles, sainte rose de Mai, tu as attiré les yeux de l'Adonaï.

L'Esprit-Saint l'arrose de sa grâce, et sa vertu l'a protégée ; un fruit béni naît du sein de la rose : tu deviens mère et vierge, à la fois, sans altérer ta pureté.

Fleur virginale, immaculée et belle, étincelante au milieu des étoiles, sainte rose de Mai, à Jésus, tu donnas le premier baiser.

Elle surpasse en blancheur la lune argentée, elle est plus majestueuse que l'astre d'or, elle a la fraîcheur nouvelle de l'aube matinale et son parfum n'exhale que la bonté ; c'est l'encens du mois de Mai.

Fleur virginale, immaculée et belle, étincelante au milieu des étoiles, sainte rose de Mai, tu nous verses le rayonnement du chaste amour.

Que ton odeur, ô fleur mystique, embaume les sentiers où nous cheminerons en espérant d'aller chanter les cantiques célestes, dans ton jardin du paradis où règne un printemps éternel.

Fleur virginale, immaculée et belle, étincelante au milieu des étoiles, sainte rose de Mai, puissions-nous, là-haut, te contempler sans fin.

XLIX.

LA COMMUNION DES SAINTS.

Elle descendait, en baissant les yeux, l'escalier de Saint-Trophime ; c'était à l'entrée de la nuit, on éteignait les cierges des Vêpres. Les Saints de pierre du portail, comme elle passait, la bénirent, et de l'église à sa maison avec les yeux l'accompagnèrent.

Car elle était sage ineffablement, et jeune et belle, on peut le dire ; et dans l'église nul peut-être ne l'avait vue parler ou rire ; mais quand l'orgue retentissait, pendant que l'on chantait les psaumes, elle croyait être en Paradis, portée par les Anges !

Les Saints de pierre, la voyant sortir tous les jours la dernière sous le porche resplendissant et s'acheminer dans la rue, les Saints de pierre bienveillants avaient pris en grâce la fillette ; et quand, la nuit, le temps est doux, ils parlaient d'elle dans l'espace.

« Je voudrais la voir devenir, disait saint Jean, nonnette blanche, car le monde est orageux, et les couvents sont des asiles. » Saint Trophime dit : « Oui, sans doute ! mais j'en ai besoin dans mon temple, car dans l'obscur il faut de la lumière, et dans le monde il faut des exemples. »

« O frères, dit saint Honorat, cette nuit, dès que luira la lune sur les lagunes et dans les prés, nous descendrons de nos colonnes, car c'est la Toussaint : en notre honneur la sainte table sera mise... A minuit Notre-Seigneur dira la messe aux Aliscamps. »

« Si vous me croyez, dit saint Luc, nous y conduirons la jeune vierge ; nous lui donnerons un manteau bleu avec une robe blanche. »

Et cela dit, les quatre Saints, tels que la brise, s'en allèrent ; et de la fillette en passant, ils prirent l'âme et l'emmenèrent.

Le lendemain de bon matin la jeune fille s'est levée... Et elle parle à tous d'un festin où elle s'est trouvée en songe : elle dit que les Anges étaient dans l'air, qu'aux Aliscamps table était mise, que saint Trophime était le clerc, et que le Christ disait la messe.

L

AUX LABOUREURS PROVENÇAUX.

Braves gens de la terre, ô paysans mes frères, bonjour : aux conducteurs des aires, aux paysans, aux jardiniers, aux porchers, aux vendangeurs, aux valets de ferme, aux lieuses, aux vaillants moissonneurs, aux faucheurs tombant la luzerne fleurie, aux vachers de la Camargue, aux pâtres de la Crau, à vous tous, gens de la campagne, fiers laboureurs provençaux !

On dit que, méprisant les coutumes antiques, héritage sacré de nos aïeux, vous voulez, ô frères, abandonner la charrue ; on dit que vous ne voulez plus, sous les peupliers, danser en été comme jadis au son du tambourin ; on dit que vous ne voulez plus faire la *farandole*, que vous voulez être citadins !

Que vous ne tenez plus à rien, pas même à la Provence .. mais non, je ne le crois pas : comme le grand soleil, comme le Rhône et la Durance, vous demeurerez fidèles à notre saint pays ; vous cultiverez les champs avec amour ; le travail de la terre est si noble et si grand ! il est si beau de nourrir le monde, ô laboureurs, de lui offrir l'huile et le pain !

Que les riches citadins ne vous fassent point envie ; ils possèdent plus d'argent que vous, mais ils n'ont pas autant de bonheur : tout ce qui reluit n'est pas d'or : ils n'ont pas votre ciel d'azur éblouissant, vos nuits sereines et votre humeur joyeuse. Allez, vous êtes les heureux : dans notre terroir, vous avez la paix, vous avez l'amour sacré, vous avez la joie, ô travailleurs des champs ! vous avez tout :

Des fruits, des fleurs et de vertes prairies, et des vignes fertiles, et des plantations de mûriers ; vous avez du froment et du seigle tant que les moissonneurs ne suffisent pas à la moisson ; vous avez de grands troupeaux de brebis fécondes, des bœufs sauvages pour la course, ô jeunes provençaux ! et, libres dans les roseaux des marais, des juments blanches qui vont plus vite que le vent !

Je vous l'ai déjà dit, et je veux encore le dire, ô frères, ô paysans, c'est vous qui êtes les heureux ; je vous envie et vous admire... vivre de son travail, est si noble et si doux ! hommes, adolescents, je me plais à vous voir, quand depuis l'aube jusqu'à la nuit, vous piochez en chantant : c'est ainsi que jadis faisaient nos bons aïeux, nos bons ancêtres !

LI

LA COURONNE.

Jeunette jouvencelle, où vas-tu vaguer? L'étoile, belle entre toutes, à peine vient de poindre.

L'Aube à peine revêt, avec lenteur, sa robe; l'Aube à peine met son tablier blanc.

Tu vas courir sur les sommets, dans les vallées et les vallons, conduite par l'aubade que chantent les petits oiseaux.

L'Aube à peine revêt, avec lenteur, sa robe; l'Aube à peine met son tablier blanc.

Poëte, pour ma Mère, la Vierge aux Sept Douleurs, je vais quérir dans les *sierras* un joli bouquet de fleurs.

L'Aube à peine revêt, avec lenteur, sa robe; l'Aube à peine met son tablier blanc.

Contente, de fleurs gentilles aujourd'hui je veux couronner son visage triste et clair, et son front ineffable.

L'Aube à peine revêt, avec lenteur, sa robe; l'Aube à peine met son tablier blanc.

Jeunette jouvencelle, ce que tu fais on te fera : bachelette sage et belle, on couronnera ta vertu,

Quand l'Aube à peine revêt, avec lenteur, sa robe; quand l'Aube à peine met son tablier blanc.

LII

LA PETITE GOURDE.

Il y avait une fois un Roi : je ne vous dirai pas lequel, on ne me l'a pas dit. Le Roi eut un enfant, et il lui donna pour nourricier un homme de la glèbe. Et le petit devenait grandet tout doucement. Le nourricier le menait avec lui toutes les fois qu'il allait travailler à la vigne ; et toujours le nourricier portait un peu de pain pour le faire manger, un peu de vin dans une petite gourde. Et puis, sous un buisson, ils se reposaient ensemble, mangeaient, s'ils avaient faim, et buvaient, s'ils avaient soif. Il prenait tant de soin de son beau garçonnet, quand il le menait à la *vignette*, qu'il le faisait boire à la petite gourde !

Mais le petit grandissait de jour en jour. Le Roi envoya ses gens lui quérir son enfant. Le nourricier en pleura, comme vous pouvez le croire ; puis, un matin, il partit pour le voir : si grande était son impatience !

Le nourricier arrive et regarde de tous côtés. Que veux-tu? lui demande la garde. Je veux, dit-il, voir mon garçonnet, que je menais à la *vignette*, que je faisais boire à la petite gourde !...

Ah ! par ma foi ! tu es fou !... Allons, mon brave, retourne-t'en ! Retourne, t'a-t-on dit. Le nourricier résistait ; il voulait passer, la garde l'arrêtait, et le pauvre homme criait toujours plus fort : Ah ! laissez-moi voir mon garçonnet, que je menais à la *vignette*, que je faisais boire à la petite gourde !

A la fin, pourtant, la garde monta l'escalier et dit au Roi : Là-bas est un badaud... Oh ! jamais de la vie, on n'a vu homme pareil ! il crie depuis une demi-heure : Ah ! laissez-moi voir mon garçonnet, que je menais à la *vignette*, que je faisais boire à la petite gourde ! Cent fois, peut-être, nous lui avons dit : Tais-toi ! S'il n'est pas fou, il s'en faut de peu. Il est à la porte et nul ne peut l'arrêter. Allez le quérir et faites-le monter, dit le Roi ; nous verrons ce qu'il faut faire.

Voici qu'au bout d'un instant, le nourricier entre ; ému, il court tout droit au fils du Roi, et dit devant son père : Ah ! le voilà mon garçonnet, que je menais à la *vignette*, que je faisais boire à la petite gourde. D'entendre cela chacun était ébahi.

Ce soir, à table, à mon côté, je veux, dit le Roi, que tu viennes t'asseoir. Et voilà qu'il lui fit goûter de tout ce qu'il mangeait !

Et, le lendemain, le nourricier s'en retournait. Or, le Roi venait de lui compter autant d'écus qu'il pouvait en porter ! Et le nourricier disait, durant son chemin, en riant tout seul : Ah ! mon brave garçonnet, que je menais à la *vignette*, que je faisais boire à la petite gourde !

LIII

AU SOLEIL.

Chantons, chantons : « O Roi des astres ! O grand œil de l'uni-
« vers ! sans toi il n'y a que malheur ; la terre n'est qu'un trou
« d'enfer ; ô père de la Maturité ! ô gouffre d'or de l'Abondance !
« Grâce à toi les cent mamelles de la belle nature sont des sources
« et des cascades d'huile, de vin, de miel : grâce à toi, la mer
« immense est azurée, et les roses et les nues et les joues sont ver-
« meilles ; oh ! sois-tu, sois béni infiniment ! Tu fais croître le pal-
« mier, tu fais dorer l'orange ; tu fais le monde s'épancher comme
« une mer de fleurs ; tu nous envoies tes rayons comme un essaim
« d'anges ; tu remplis l'univers d'allégresse et d'amour : la race
« humaine, aussi bien que la vermine, tu les maîtrises avec joie,
« les perçant, les baisant de tes ardentes flammes ; du condor
« céleste à la perche qui nage, tout ressent le pouvoir de ton feu
« bienheureux, les plus grands, les plus petits ! Oh ! sois toujours
« et sans cesse l'Amour céleste, la Gloire, l'Allégresse !... Quand tu
« te lèves, la création est une lyre de Memnon ; sommet, campagne
« haie, bocage, tout est chant et chanson et cantique ! Et quand
« tu veux te plonger dans la mer, langueur, tristesse et obscurité
« voilent la sainte Nature. Dans tout le monde, vois-tu, il n'y a
« rien qui puisse se comparer à toi ; ô chère idole !... »

LIV

LA VACHE DE LA VEUVE.

I

« Lèche, lèche mes mains, ô ma belle Rousse ! Il faut donc que nous nous quittions, et que je reste seule, seule, pauvre veuve, avec un pauvre orphelin, que tu as, plus que moi, nourri du lait de tes mamelles.

« Le jour, jour de malheur ! où l'on plia le père dans le linceul, pourquoi ne plia-t-on pas l'orphelin et la mère ?... Nous te renvoyons, c'est vrai ! mais, ne nous en veuille pas. Depuis que Dieu m'a ravi le soutien de la maison, dans la maison, avec le deuil, était venue la faim, tu le sais bien ! et voilà pourquoi je t'ai vendue.

« Assez longtemps ton lait a été trait pour nous. Si d'autres vont te traire, c'est que Dieu l'a voulu : nous n'avions plus de pain, plus rien dans notre huche ; et, pour ta nourriture, rien, plus rien, dans le fenil. Aussi, de plus en plus, pauvre, tu maigrissais. Tu n'avais rien dans ta crèche, et tu ne te plaignais jamais.

« Vincent, ô ma brave (vache), va te mener vers ton maître ; c'est un fort honnête homme, et cossu : Tu pourras te trouver bien chez lui... Ah ! Roussette, si de toi l'on ne prend soin, je le saurai ; j'irai vers ton maître, et je le lui reprocherai... Lèche, lèche mes mains, ô ma belle Rousse ! Il faut donc que nous nous quittions et que je reste seule !... »

II

Voilà ce que la veuve dit à sa vache. Puis, Roussette sortit de sa petite étable. Elle était pensive et triste, elle regardait... Vous eussiez dit qu'elle savait tout ce qui se passait.

C'est alors que Vincent, et la vache, et le chien, prirent le chemin du Mas-des-Cerises. Et la veuve, sur le seuil de sa porte, stupéfaite, — les regarda partir, pâle comme une morte !

LV

LES BORDS DU GARDON.

Dès qu'elle a glissé le long du mur qui, sur sa rive gauche, soutient la chaussée de la cité d'Alais, l'eau du Gardon se répand, riante et claire, sur sa grève élargie et plus proprette.

Là, il semble que la rivière cévénole se ralentit un peu, comme pour reprendre haleine et rejeter d'un ébrouement la souillure qu'elle a prise dans la lie minérale et charbonneuse de Tamaris ; puis, se penchant à droite, elle va bientôt oublier l'air de fumée et de soufre qu'elle a tout-à-l'heure traversé, dans le long baiser qu'elle donne à ce frais et beau paradis appelé la Prairie.

Pour voir ce paradis laissons courir le Gardon, et pénétrons dans l'oseraie épaisse et la saussaie ombreuse où chante le rossignol.

Déjà, il nous arrive, avec le petit vent du printemps, une douce odeur embaumée de violette ; éprouvant du délice nous avançons, et un joli tableau se déroule alors sous nos yeux enchantés.

Aussi loin que la vue peut courir, l'herbe verte s'étale, émaillée de fleurs prairiales : paquerettes, primevères, narcisses, coquelicots ; sur cette étendue entière, mille et mille châtaigniers sont plantés l'un près de l'autre, qui, plus tard, quand la saison se fera chaude, entre-mêlant leurs ramures, formeront un dais gigantesque, dont les hérissons (de châtaigne) épineux sont les glands, et sous lequel il sera doux de se mettre à l'abri de l'ardeur estivale.

Là-haut, des rangées de peupliers élancés montent leurs plumets égaux dans l'azur du ciel ; derrière leur pied, des haies d'aubépines enclosent des espaces où la châtaigneraie fait place aux jardins de fleurs : les roses y abondent, et leur senteur embaumée se mêlant au parfum suave de l'aubépine, c'est une délectation pour l'âme. — Du côté où le soleil va se coucher chaque soir, les plants de jardins, encadrés de gazons à pente douce, et puis les allées de mûriers continuent les prés, qui perdent encore leurs châtaigniers. Dans cette terre limoneuse les jardins produisent beaucoup ; aussi, des *mas* qui de loin en loin font tache blanche sur le vert, on voit continuellement partir des charretées de jardinages, qui s'en vont approvisionner toute la contrée d'Alais. Les jardins prennent fin au pied des collines fleuries et ornées des pampres de ceps ; derrière ces collines et, plus sévères, les dépassant comme un géant dépasse un enfant, un troupeau de montagnes courant du nord au midi, forment le fond de ce seul côté du tableau ; car vers le midi, trois lieues durant, la Prairie s'allonge côte à côte avec le Gardon.

LVI

LE MYOSOTIS.

Petit ruisseau qui dans ta course baise tant de fleurs, sur la mousse, dis-moi, n'as-tu pas vu ma fleur si douce, ma fleur tant aimée ?

Ne serait-ce pas la marguerite qui souvent réfléchit dans mon eau limpide sa blanche étoile épanouie en rayons d'argent ? — Petit ruisseau, etc.

Ne serait-ce pas la campanule, bénitier des oiseaux, qui fait envie à mon eau limpide en inclinant son front de neige ?... — Petit ruisseau, etc.

Ne serait-ce pas la fleur si gentille, blond trésor de l'enfance, la fleur éclose dans un sourire, sur mes rives resplendissantes, le bouton d'or ? — Petit ruisseau, etc.

Ne serait-ce pas la fleur sacrée qui bleuit dans la source, et qui dit à la pensée de deux âmes séparées : Souvenez-vous ?

Petit ruisseau qui dans ta course baise tant de fleurs, baise aujourd'hui sur la mousse, baise ma fleur si douce, ma fleur tant aimée !

LVII

CÉSAR.

« Jamais, jamais les rois de Babylone ne sont montés aussi haut que je suis ! De mon pouvoir tout tremble et s'étonne : je suis plus qu'un homme, je suis un dieu !

Et des plus grands ; car, des dieux, j'en charrie tant que je veux dans mon palais. Comme des esclaves je les mène, les maîtrise ; bientôt j'amènerai tout l'Olympe !

Puisque je suis grand, plus grand que tout, il faut savoir de combien de millions d'esclaves, de combien de peuples, je suis le maître, combien j'ai de rois à mes genoux. »

Pavane-toi, César, dans ta puissance ! Tu tomberas de toute ta hauteur. L'heure de délivrance a sonné au ciel : il n'y a plus d'esclaves ! il n'y a plus d'esclaves !

Et elle a retenti du ciel dans la Judée. Il le fallait, ton dénombrement, pour que Joseph, Marie, en Galilée, vissent Bethléem au moment,

Juste au moment que de notre jeune Fleur allait éclore le Bouton ; car il est écrit : « Dans une humble cabane à Bethléem... Dieu petit enfant !... »

De Nazareth il fallut qu'il partît, pour donner son nom, le charpentier ; qu'il gagnât la cité du roi David : Joseph, de David descendait.

Ainsi, César, ta pensée orgueilleuse sert les oracles et l'enfant-Dieu ; ta Rome, un jour, du sang chrétien fumante, pliera le genoux devant lui.

Dans Rome alors, les rois, les empereurs, viendront, de loin, baiser l'anneau du successeur de Pierre le pêcheur, qui porte Dieu dans sa barque.

Trois Rois, guidés par une brillante lumière, le front penché, croient à l'enfant-Dieu... Ils mourront en paix ; mais l'horrible bourreau meurt rongé vivant par les vers.

Leçon pour vous autres, puissants et maîtres ! De Bethléem le frêle enfant cache la foudre dans sa main droite, soyez rois Mages et non Trajans !

LVIII

LA CHUTE DES FEUILLES.

De l'été j'entends le glas qui tinte, hélas ! pauvres feuilles, tombez, tombez !

Hier encore si fraîches, si verdoyantes sur vos petites verges vous êtes fanées aujourd'hui et mourantes, car le vent d'hiver a soufflé. — De l'été, etc.

Bien que vous soyez languissantes, je vous vois avec plaisir : ne me rappelez-vous pas ma vie triste et mes beaux songes évanouis ? — De l'été, etc.

Pauvres feuilles ! entassées sur la terre, vous semblez attendre que le vent, par ses froids tourbillons, vous disperse dans les ravins. — De l'été, etc.

Les rameaux qui vous aimaient comme vous se sont desséchés, dès qu'ils vous ont vu entraîner au loin par l'orage.— De l'été, etc.

Pauvrettes ! peut-être vous emporte-t-il sur quelque tombe nouvellement fermée, pour couvrir la pauvre morte qui, hier, est tombée comme vous. — De l'été, etc.

Ou, peut-être, dans sa folle course, vous laissera-t-il dans quelque abri, mêlées à la verte mousse pour lui donner un dernier baiser. — De l'été, etc.

Puis, quand l'hirondelle bénie reviendra dans le pays, pauvres feuilles sèches et froncées, elle vous choisira pour bâtir son nid.

De l'été, etc.

LIX

GLORIFICATION DU TAMBOURIN.

Il n'y a pas longtemps, on maniait encore assez le Galoubet au sein des bonnes familles de l'antique Massalia : les fils de la vieille Phocée en faisaient le négoce artistique au milieu de leurs grandes occupations commerciales. Et, dans l'ancienne cité de Sextius, si souvent au diapason des beaux-arts, des sociétés de Tambourinaires se sont fait entendre bien des fois ; aussi, on a gardé souvenance de l'une d'elles, qui faisait son festival au quartier de la Torse il n'y a pas plus d'une vingtaine d'années.

Reportons-nous un peu au bon temps de la Provence : qui pourrait dire que René ne flûtât pas les airs des couplets adaptés à ses Jeux populaires, morceaux que nous avons conservés dans la mémoire, malgré le cours du temps qui a effacé tant de choses, à l'exception de notre joie et de notre musique ?

A propos de René d'Anjou, et pour donner plus de poids à ceci, il n'est pas superflu de dire que le grand romancier anglais, Walter-Scott, dans *Anne de Geierstein*, parle de notre Tambourin dans deux chapitres, les XXXI et XXXIII ; il y est question des Tambourinaires que le comte de Provence avait rassemblés pour recevoir dignement sa fille Marguerite, alors que la reine détrônée d'Angleterre venait de faire un vœu au monastère de Sainte-Victoire et au gouffre de la *Garagoulo*. Dans l'autre chapitre, il est dit que le bon roi qui avait régné un demi-siècle de paix et de félicité sur les Provençaux, termina ses longues années en touchant avec nous le joli instrument.

Et qui sait si les rives enchanteresses de la Sorgue n'avaient pas déjà tressailli au son du Tambourin de Pétrarque ?

Ce qui nous console un peu des jours passés, c'est que nous voyons encore, dans la grande famille provençale, de braves enfants qui n'ont pas trahi leur bonne mère, des enfants qui sont devenus hommes en aimant toujours leur beau Pays, ses coutumes anciennes et ses vieilles croyances, et qui, tout puissants et glorieux de leurs positions, songent que l'instrument dont se servaient les Troubadours provençaux quand ils fréquentaient les principales cours de l'Europe, il y a huit ou neuf cents ans, est bien digne d'occuper leurs moments de loisir. Car nous savons des amateurs qui s'entendent dans l'art du Galoubet et connaissent aussi l'art de faire des vers ; ainsi, tout est simultané dans ce commerce poétique avec les Muses.

Pour prouver combien cet instrument est honoré, disons que l'on voit à Aix, au Musée, les Tambourins, Flûtets et Timbalons nous savons aussi qu'il y a un tambourin placé dans un salon du beau château de la Mignarde, et un grand nombre faisant l'ornement et les délices d'autres bonnes maisons : ce qui dénote que l'instrument de la Provence est encore assez estimé des personnes qui savent l'apprécier.

LX

LE BAISER DU VENDREDI-SAINT

Comme quand elle va à la grand'messe, ce jour-là, ma mère était mise ; moi, l'on m'avait paré de mes belles brassières neuves, de ma collerette de dentelle, de mon bonnet de prunelle, et de mes bas de fleuret... De notre bon Seigneur nous venions saluer le deuil.

Ah ! que ma mère fut belle, quand nous entrâmes dans l'église, qu'elle tomba à genoux aux pieds de l'Homme-Dieu ! Le long de sa joue roulait en perle une larme qui coulait ; cependant, qu'elle penchait, dolente, que jusqu'à terre elle penchait son front pensif.

Puis, sur les mains ensanglantées du Seigneur qui versa sa vie sur la croix pour délivrer le monde du péché, elle pose ses lèvres un moment, en lui faisant douce embrassade ; et puis, déchirée de douleur, elle se lève, et jette au ciel ses yeux tristes et abattus.

Ici, la gente et bonne femme, oppressée de ses larmes, dit : « Regarde un peu, sur la croix suspendu, l'enfant de la Vierge Marie, né pour consoler les pauvres... Le pécheur, dans sa furie, dans son ingratitude, ainsi l'a percé de clous.

« Ah ! baise, baise-lui ses plaies ; fuis le péché qui enivre : alors, en bon chrétien, tu allègeras son fardeau. Fuis le poison de l'envie, que le démon charrie du fond de l'abime ; car lorsqu'il domine en notre âme, tu vois, mon bel agneau, tout le mal qu'il y fait.

« Vois-tu sa pâle et belle tête, comme elle retombe sur l'épaule !... Le baiser de Judas fut son coup mortel. A tes amis, jusqu'au tombeau, reste fidèle ; et d'une vallée ainsi que s'envole une colombe, un jour tu t'envoleras au haut des cieux. »

Et sur les dalles je m'agenouillai. Longtemps, longtemps je couvris de baisers les pieds rouges de sang de notre bon Seigneur. Puis, en sortant, il me semble ouïr ce mot tendre de ma mère : « Les oiseaux, dit-elle, ce vendredi, sont tellement tristes, mon fils, qu'ils jeûnent tout le jour. »

LXI

MADELEINE ET LE HANNETON.

MADELEINE. — Mais pourquoi viens-tu, hanneton roux, bourdonner dans ma petite chambre ? Tu voles sur ma table comme si tu prenais pour des fleurs, mes livres si frais et si jolis !

Pourquoi fuis-tu la campagne, l'air, le soleil avec la rosée et toutes les œuvres de Dieu ?

Pourquoi venir bourdonner dans ma chambrette, dis ! hanneton roux ? Je ne suis qu'une pauvre jeune fille qui ne peut te rendre heureux... Réponds, ne sois pas craintif.

LE HANNETON. — Madeleine, le vent se lève, le rossignol ne chante plus, la fleur se penche, la feuille de l'arbre tombe dans le ruisseau.

Plus d'araignée aux buissons, la fourmi se cache, l'escargot va s'enfermer, la chenille file son cocon.

La fraicheur matinale a percé mon manteau blond, et mon aile décolorée, auprès de toi cherche un tombeau.

MADELEINE. — Ma petite chambre t'a donc plu ? j'en suis ravie, hanneton roux ! il est vrai, je ne puis allonger le cours de tes journées, puisque tu passes avec les fleurs ; mais ton murmure a si bien su me charmer, douce petite bête du bon Dieu, que j'adoucirai ta mort ! Saint François t'aurait dit : Mon frère ; — ne suis-je pas ta sœur ?..

Si ta fin arrive, hanneton roux, sans regret, arrête-toi devant mon livre d'office, et sur l'or que ton aile effleure, endors-toi d'un paisible sommeil !

LXII

DIALOGUE ENTRE SAINT-JOSEPH ET L'HOTE.

SAINT-JOSEPH. — Hé ! maîtres de la maison ! valets, chambrières, ici n'y a-t-il personne ? J'ai déjà frappé assez longtemps, et personne ne vient ! quelle rudesse !

L'HOTE. — Je me suis déjà levé trois fois ; si cela dure, je ne dormirai guère. Qui frappe là-bas ? Qu'est-ce que tout cela ? Qui êtes-vous ? Que voulez-vous ? Que faut-il faire ?

SAINT-JOSEPH. — Mon bon ami, prenez la peine de descendre un peu ici-bas. Voudriez-vous nous loger dans votre demeure, ma femme et moi seulement ?

L'HOTE. — Vous êtes des trouble-repos, vous êtes de ces batteurs-de-pavé qui ne songez qu'à mal faire ; adieu, ma porte est fermée.

SAINT-JOSEPH. — Nazareth est notre patrie ; je ne suis pas tel que vous me croyez. Je suis charpentier ; je m'appelle Joseph, ma femme s'appelle Marie.

L'HOTE. — Il y a ici assez de gens; nous ne voulons plus personne; que Dieu vous donne meilleure fortune ! si vous me croyez, vous demanderez où est le logis de la lune.

SAINT-JOSEPH. — Recevez-nous, quoiqu'il nous en coûte ! logez-nous dans le galetas ; nous vous paierons notre repas comme si nous étions à table d'hôte.

L'HOTE. — Votre souper sera mal préparé ; je crois que vous ferez pauvre chère, car bien sûrement cette nuit, vous logerez à la rue.

SAINT-JOSEPH — Ne vous traitez pas ainsi. Hélas ! vous voyez le temps qu'il fait ! ouvrez-nous ! si vous tardez tant soit peu, vous nous trouverez morts à la porte !

L'HOTE. — Votre femme me fait pitié et me rend un peu plus affable ; je vous logerai par charité dans une mauvaise petite étable.

LXIII

LA POULE ET LE POUSSIN.

Fable.

Une poule se promenait au milieu de ses poussins, blancs, bigarrés comme des pies, de toutes les couleurs. Tendre mère ! elle les adorait ! Elle aurait remué ciel et terre pour les nourrir de graines ou de vers. Avec quelle bonté, quand elle tenait la becquée, elle en faisait part à sa famille ! Un gloussement suffisait, tout était à ses côtés. Néanmoins, le soir d'un beau jour, un étourdi, sans cervelle, avec le chat de la maison la manqua bien belle. Il rôdait loin, seul, comme un volage ; de sa griffe, Minet lui égratigna un œil ; il laissa même quelques plumes dans l'affaire. Que de fois sa mère lui avait dit : « Mon chéri, il ne faut pas t'écarter ! Nous avons
« tant d'ennemis sur la terre et dans les airs ! Je te le crie tou-
« jours, tu ne veux pas m'écouter, pourquoi n'agis-tu pas comme
« tes frères ? Tu le vois, près de moi ils viennent chercher un
« abri : il faut être sage, mon ami ! » Et la poule, sous son aile,

avec amour serrait son cher petit. Pour toute correction, elle clôtura sa morale, comme une mère, d'un baiser ! Le désobéissant fit bien la promesse de ne plus la quitter ; mais comptez sur la jeunesse ! Le lendemain il s'oublia ; vous allez voir ce qui arriva. Sur les bords fleuris d'une prairie, sans respect pour les boutons d'or, la famille grattait et grattait la terre. La poule, tout d'un coup, sent battre son cœur ; la queue en éventail et son aile toute hérissée, elle piaille, glousse, va, vient, court désolée. Elle a aperçu haut, bien haut, dans les nuages, un faucon qui fait la tournée. Tremblante, elle compte sa couvée. Un poussin, ô douleur ! manquait à l'appel ! Quel était-ce ? Vous vous en doutez : le même que la veille. Dans les airs il avait poursuivi une feuille ; il était mort éventré par le bec du faucon !

. . . .

Petits enfants, apprenez la fable du poussin.

LXIV

RÉSIGNATION.

Quand son nid flottant fait naufrage, le goëland monte vers le ciel. Ainsi, Tavan, dois-tu faire ; courage donc ! élève ton âme, ô chrétien !

La mort qui a des yeux sans larmes, la poitrine vide et qui rit d'un large rictus, dérobe ta fille après avoir dérobé ta femme... Dieu seul désormais pourra te consoler.

Ta fille, gracieuse fauvette, souriait d'aise sous tes baisers, lorsque la Décharnée l'a moissonnée de sa faulx, en ricanant peut-être !

C'était tout ce qui te restait hélas ! de ta chère nichée ; et son doux gazouillement charmait tes douleurs et tes rêves.

Tu ne l'as plus. Maintenant que devenir ? Dis en toi-même, pour te résigner, qu'elle est allée rejoindre ta mère dans le cimetière de Rognac ;

Dis que l'oiseau ayant replié ses ailes, s'est un moment blotti sous le gazon, mais qu'un jour, comme la cigale, il surgira de terre pour chanter encore.

Plus fort, ensuite, tâche de revivre, et si tu le peux, chante toi-même en croyant fermement à la félicité future ; car la foi sainte et la poésie sont l'aliment par excellence du cœur.

Sans la foi point de vrai bonheur ! le bonheur, joyau frêle que l'enfance rompt dans ses jeux insouciants et dont il ne laisse à l'homme que les débris.

Dans cette vie, la joie a des défaillances ; l'espérance ne repose que sur des tribulations. C'est aux fourbes que sourit d'ordinaire la fortune, et le plus opulent n'est souvent qu'un malheureux.

Ah ! le malheur ne manque jamais de nous visiter tôt ou tard.

Oui, tout cœur qui palpite ici-bas, a saigné, ou saigne, ou il saignera.

Que la tourmente s'abatte sur ma tête ! Dieu me voit : qu'il en soit béni ! Mais, tout souffrant que je sois, je compatis à tes maux ; mais, quoique délaissé, j'aime encore.

Si les brisants ouvrent ma barque, il me restera une planche de salut. Ne désespérons jamais, car l'étoile, soit qu'elle brille d'un vif éclat, soit qu'elle s'obscurcisse par moments, doit toujours nous guider vers le port.

Garde-toi donc bien de tout blasphème ! offre à Dieu ta belle âme éplorée, ô toi mon chef en poésie et mon frère dans la douleur.

LXV

MON HIRONDELLE.

I

Mon hirondelle, toi, qui es si jolie, pourquoi ne te vois-je pas cette année, sous l'auvent de mon toit ?

Mignonne, aurais-tu la malice de me laisser ton nid vacant ?

Chaque printemps, tu venais me voir ; quand j'attendais ton retour, j'éprouvais une langueur indicible : j'étais tout le jour à ma fenêtre...

Tu venais dans ma chambrette, et tu te posais sur ma main ; et je te faisais mille caresses que tu recevrais en tressaillant !...

Tu venais, et je voyais à ta patte, et je baisais, sans y manquer, le petit ruban écarlate qu'on t'avait mis pour te reconnaître.

Tu étais considérée comme appartenant à la famille ; tu apportais la joie à la maison, t'ouïr, te voir, douce amie, était un bonheur envié ! — Mon hirondelle, etc.

II

Cependant, j'aperçois tes compagnes qui sont déjà de retour : comment se fait-il que tu sois si tardive ? Aurais-tu donc oublié mon amour ?

Le mois de Mai répand les fleurs, la verdure et la fraîcheur ; tous les oiseaux de la plaine et de la colline travaillent à leurs nids...

Le long des chemins et des buissons, le narcisse, l'aubépine et le romarin des montagnes embaument l'haleine du matin.

La fraîche rosée partout brille en perles aux feuilles des arbres et sur les blés ; pas un chasseur ne songe encore à étendre ses filets...

Viens vite, viens, ô ma *negreto*, viens sur les ailes du printemps ! le deuil est sur ma fenêtre... arrive ! qu'est-ce qui te retient ?... — Mon hirondelle, etc.

III

Mais l'hirondelle ne vint pas... son nid fut veuf cette année : elle s'était noyé, la pauvrette ! en traversant la grande mer.

LXVI

LE PAUVRE PÈRE.

Il me souvient de la fin de ta première année ; cette heure ne sonne pas encore, et toi, mon fils, tu me fais connaître ce qu'est le deuil qui baigne mes yeux de larmes et remplit mon cœur d'amertume !

Quand je te voyais avec ta mère, sur son tablier, tu senblais vouloir, pour me plaire, t'élancer en me disant : « Pa...papa, laisse—moi venir m'envelopper dans ton manteau !

Tellement je t'aimais, mon enfant, que si le bon Dieu était venu me dire : Je veux que tu ailles, Mathieu, faire, à mon saint nom, le sacrifice de ton fils » peut-être bien qu'à cet office, j'aurais dit non (1).

Quand le petit ange vint du paradis, te chercher, je l'entrevis sur ton berceau ; il me parut étincelant comme *la flamme de Noël* au moment où il emportait ton âme, là-haut.

Je ne m'inquiète pas de ta belle âme qui s'envole ; s'il y a quelque chose qui me console, le voici : tu pares ta tête avec ses tresses blondes, d'un chapeau de fleurs, quand tu vas dire ton chapelet à l'Immaculée.

Qu'est-ce qu'on te fait donc faire au ciel, pauvre enfant ? Tu es musicien du bon Dieu ?... C'est fini ; maintenant, tu chantes comme les anges « Dieu soit loué ! » tu mets l'encens dans l'encensoir avec une cueillère d'or.

Il est vrai cependant, que tu as plongé ton père dans le chagrin : j'ai peur que ta mère affligée n'en vienne à sa fin. Ta mort, mon enfant, est bien amère ! et nous deux en aurons longtemps, longtemps encore les yeux pleins de larmes.

Viens, de là-haut ! quand je songe dans la nuit, descends du ciel, doucement dans ma demeure : tu me raconteras ce qui se passe dans la cité que nous appelons, ici-bas, l'éternité

LXVII

LA DERNIÈRE PENSÉE.

I

L'orage avait éclaté sur la Patrie. Le Nord avait vomi l'horrible invasion ; les tambours battaient, avec fureur, l'agonie et le trépas de la nation.

---

(1) Doute qui renferme avec la résignation chrétienne, le sublime de l'amour paternel.

Hélas ! jusqu'aux endroits les plus reculés de la Provence, le glas funèbre retentit en même temps que le rappel, et tout à coup, notre jeunesse se leva ardente, pour notre grande France et son drapeau.

Et il y eut des batailles et des batailles. Des massacres épouvantables, il y eut des héros, sublimes inconnus, que la mitraille, renversa dans la mêlée, et laissa sans sépulture.

II

Ainsi qu'aux plaines d'Arles, au temps, des moissons, mûr sous la faulx, tombe le blé ; sous le plomb cruel qui déchire et transperce, tombent frappés de superbes jeunes gens.

Sur le champ de bataille, le tonnerre formidable et les éclairs sinistres avaient éclaté... La sombre mort, ouvrant ses yeux arides, étouffait les blessés de son râle...

Sur la neige étendu, la face livide, un jeune homme était là, le front meurtri. Le sang jaillissait avec abondance de sa plaie, on avait jeté sur son corps une capote de soldat.

Sur sa poitrine il avait joint ses mains glacées et il priait en sentant la mort venir ; il entrevoyait dans sa fièvre, mêlée et massacre, et sa mère et sa maison, doux souvenir.

Il était parti si joyeux pour l'armée, que son cœur des baisers d'adieu était encore empli, et qu'il croyait encore entendre des voies aimées, à son souffle mêlant leur souffle suave !

Il n'avait pas vingt ans, et de la vie il n'avait jamais goûté l'amertume. Poète, dans les choses éblouissantes et toujours dans l'azur, il s'était tenu.

Plein d'ardeur, combattant pour notre France, il s'élançait à travers la tempête et les assauts, gardant le souvenir de la Provence, car il était bon français... et Provençal !

III

Or, l'enfant priait... et de l'agonie dans ses veines déjà il sentait le froid ; il croyait entendre une symphonie... il regardait au loin et son œil s'obscurcissait.

Et il disait : « Qu'il m'est triste de quitter la terre, la vie et le « soleil, à moi jeune et fort !... Et de laisser mon pays, avec la guerre « et de mourir loin des miens, sans consolation ! »

IV

Là-bas, les régiments, hélas ! se heurtaient terriblement, de cadavres et de sang couvrant le sol, et les corbeaux déjà tournoyaient sur sa tête... — Seul n'ayant que la neige pour froid suaire :

« Hélas ! loin de ma Provence et de mes sœurs, murmurait-il, en élevant son âme vers Dieu. « Hélas ! loin de ceux que j'aime, « faut-il que je meure ?.. O ma mère, ô ma mère ! » Et il mourut

LXVIII

IL FAUT RESPECTER LES PETITS OISEAUX.

Lorsqu'à l'horizon paraît l'aurore radieuse, on entend partout, sous l'odorante feuillée, les jolis chardonnerets et les friquets, amis des saules, ainsi que d'autres musiciens ailés qui font redire aux échos d'alentour leurs bruyants et joyeux refrains. N'allez pas alors, sous la verte ramée, interrompre leur douce symphonie. Dans le ciel bleu, sous le feuillage, laissez chanter les petits oiseaux.

Enfants, laissez sur les branches en fleurs folâtrer la fauvette, le pinson et le rossignol Lorsqu'ils jettent leur mélodie au sein du vallon enchanteur, les mères tendres et fidèles échauffent, sous leurs ailes, leurs œufs perlés et délicats. Bientôt, viendront de nouvelles familles qui charmeront l'aubépine aux luisants rameaux. Dans le ciel bleu, sous le feuillage, laissez chanter les petits oiseaux.

Vous ignorez donc, bandes ravageuses, que les petits oiseaux font le luxe et la beauté des vergers d'oliviers et des marais où croissent les roseaux? Vous ignorez donc que le moineau toujours vorace, fait, dans nos jardins, la chasse aux chenilles et aux vermisseaux, depuis l'aurore jusqu'au crépuscule? Pour quelques fruits qu'il vient nous gaspiller, n'allez pas, dans le vallon, lui tendre malicieusement vos réseaux. Dans le ciel bleu, sous le feuillage, laissez chanter les petits oiseaux.

Lorsque le rouge-gorge fait entendre sa chansonnette sur la haie du jardin, de grâce, ne mettez pas votre fusil en joue ; ce gentil petit oiseau qui va et vient sur les branches est un joyau que Dieu nous a envoyé. Lorsque la bergeronnette sautille, laissez-la suivre les agneaux. Dans le ciel bleu, sous le feuillage, laissez chanter les petits oiseaux.

Laissez, perchés sur les branches les bruants des prés avec les cochevis ; n'effarouchez jamais la mésange bleue ; ne poursuivez pas le bruant des haies, le motteux, ni la petite fauvette, lorsqu'ils reposent dans les buissons de l'aubépine ; qu'ils tiennent toujours, dans la plaine et sur la montagne, leur séance musicale. Dans le ciel bleu, sous le feuillage, laissez chanter les petits oiseaux.

La gent ailée des petits oiseaux fait la joie du jardinier ; pendant son travail, c'est avec plaisir qu'il entend son chant de bonheur, il la voit sautiller dans les sillons becquetant et détruisant les pucerons qui rongent les jeunes plants. Ah ! respectez donc les petits oiseaux, des treilles ils défendent les bourgeons. Dans le ciel bleu, sous le feuillage, laissez chanter les petits oiseaux.

Sans les oiseaux chanteurs, la campagne et les arbres des monts seraient muets aux beaux jours du printemps ; l'eau du ruisseau, limpide et superbe, chanterait seule sous la mousse. Plus de chant, plus d'hymne de bonheur ! O dénicheurs ! aux brindilles n'arrachez plus leurs blancs berceaux. Dans le ciel bleu, sous le feuillage, laissez chanter les petits oiseaux.

LXIX
CAÏUS MARIUS.

En l'an 103 avant Notre-Seigneur, au nord des pays occupés aujourd'ui par les Prussiens, sortit une masse de peuples, qui, sous le nom de Cimbres, de Teutons et d'Ambrons, inondèrent l'empire romain.

Ils étaient plus de 300,000, et traînaient après eux leurs femmes et leurs enfants sur des chars. Les premières armées qu'on envoya contre eux furent écrasées. Comme les Prussiens de nos jours, ils abîmaient tout sous leur masse et détruisaient tout sur leur passage. Dans ce moment de péril devenu si pressant, Rome, pour se sauver, fut heureuse d'avoir Marius.

Le consul Caïus Marius était un homme patient, dur et indomptable. Dans l'Afrique, il s'était habitué aux guerres les plus pénibles en combattant contre l'arabe Jugurtha. Quand il sut que les Teutons venaient sur la Provence, il conduisit son armée et la mit en embuscade sur les bords du Rhône ; il établit son camp dans les Alpines, et pour accoutumer ses soldats à la fatigue, il leur fit creuser un canal *(canal de Marius)* qui, traversant la Crau, joignait le Rhône avec la mer. De cette manière il évitait le gras, où les bancs de sable empêchaient la navigation (c'est la même raison qui, dans notre siècle a fait creuser le canal de Bouc, et celui de Saint-Louis) ; et par Rhône, et par la mer, il pouvait s'approvisionner de tout ce qui lui était nécessaire.

Les barbares innombrables, hurlant comme des loups, arrivèrent enfin. Mais Marius voulut habituer ses troupes à l'aspect sauvage, aux railleries et à l'arrogance des Teutons ; attaqué, harcelé, raillé, il refusa le combat et les laissa défiler, tant qu'il y en eût sous les murs de son camp.

Nous allons à Rome, criaient-ils aux Romains ; ne voulez-vous rien envoyer à vos femmes ? Et pendant six jours consécutifs, ils passèrent à rangs pressés. Or, quand ils eurent passé, notre capitaine plia bagages, et les suivit par une autre route jusqu'au territoire d'Aix.

Les Teutons se répandirent du côté de la ville, et les romains allèrent camper un peu plus bas, dans un endroit sûr et fortifié. La rivière de Lar séparait les deux armées..... Tout d'un coup l'impatience s'empara des Provençaux (ou des Ligures) campés avec Marius, et la bataille s'engagea, une bataille immense, acharnée, affreuse, une bataille de trois jours et de six lieues d'étendue, où les femmes des Barbares se battaient avec rage ; et les Ligures, alliés des Romains, firent un tel massacre de ces bandes sauvages que les cadavres, dit Plutarque, engorgèrent la rivière : les Marseillais, avec les ossements des morts, eurent de quoi faire des barrières à leurs vignes, — et de leur substance la terre demeura longtemps engraissée.

Deux cent mille ennemis furent passés au fil de l'épée ; le reste se perdit ou fut mis en esclavage. Le grand homme de guerre rendit grâces aux dieux : la civilisation latine était sauvée.

II

Aussi, Marius est immortel pour la Provence, et c'est le nom le plus vivant de toute notre histoire. Le nom de Marius est, dans notre pays, un des plus répandus, et hors du Midi, toutes les fois que vous rencontrez un homme portant le nom de Marius, vous pouvez dire qu'il est d'Aix, de Marseille ou des environs.

Sans compter les pierres écrites qui retracent ce nom, allez à Saint-Rémy, et demandez aux paysans quelles sont ces statues qui surmontent les Antiques. Tous vous répondront : c'est Caïus Marius. A Orange, informez-vous de son arc-de-triomphe ; on vous dira simplement : c'est l'arc de Marius.

A Ventabren, on vous montre la *colline de Marius*, et à Jouque la *fontaine de Marius*. Près d'Aix, nous avons Meirueis, qui est en latin *Mariolum*, avec Meirargue, qui est *Marianica*. Dans les Alpines, Val-Meirane *(vallis mariana)*, Meirane, dans la Crau, et le mont Mariet, à Fos, sont autant de vestiges du général romain. Fos lui-même se trouve juste placé à l'endroit où les *Fossæ Marianæ* se jetaient dans la mer.

On attribue aussi à Caïus Marius la levée qui sépare l'étang de Berre de celui de Marignane, et qui se nomme le *Caiéu*. En provençal, du reste, on nomme *caiéu* toutes les terres qui renferment des tuiles antiques et des ruines romaines.

Le mont surtout qui vit à ses pieds le grand évènement, le puy Sainte-Victoire (*mons Victoriæ* dans les chartes) proclame sans cesse la victoire du grand consul. Enfin, le lieu du carnage, celui-là même où ont pourri les cadavres Teutons, se nomme aujourd'hui Pourrière.

A la plaine de Très, près de Pourrière, dans un endroit appelé le quartier du *Triomphe*, on peut voir les restes du monument de gloire élevé par Marius. Claude Brueys, en parle :

> De la victoire des romains
> Naquit le triomphe de Pourrière.

Selon les anciens historiens, le trophée tout entier se voyait représenté sur une tapisserie des seigneurs de ce pays. C'était une pyramide, couronnée par un groupe de trois guerriers qui portaient un bouclier sur la tête, et sur le bouclier se dressait le capitaine triomphateur. Le dessin du monument est aussi conservé dans les armoiries de Pourrières ; et de là vient le proverbe : *Ce sont les armoiries de Pourrières, ils sont trois pour porter une tuile*, qui se dit quand les gens se mettent en fatigue pour faire peu de chose.

LXX

LA MER.

Pourquoi nous fatiguer de tes clameurs mélancoliques, mer tempétueuse, pourquoi d'une âpre symphonie battre sans fin le rivage qui t'enserre ? Tu nous feras donc toujours entendre ta plainte monotone ; tu ne nous laisseras donc, éternelle grondeuse, jamais un moment de repos ?

Pourquoi heurter terriblement ta poitrine gigantesque au flanc des falaises ? Tu n'as pas encore pu mordre seulement l'écorce de leurs murailles endurcies ; et, dans l'horreur de vos luttes ardentes, ton corps se déchire, ô mer, et ton sang, comme une écume bouillonnante, ruisselle sur ton sein.

Pourquoi, sans pitié, meurtrir le rivage par de farouches baisers ! Le sang coule de mille plaies rougies et se perd dans les abîmes... Autrefois, du martyr, la flamme vive léchait ainsi le corps dépouillé, jusqu'à ce qu'elle atteignît l'âme dans un embrassement d'enfer.

O mer ! que t'a fait la terre pour lui déclarer ainsi une guerre opiniâtre ? La terre, n'est-elle pas comme toi fille du Tout-Puissant ? Faut-il, pour rassasier ta rage de démon, l'horreur et les angoisses d'un éternel combat, et la mort de tout ce qui est vivant ?

Où tu as passé, tu as imprimé la ruine comme un sceau mystérieux ; contre cent villes, jeunes encore, tu as ammoncelé tes sables dans un assaut furieux ; sur le rivage, où ravies elles débordaient de prospérité, tu as déployé ton linceul, étouffant toute vie avec l'amertume de ton sel.

Malheur à l'homme hardi dont la main te caresse les flancs ! Sûrement, le regard nonchalant des tigresses, qui fuient invisibles dans les forêts sombres, serait moins traître, ô mer cruelle, que ton velours azuré, manteau éblouissant, qui de ses grands plis recouvre un cercueil.

On dit qu'à Florence, jadis, une lionne qui, échappée aux gardiens, indomptable et féroce, portait la terreur, rendit un enfant aux gémissements de sa mère... Et toi, de combien de femmes, avec ton rire sauvage, tu as bu les larmes, monstre toujours hurlant de faim !.. . . . .
. . . .

Toute la création obéit à la loi souveraine : la forêt, la montagne, la plaine, l'étoile et le soleil s'inclinent docilement devant ta loi,

Seigneur ! toi seule, ô mer, te révoltant, tu enfles ta poitrine de rage et d'orgueil farouche.

Pourquoi mêler ton râle au concert de l'harmonie éternelle ? Pourquoi importuner de tes pleurs le malheureux qui sommeille sur ton rivage ? Es-tu une voix prophétique de l'autre monde pour nous rappeler, comme dans l'ancienne Rome, que nous sommes nés pour la douleur ?

Quand la terre et le ciel, à nos lèvres en feu, d'un délice d'amour présentent le calice, quand les cœurs se gonflent de sève printanière, et qu'aux rayons ardents de l'astre qui resplendit bondissent affolés d'un étrange délire, et qu'un plaisir mortel mord,

Tel qu'un mugissement de vent, ô mer, alors une voix monte de tes abîmes, voix formidable et sombre qui gèle la moelle et nous crie : Travail, et peine, et lutte, et mort ! Et les têtes craintives s'inclinent, et la terre à ta voix impitoyable se blottit folle d'effroi.

O mer, je veux dormir ! laisse, laisse tes ondes s'apaiser ! le ciel là-haut s'inonde de rayons, la campagne verdoie et les oiseaux chantent : Laissez-nous rêver jusqu'au soir... nous n'avons pour rêver qu'une journée devant la grande nuit du tombeau !

LXXI

SON HIRONDELLE.

Tout fleurit et tout chante ; voici le printemps : son hirondelle revient, heureuse et fidèle.

Mais triste, elle s'arrête devant la fenêtre ; elle recherche la jeune fille, elle l'appelle, croyant qu'elle se cache.

O bonne Antoinette ! s'écrie l'oiseau dans son langage, viens entendre le récit de mon voyage si beau.

Tu apprendras, fillette, que cette année du moins, aucune des peines et des amertumes d'autrefois ne m'inquiète.

Les réseaux du chasseur ne m'ont pas effrayée, l'étoile de la marguerite est fleurie dans le pré.

La jeune fille, aux cheveux blonds, a retrouvé sa mère ; je n'ai vu que rires, caresses, délices, allégresse et baisers.

Tu sais combien je t'aime sous ton ciel bleu : si je reviens toujours, c'est que je me souviens de toi.

Notre essaim noir disparaît au loin ; mais, près de toi, je demeure, ma sœur, pour t'offrir mon nid.

Où as-tu mis la bourre et le fin coton que, chaque année, ta main ramasse pour ma couvée ?

Voyons, jusques à quand te cacheras-tu là-haut ? Si tu fais la muette, je m'en vais !...

Et la fenêtre s'ouvre lentement... devant le petit oiseau, une ombre se penche et dit :

Hirondelle, va loin d'ici déposer tes œufs. Ton amie n'est plus, et sa mère porte son deuil !

Notre belle vierge, notre seul trésor, notre prodige de douceur, dort au cimetière.

La terre la recouvre, vas-y, charmant oiseau ; raconte-lui, dans ton langage, ton voyage si beau.

Elle dit, l'ombre silencieuse disparut lentement... l'oiseau chéri s'en va.

Envoi.

Depuis, l'hirondelle qui t'aimait tant, ô bonne Antoinette ! sur ta tombe, hélas, se lamente.

LXXII

LE DÉPOUILLEMENT DES COCONS.

C'est le jour où l'on dépouille les cocons. Dans la maison tout est en émoi ! Le coq a chanté à peine, et toute la maisonnée est à l'ouvrage.

Heureux, le nourrisson tressaille : on lui a mis sa plus belle robe ; et, le long de ses épaules, en petites tresses se déroule l'or de ses frisons.

Il fait la joie des travailleuses : toutes, toutes de l'appeler ! toutes, toutes de baiser ses belles joues qui rient.

L'aïeul en pleurant lui sourit, et lui dit : *Viens ! viens !* et l'embrasse ! Et puis, cherchant le rameau de genêt le plus doré, il le lui donne et lui dit :

« Tiens, mon sang ! porte à Notre-Dame la fleur des cocons de
« cette année : tu la prieras de bénir ton aïeul, tu lui diras de
« protéger ton âme. »

Alors l'enfant, le gentil enfant répond au vieillard en souriant... Petit saint Jean, en vérité, tu as cette grâce, aux pieds de Dieu.

Il tient son rameau (de cocons) comme un rameau de Pâques-fleuries. Il est joli, joli comme un *œuf*... Il part, ses pieds effleurent à peine le sol, et partout où il passe, on le fête ;

Et il court, son offrande à la main ; avec l'air jouent ses longs cheveux. Et, jalouses, toutes les mères le baisent en passant.

Le voilà dans la chapelle sainte de Notre-Dame-de-Pitié : un vol d'anges est à côté de lui. La Vierge l'appelle et le regarde avec amour.

Il se dresse, et dépose ses cocons roux sur l'autel de Notre-Dame... Et il la prie, et son œil s'enflamme... Mère de Dieu, comme il est heureux !

Sa petite bouche ressemble à une rose. Et quels grands yeux !

À genoux et les mains jointes, beau nourrisson ! il fait envie aux anges eux-mêmes !

Vierge, défendez cet enfant. Gardez-le toujours, ô Vierge bénie ! Sur les épines de sa vie, jetez des fleurs à mains pleines.

De lui ayez toujours souvenance, abritez-le dans votre amour ; chaque jour donnez-lui son pain : la foi, l'amour et l'espérance.

Les pieds saignants, quand il sera las, par pitié ! ô Marie, donnez-lui le nid charmant de la famille, et pour consolation, ses baisers tendres.

LXXIII

LA SAUGE.

N'avez-vous jamais ouï dire : *Qui de la sauge ne prend, de la Vierge ne se souvient point ?*

Je suis assuré que si. Et d'où vient ce dicton ? Un jour à la veillée, ma pauvre mère grand me conta ceci, et je vais aussi vous le conter.

Les bourreaux du roi Hérode fouillaient, furieux et couverts de sang, les maisons de Bethléem, pour massacrer les enfants à la mamelle. La Vierge Marie, plus morte que vive, pauvrette ! courait, pendant ce temps-là, les montagnes de Judée ; et pressant son fils sur son cœur tremblant, elle fuyait les bourreaux.

Saint Joseph, dans la plaine, demandait, de mas en mas, l'hospitalité, que personne ne voulait lui donner.

Et voilà que soudain des hurlements de mort vinrent transpercer le cœur de la Mère de Dieu. Alors, elle se retourne, et que voit-elle ? Elle voit, là-bas au loin, les soldats d'Hérode courant après elle.

Aïe ! aïe ! aïe ! où se cacher ? Pas de caverne dans le roc qui puisse l'abriter !

C'est alors qu'elle vit près d'elle une rose qui s'épanouissait : Rose, belle rose, lui dit-elle, épanouis-toi bien, et abrite, avec tes feuilles, et le pauvre enfant que l'on veut faire mourir, et sa pauvre mère, qui est quasi morte.

La Rose lui dit : Passe vite, passe ton chemin, va ! car les bourreaux, en me frôlant, pourraient me salir. Il y a là, tout à côté, la giroflée : va lui dire de t'abriter, et peut-être t'abritera-t-elle.

Giroflée, giroflée jolie, lui dit Marie, épanouis-toi bien, et abrite, avec tes feuilles, et le pauvre enfant, que l'on veut faire mourir, et sa pauvre Mère, qui est quasi morte !

La giroflée lui dit : Passe vite, passe ton chemin ; je n'ai pas le temps de t'écouter, car il faut que je me fleurisse. Il y a là, tout à côté, la sauge. La sauge a toujours été le refuge des pauvres gens.

Sauge, brave petite sauge, épanouis-toi bien, et abrite, avec tes feuilles, et le pauvre enfant, que l'on veut faire mourir, et sa pauvre mère, qui est quasi morte !

Et tant s'épanouit la brave petite sauge, et tant elle élargit ses feuilles et ses fleurs qu'elle en abrita l'enfant Dieu et sa mère.

Et quand passèrent les bourreaux, la mère frissonnait, et l'enfant Dieu lui souriait. Et les bourreaux s'en allèrent comme ils étaient venus. Et quand ils furent partis, Marie et Jésus sortirent de leur refuge.

Sauge, sainte sauge, grand merci ! dit la mère.

Et la Vierge caressa de la main la plante compatissante, et la bénit.

Et puis, saint Joseph rejoignit Marie et Jésus, avec un âne qu'un brave homme lui loua ; et Marie monta sur l'âne. Et Michel, l'archange de Dieu, dévala de là-haut pour leur tenir compagnie et leur indiquer les plus courts chemins. Et tout doucement ils s'en allèrent en Egypte.

C'est depuis lors que la sauge a tant de vertus, depuis lors qu'on dit en Provence : *Qui de la sauge ne prend, de la Vierge ne se souvient point.*

LXXIV

L'ARRIVÉE DES MOISSONNEURS.

Nous étions au temps où les terres ont leurs récoltes mûries : il se trouve que c'était la veille de la Saint-Jean. Dans les sentiers le long des haies, déjà, par nombreuses compagnies, les *tâcherons* de la montagne venaient, bruns et poudreux, (pour) moissonner nos champs ;

Les faucilles en bandoulière, dans les carquois de figuier, accouplés deux par deux ; chaque couple amenant sa lieuse (de gerbes). Un galoubet, un tambourin orné de nœuds de rubans, accompagnaient les charrettes, où, las du chemin, les vieillards étaient couchés.

Et, en longeant les touzelles qui, sous le vent qui les bat, ondoient à grandes vagues : « O mon Dieu ! les beaux blés ! quels blés touffus ! disaient-ils ensemble Voilà qui sera beau à couper ! Voyez comme la bise les trousse, et aussi comme en l'air ils se redressent vite ! »

Voici qu'Ambroise se joignit à eux. « Sont-ils tous prêts comme ceux-là, vos blés de Provence, aïeul ? » dit soudain un des jeunes. « Les froments rouges sont encore en retard ; mais si le temps venteux vient à durer, vous verrez les faucilles manquer au travail.

« Remarquâtes-vous les trois chandelles, à la Noël ? elles semblaient des étoiles ! Rappelez-vous, enfants, qu'il y aura du grain par bénédiction ! » « Dieu vous entende, et dans vootre grenier le dépose, bon aïeul ! » Entre les saules, avec le bûcheron les moissonneurs,

Pendant qu'ils s'avançaient, bonnement devisaient ainsi. Et il se trouve qu'au Mas des grands Micocouliers aussi venaient les moissonneurs. Maître Ramon, en promeneur, de l'impétueux mistral qui égrêne (les épis) venait voir cependant ce que disait le blé.

Et de la plaine couverte d'épis il traversait (l'étendue) jaune, du nord au midi, à grands pas ; et les blés fauves : « Maître, murmuraient-ils, c'est l'heure ! voyez comme la bise nous incline, et nous verse, et nous défleurit.. Mettez à vos doigts les doigtiers de roseau ! »

D'autres ajoutaient : « Les fourmis déjà nous montent aux épis ; à peine caillé, elles nous arrachent le grain... Les faucilles ne viennent point encore ? » Par là-bas dans les arbres le chef tourna les cils, et son œil par là-bas les découvre aussitôt.

Dès que parut l'essaim, tous dégaînèrent les faucilles, et dans l'air au soleil ils les faisaient resplendir, et sur la tête les brandissaient, pour saluer et faire fête. Mais, à la troupe agreste, du plus loin que Ramon put se faire ouïr :

« Bienvenus soyez-vous, toute la bande ! leur cria-t-il ; le bon Dieu vous envoie ! » Et bientôt de lieuses il eut une ronde nombreuse autour de lui : « O notre maître, touchez donc la main ! Bien-être puisse-t-il avec vous être à jamais ! Y en aura-t-il, des gerbes, à l'aire, cette année, Sainte Croix ! »

« Il ne faut pas juger tout par la mine, mes beaux amis ! Quand par le boisseau aura passé l'airée, alors de ce qu'elle tient nous saurons le juste. Il s'est vu des années qui promettaient une récolte à rendre vingt (hémines) par *héminée*, ensuite elles en rendaient trois !... Mais soyons satisfaits ! »

LXXV

BALLADE DE LA CATALOGNE.

A un enfant de la Catalogne, à un jeune artisan qui ne boude jamais à l'ouvrage, le métier, pour lui voir le front haut, nuit et jour, fait entendre ce bruit :
Tric-trac, tric-trac !
A la machine qui polit, tisse ou file, vient ou va,
Tric-trac, tric-trac !
Il répond par des chants qui l'excitent au travail.
Un jour que le vent d'hiver soufflait, la Catalogne dit à son fils : Enfant, tu vois que je suis pauvre, tu le vois bien ; le fils répondit : Mère, j'irai gagner le pain.
Tric-trac, tric-trac !
Il arrosa la navette de sa sueur, pauvret ; et le pain, pour deux, fut vite gagné.
Tric-trac, tric-trac !
Catalogne, mère sainte, je veux te couvrir d'un manteau, et je

ne te verrai plus trembler du froid qui te saisit ; le tisserand parle ainsi à sa mère, et il chante :
 Tric-trac, tric-trac !
 Les fabriques retentirent, et il va lui apprêter en tissant :
 Tric-trac, tric-trac !
Une mante magnifique et son immortalité.
 Un jour, la Catalogne puissante dit au mont, dit à la mer : il faut que tôt ou tard je vous dompte : elle donne la houe au paysan, elle donne des rames au marin,
 Tric-trac, tric-trac !
 Et, battant l'onde salée, et le sol pierreux en lignes régulières,
 Tric-trac, tric-trac !
Elle tire du roc un champ d'épis : elle tire un sceptre de l'abîme...
 La Catalogne voit un jour les étrangers sur ses terres, et, dans sa poitrine, bouillonne le sang de ses guerriers ; ses fils vont la défendre,
Ses fils retournent au travail.
 Tric-trac, tric-trac !
Ainsi tantôt navigant, tantôt se mettant à l'œuvre en chantant,
 Tric-trac, tric-trac !
Elle a conquis son indépendance et tissé sa liberté.
 Catalogne pour te faire belle et riche, la vapeur crie et s'agite ; tournes tes fuseaux, nuit et jour ; si tes beautés ont de la valeur, tes vertus valent plus encore !
 Tric-trac, tric-trac !
 N'en perds jamais la mémoire, car, si tu les oublies, hélas !
 Tric-trac, tric-trac !
 Tu ne trameras point le tissu de ta gloire, mais la toile de ton suaire.

LXXVI

INVASION DE CHARLES-QUINT.

I

La lecture de l'histoire est l'enseignement des peuples : il n'y a point de temps qui ne revienne, et l'exemple du passé doit servir à nous instruire. Lisons donc cette belle page de l'histoire de Provence.

En l'an 1536, le célèbre Charles-Quint, empereur d'Espagne et d'Allemagne, était en guerre avec le roi de France ; il envahit notre Provence afin de s'emparer, si c'était possible, du royaume d'Arles.

Le 21 juillet il entrait à Nice avec 40,000 cavaliers et 40,000 fantassins. Il était accompagné du duc de Savoie, et d'une foule de princes et de généraux qui combattaient sous ses ordres ; en même temps une flotte redoutable, commandée par le fameux amiral **Doria**, côtoyait les bords de la mer en les ravageant.

— 47 —

François Ier s'était campé sûrement dans Avignon, protégé par le confluent du Rhône et de la Durance, pour y attendre les armées allemandes ; mais, forcés comme nous l'étions de nous défendre seuls, la position de la Provence était extrêmement critique.

Néaanmoins, le patriotisme de nos pères s'éleva soudain à la hauteur du péril !

II

Les Provençaux, afin d'affamer l'ennemi, brûlèrent tout depuis le Var jusqu'au Rhône : blé, avoine, fourrages, greniers, provisions et denrées, tout devint la proie des flammes. Les fours et les moulins furent démolis, les fermes dévastées, les villages abandonnés, et les populations ne gardant que le nécessaire se retirèrent dans les villes, les forteresses et les montagnes ; de sorte que l'empereur après avoir passé le Var, ne trouva qu'un pays vaste et nu comme la main avec les paysans qui, de derrière les haies ou du haut des rochers, décimaient ses soldats. Les Allemands furieux embrasent les bois de pins et brûlent ainsi une foule de femmes et d'enfants qui s'y étaient réfugiés.

III

C'est alors qu'un arlésien, le seigneur de Château-Neuf et quatre nobles chevaliers, Albod, Balb, Boniface et Escragnole se rendirent immortels par la prouesse suivante, digne de Léonidas. Ayant appris que l'empereur allait passer au Muy, ces cinq patriotes héroïques, accompagnés de quinze légionnaires et de trente paysans allèrent s'enfermer dans une vieille tour qui dominait le chemin, résolus à sacrifier leur vie et à tirer sur Charles-Quint, au moment où il passerait.

Or, voici qu'un personnage de fort belle apparence et fièrement drapé dans un manteau écarlate, s'avance à cheval, suivi d'autres seigneurs qui semblaient l'escorter. Nos braves provençaux le prennent pour le roi, déchargent sur lui toutes leurs arquebuses et l'étendent raide mort. Ils s'étaient trompés : car, c'était un capitaine, nommé Garcia Lazzio. Ses compagnons, brûlant de le venger s'élancent tous ensemble à l'assaut de la tour ; une nouvelle décharge de nos assiégés en couche la moitié sur la poussière. Enfin l'empereur, averti de ce hardi coup de main, fit canonner la tour et les cinquante provençaux furent massacrés.

IV

Fréjus et Draguignan se rendirent, Brignoles fut pillé, Saint-Maximin, incendié, et enfin le 9 août, l'empereur Charles-Quint fit son entrée à Aix, fier et glorieux comme s'il eût conquis l'empire. Le lendemain il se rendit avec sa cour à l'église de Saint-Sauveur et se fit couronner roi d'Arles et de Provence par l'évêque de Nice qui l'avait accompagné. Il distribua ensuite les fiefs et les dignités de la couronne d'Arles, il érigea quatre duchés, quatre principautés, quatre marquisats et partagea ainsi, comme s'il le tenait, notre pays entre ses soldats. Mais il en était encore à la lune de miel.

En peu de temps la famine se fit sentir dans son armée campée dans la plaine d'Aïane. Quand les lansquenets voulaient s'écarter pour aller chercher des vivres, les hommes du pays, embusqués sur le bord des routes, en tuaient tant qu'ils pouvaient et les milices provençales, tout en évitant les grandes rencontres, les harcelaient sans cesse et leur faisaient un mal incalculable.

Les impériaux voulurent essayer de prendre Arles et Marseille, mais ils furent honteusement repoussés par les longues couleuvrines de Sainte-Paule et des Arènes. Fatigué par cette guerre de partisans, épuisé par le manque de vivres, ce grand empereur d'Espagne d'Allemagne, de Flandre et de Sicile, battit en retraite harcelé et suivi de nos paysans; il repassa le Var, le 24 septembre, après avoir perdu les deux tiers de ses soldats et de son artillerie.

LXXVII

LE PAUVRE.

Il faisait froid ; le mistral grondait, les dernières feuilles tombaient : tout mourait dans les champs. Plus de fleurs dans les prés... Quelle tempête ! Un vieillard cheminait. D'où venait-il, où allait-il, le pauvre vieux déguenillé ? Malheureux, il pleurait à la porte des *mas*, disant : Ouvrez, j'ai faim ! ayez pitié de moi ! un morceau de pain, au nom de Dieu !

Et le Pauvre entrait dans les *mas* ; et pour lui l'on attisait le feu, pour lui sur la table la nappe était étendue... Le vieux parlait du paradis, et son œil bleu étincelait... Et l'on ouvrait toujours le *mas*, quand, sur le seuil, le saint homme pleurait, disant : Belles âmes, ayez pitié de moi. Un morceau de pain, au nom de Dieu !

Et le feu joyeux pétillait, et le vieux Pauvre se chauffait. Et l'enfant de la maison, vite, vite, à ses genoux, petin lutin, se suspendait ; vite, avec grâce il lui demandait des baisers et des contes. Ah ! les mères ouvraient la porte, quand pleurait le bon vieux, disant : Ayez pitié de moi ! un morceau de pain, au nom de Dieu !

L'enfant jouait avec sa barbe, et l'aïeul baisait, baisait les joues de l'enfant et son front blanc. Et quand, parfois, le vieux contait un conte d'autre temps, il allait toujours de plus beau en plus beau. Aussi, l'enfant souriait-il quand le Pauvre pleurait, disant : (Donnez-moi) quelque chose ! Ayez pitié de moi. Un morceau de pain, au nom de Dieu !

Aussi, quand le vieux s'en allait, l'enfant boudait dans un coin. Le gentil vieux prenait sa besace et son bâton, sa gourde emplie, et il priait... avec sa main tremblante, il donnait la bénédiction... Puis, sur un autre seuil, le brave homme pleurait : Belles âmes, disait-il, prenez pitié de moi ! Un morceau de pain, au nom de Dieu !

Et Dieu, qui aime les pauvres, aimait le *mas* où le vieux mangeait le pain que bénit la charité sainte, le *mas* qui souvent l'abritait ; et, de là-haut, le bon Dieu envoyait, dans l'année, prospérités nombreuses, à qui faisait du bien à l'aïeul disant éploré : (Donnez-moi) quelque chose. Ayez pitié de moi ! un morceau de pain, au nom de Dieu !

Il faisait froid ; le mistral grondait, les dernières feuilles tombaient. Tout mourait dans les champs. Pas une fleur dans les prés. Sur le verglas un vieillard chancelait. Par un pareil vent du nord, où allait-il, le pauvre vieux déguenillé ? Au seuil d'un château l'infortuné pleurait, disant : Belles âmes, ayez pitié de moi ! Un morceau de pain, au nom de Dieu !

C'était un château éblouissant : un riche y était en goguaille ; heureux il se reposait voluptueusement sur ses coussins de soie. Il venait de manger, et sommeillait. Le cri du pauvre l'importunait. Le riche disait en sommeillant : Je lâche mes chiens !.. Et le Pauvre pleurait, disant : J'ai faim ! ayez pitié de moi ! Un morceau de pain, au nom de Dieu !

Je passai là, et le château brûlait, le feu du ciel le dévorait. J'ouïs des cris... le riche était dedans. Et sur le palais qui craquait s'acharnait le vent du nord. Malheur ! on avait lâché les chiens ! Tombez à genoux : le Pauvre qui pleurait, disant : **Ayez pitié de moi !** à genoux !... c'était le bon Dieu !

LXXVIII

BERCEUSE.

« Dodo-dodo, petit enfant... » C'est une mère qui à son (enfant) criard faisait ainsi, balançant son lit ; puis lui disait encore : « Dodo, *pecaire !*

» Dodo-dodo, petit enfant, dans ton berceau.. L'ange, qui vole là sur toi, dit : « T'a-t-on battu ? » Entends-le, têtu, te consoler.

» Dodo-dodo, petit enfant... Ton aînée, Marguerite, vois comme elle dort. Un songe d'or berce son cœur, blonde petite fée.

» Dodo-dodo, petit enfant... Dis-moi la chose qui est la cause de tes pleurs : Est-ce le rat que tu entends ronger la vieille dalle ?

« Dodo-dodo, petit enfant... Ou dans la jarre, où il glapit, le fin lutin, léger nain, qui du grand-père cache la savate ?

» Dodo-dodo, petit enfant... Et boit la tisane qui est sur la table du vieux malade, puis de la maison sort sans clef et sans loquet ?

» Dodo-dodo, petit enfant... Est-ce la lampe qui jette en haut le tourbillon d'une noire fumée, à la longue plainte de la bise ?

» Dodo-dodo, petit enfant... Ou le hibou, louche et trapu, criant là-haut comme un démon, qui de Simon a dérobé l'huile ?

» Dodo-dodo, petit enfant... Quelle est la chose, l'obstinée, qui ose te faire frayeur ? Je la gronderai et lui dirai : Chut ! qu'il repose.

» Dodo-dodo, petit enfant... Mais rien ne bouge ; alors donc ferme, ferme ton œil bleu, qui à Gabriel, l'ange du ciel, fait envie.

» Dodo-dodo, petit enfant... Ferme-le, ferme-le, et bientôt, bientôt, tu seras au ciel... Tu y voleras et joueras de la lyre.

» Dodo-dodo, petit enfant.. Mais, chut ! il se calme ; voyez, il se tait mon bel enfant, ma soif, ma faim, mon cœur, mon sang !... Déjà il rêve... »

Il fait son dodo le petit enfant... Alors la mère au beau criard fait un baiser, et, le cœur gai, elle va, à son tour, dormir, *pecaire*.

LXXIX

MAITRE COLAS ET SES TROIS FILS.

I

Le brave Maître Colas, déjà avancé en âge, mais qui, pourtant, exploitait encore une importante métairie, et l'exploitait bien, car elle était sienne, rencontra, en revenant du village, un dimanche après vêpres, son plus jeune fils Mathieu, (je dis jeune, bien qu'il eût dix ans de mariage) :

— Comment allons-nous, père ?

— Bien. Et toi ?

— Le mieux possible.

— Et la bru ?

— Pas mal.

— Et Claude ? et Barthélemy ?

— Ils triturent (le pain) comme des chasseurs !... Que vous dirai-je, père ? Faites-vous voir (au médecin)... vous avez une toux mauvaise.

— Ça n'est rien... je ne suis qu'un peu artisonné.

— Depuis assez longtemps je vous le dis, vous êtes d'âge à ne plus rien faire. Ah ! père, si j'étais vous ! comme je me débarrasserais vite de mon bien, et le baillerais vite à mes garçons, par portions égales ; eux travailleraient, et je les regarderais (faire).

— Et moi, dit le vieillard, quand j'aurais la fringale, je danserais devant l'armoire. Et, au bout du mois, *je serais mort*. Ah ! je ne suis point si sot.

— Mais, nous vous hébergerions ! Et plût au bon Dieu que cela durât ! vous nous prenez donc pour des Bohémiens ? Des plus fins morceaux, père, nous vous nourririons. Allez ! pour que vous eussiez toujours mine brillante, pour que rien jamais ne vous manquât, la nuit même, s'il en était besoin, nous serions trois à travailler.

— C'est bien dit, cela, mon enfant ! répondit le père. Dieu t'a mis dans la poitrine un cœur d'or Avec un cœur pareil, jamais on ne vire du mauvais côté... Vous êtes bons travailleurs tous les trois : c'est clair !.... J'y songerai, cette nuit : la nuit porte conseil. Je verrai. Il m'est avis que cela peut se faire, et que vous vous en trouveriez bien, vous, et moi aussi. Touche là. Je vous attends dimanche. Venez au *mas*, toi et tes frères.

II

Ils furent vite sur pied, le dimanche matin. Pour arriver plus tôt, ils chaussent souliers minces, et tous les trois ils partent, la veste sur l'épaule. Ils brûlaient le chemin : vous eussiez dit qu'ils avaient des ailes.

Eh bien ! pourtant, ils s'arrêtèrent vite : en effet, comme ils se partageaient la vigne et le pré, et l'enclos et la métairie, et que chacun voulait s'approprier le plus gros morceau, — insensés ! ils se meurtrirent la face ! ils se déchirèrent la peau !

Finalement, ils arrivèrent en maugréant vers leur père, endiablés et le nez saignant, et trouvèrent sous la treille, reluquant des oisillons que l'on venait d'encager, le bon vieux qui, pour cela, avait mis ses besicles.

III

— Bien le bonjour, père ! Eh ! touchez-nous la main. Quelle belle occupation avez-vous ?

— J'épiais ces oiseaux sur ce saule. Claude, oh ! le voleur ! (comme ils sont les enfants!... ils n'ont aucune pitié !) les a ravis à leur père, à leur pauvre mère, tout juste au moment où ils allaient se quitter : aussi, percent-ils le cœur : entendez-les pépier.. Chut ! la mère vient leur apporter la becquée. Enfants, voyez-la donc, comme elle est affectionnée ! Ah ! quel bien fait une mère ! Elle en fait pour dix. Son aile n'est jamais lasse ; et cherche, cherche la vie des beaux petits innocents ! Elle, que continuellement un rien effraie, aujourd'hui n'est effrayée de rien... Depuis que je suis là, rien elle ne fait qu'aller et venir pour prendre soin de sa nichée. Voilà le père : il est toujours en l'air. Voyez-le voleter à l'entour de la treille. Le voici ! le voilà ! il tourne et vire, l'oreille attentive, et il a l'œil sans cesse ouvert sur toute la famille.

— C'est beau, cela, nous le savons ; mais ce n'est pas nouveau, dit l'aîné Bastien ? Père, à quoi bon tant parler ? Peut-être ferions-nous mieux de régler cette affaire, car enfin, nous ne sommes pas venus .... pour contempler des oiseaux.

— Ah ! voulez-vous du nouveau ? Eh bien ! laissez-moi faire.

Avec un filet le vieillard prend alors la mère, et le père aussi ; il ouvre soudain la porte de la prison en fil de fer, et, *frou !* en pépiant les passereaux s'envolent. C'est à croire qu'un diable les emporte. Où les enfants étaient le vieux met les parents ! et, crac ! la porte de la cage est refermée.

— Eh bien ! qu'arrivera-t-il ? dit Jean, le cadet.

— Vous le verrez, fit Maître Colas, les jeunes apporteront aux vieux la becquée, et leur donneront la pâture. Ils sont assez forts pour le faire. S'ils n'ont pas cette adresse à cette heure, eh ! quand donc l'auront-ils ?

— Saint homme que vous êtes, voulez-vous rire ? Il m'est avis qu'il ne faut pas dire cela. Allons donc ! les vieux pâtiront. Si vous attendez qu'ils viennent, vous attendrez longtemps.

Et nos trois garnements se moquaient de leur père !

— Père et mère alors mourront de la male mort, de la faim ?

— Mais oui.

— Eh bien ! en voilà assez. Cela termine l'affaire. Adieu ! Vous reviendrez une autre année. Mes amis, un père nourrirait cent enfants, cent enfants ne nourriraient pas un père.

LXXX

LA VIERGE DE LA GROTTE.

Voilà la Vierge de la grotte, la Vierge du jardin odorant ; avec ses bras ouverts, avec son beau front incliné, son long manteau noué sur la hanche ; la voilà avec sa blanche robe ! Le frais bocage lui manque maintenant, et pour te plaire, ô jeune fille, elle vient de bien loin.

Bien loin, chez mon frère, vous êtes, vous, la reine du pays, Vierge ! Vous avez un palais de roches plein d'ombre ; vous avez la paix des champs et les arbres pour compagnie ; vous avez la vue des montagnes, leurs dentelures de neige, empourprées au crépuscule.

Les premières flammes de l'aurore, le matin, dorent votre robe ; le grand soleil levant vous revêt de splendeurs ; chacun vous fait sa bienvenue ; vous êtes saluée par le papillon blanc, et toutes les roses émues épanchent leur rosée à vos beaux pieds nus.

Le ciel est en fête avec la terre ; les oiseaux allongent la tête hors des nids berceurs où ils couvent leurs œufs : tout vous bénit, ô Marie ! murmure de vent, bourdonnement d'abeilles... La claire fontaine babille pour vous ; pour vous, tout frémissants, chantent les rossignols.

Voilà la Vierge de la grotte, la Vierge du jardin odorant ; avec ses bras ouverts, avec son beau front incliné, son long manteau noué sur la hanche ; la voilà avec sa blanche robe ! Le frais bocage lui manque maintenant, et pour te plaire, ô jeune fille, elle vient de bien loin.

La ville où l'homme erre comme un fantôme qui effraie, sainte Vierge, à présent sera donc votre séjour ! la ville où, comme en un suaire l'homme est prisonnier dans ses murailles, où les chevaux et les chars écrasent ce qui passe et tonnent jour et nuit.

Dans sa chambrette de jeune fille, allez-vous-en, douce patronne ; là, tempête d'hommes, et cris, et bruits qu'ils font, tout s'apaise : c'est un abri. Et, si la lune, entre les branches, venait, autrefois, baiser vos blanches mains, vous aurez, ô mère, les baisers de sa bouche d'enfant.

Pour vous veiller, bien plus fidèles que les lucioles et les étoiles qui scintillent dans l'herbe et dans le firmament clair et vaste, vous aurez une lampe qui brille, toutes les nuits ; vous aurez, Marie, tout son amour de jeune fille, toute sa gentillesse à parer votre autel.

Des fleurs les plus rares, joie de l'odorat, joie de la vue, elle fera des couronnes à votre image de gypse, ô Reine ! Et pareille à la colombe qui s'épanche et pleure et chante, elle viendra passer de belles heures à prier et à lire devant vous.

Elle est l'amie des poètes provençaux, et sait par cœur tous leurs livres. Quelle âme douce et tendre, et quel esprit fin ! La jouvencelle est souveraine de beauté comme de jeunesse : beauté souvent est amertume... O Marie, gardez la jeune fille de souffrir !

Elle est douce, belle, innocente et point orgueilleuse de ses dentelles ; donnez-lui le bonheur, puisqu'elle a la beauté ! Joie de l'âme et paix du cœur, donnez-lui tout, ô Notre-Dame ! et puisqu'elle vous aime tant, donnez à ses rêves pleine félicité !

Voilà la Vierge de la grotte, la Vierge du jardin odorant ; avec ses bras ouverts, avec son beau front incliné, son long manteau noué sur la hanche ; la voilà avec sa blanche robe. Le frais bocage lui manque maintenant, et pour te plaire, ô jeune fille, elle vient de bien loin.

LXXXI

LE BAILLI SUFFREN.

I

Le Bailli Suffren, qui sur mer commande, au port de Toulon a donné signal... Nous partons de Toulon cinq cents Provençaux.

De battre l'Anglais grande était l'envie ; nous ne voulons plus retourner dans nos maisons avant que de l'Anglais nous n'ayons vu la déroute.

II

Mais le premier mois que nous naviguions, nous n'avons vu personne, sinon, dans les antennes, le vol des goëlands volant par centaines.

Mais le deuxième mois que nous courions (la mer), assez, une tourmente, nous donna de peine ! et la nuit et le jour, nous vidions, ardents, l'eau (du navire).

III

Mais le troisième mois, la rage nous prit : le sang nous bouillait, de ne trouver personne que notre canon pût balayer.
Mais alors Suffren : « Enfants, à la hune ! » Il dit, et soudain le gabier courbé épie au lointain vers la côte arabe...

IV

« *O tron-de-bon-goï !* cria le gabier, trois gros bâtiments tout droit nous arrivent ! » « Alerte, enfants ! les canons aux sabords ! »
Cria aussitôt le grand marin. « Qu'ils tâtent d'abord les figues d'Antibes ! nous leur en offrirons, ensuite, d'un autre panier. »

V

Il n'avait pas encore dit, on ne voit qu'une flamme : quarante boulets vont, comme des éclairs, trouer de l'Anglais les vaisseaux royaux...
A l'un des bâtiments ne resta que l'âme ! Longtemps on n'entend plus que les canons rauques, le bois qui craque et la mer qui mugit.

VI

Des ennemis, cependant, un pas tout au plus nous tient séparés : quel bonheur ! quelle volupté ! Le Bailli Suffren, intrépide et pâle,
Et qui sur le pont était immobile. « Enfants ! crie-t-il enfin, que votre feu cesse ! Et oignons-les ferme avec l'huile d'Aix ! »

VII

Il n'avait pas encore dit, mais l'équipage entier s'élance aux hallebardes, aux vouges, aux haches, et, grappin en main, le hardi Provençal,
D'un souffle unanime, crie : « A l'abordage ! » Sur le bord anglais nous sautons d'un saut, et commence alors le grand massacre !

VIII

Oh ! quels coups ! oh ! quel carnage ! Quel fracas font le mât qui se rompt, sous les marins le pont qui s'effondre !
Plus d'un Anglais plonge et périt ; plus d'un Provençal empoigne l'Anglais, l'étreint dans ses griffes, et s'engloutit.

IX

Les pieds dans le sang, dura cette guerre de plus de deux heures jusques à la nuit. De vrai, quand la poudre n'aveugla plus l'œil,
A notre galère il manquait cent hommes ; mais sombrèrent trois bâtiments, trois beaux bâtiments du roi d'Angleterre !

X

Puis, quand nous revenions au pays si doux, avec cent boulets dans nos bordages, avec vergues en tronçons, voiles en lambeaux,

Tout en plaisantant, le Bailli affable : « Allez, nous dit-il, allez, camarades ! au roi de Paris je parlerai de vous. »

XI

« O notre amiral, ta parole est franche, lui avons-nous répondu, le roi t'entendra..... Mais, pauvres marins, que nous servira-t-il ?

« Nous avons tout quitté, la maison, l'anse (du rivage), pour courir à sa guerre et pour le défendre, et tu vois pourtant que le pain nous manque !

XII

« Mais si tu vas là-haut, souviens-toi, lorsqu'ils s'inclineront sur ton beau passage, que nul ne t'aime comme tes matelots !

« Car, ô bon Suffren, si nous (en) avions le pouvoir, avant de retourner dans nos villages, nous te porterions roi *sur le bout du doigt !* »

XIII

C'est un Martégal qui, à la vêprée, a fait la chanson, en tendant ses tramaux... Le Bailli Suffren partit pour Paris ;

Et, dit-on, les grands de cette contrée furent jaloux de sa gloire, et ses vieux marins jamais ne l'ont plus vu !

LXXXII

IL SE FAIT NUIT.

I

Quand on le descendit de sa croix, quand il fut mis au tombeau dans un suaire neuf, tous ses amis se cachèrent, ils ne parlèrent plus de lui : ils avaient peur.

Et il y en avait deux qui cheminaient tête penchée et le cœur dolent.

Alors, ils n'espéraient plus ; pensifs, ils s'en allaient à leur demeure d'Emmaüs, loin de Jérusalem.

Voici qu'un autre voyageur s'avance vers eux en souriant :

— D'où vient que vous avez l'air tristes leur dit-il, de quel malheur parliez-vous ensemble à voix basse ?

— Toi seul tu ne sais rien ! N'es-tu donc pas de ce territoire ? Où étais-tu avant-hier, quand les hommes de loi ont fait mourir le Saint sur la croix entre deux larrons ? Il rendait la vie aux morts dans les bras de leurs mères ; les pauvres lui disaient :

Mon maître ! mon sauveur ! Nous croyions qu'un jour nous le saluerions roi !

Trois femmes portant des parfums, à la pointe du jour, sont allées à son tombeau. On dit qu'elles n'ont trouvé que son linceul, que la pierre était renversée devant les soldats que la peur rendait muets.

On dit que Magdeleine a fait tressaillir Pierre en criant : Il est ressuscité ! nous l'avons vu ! nous nous sommes précipitées à ses pieds !.. Voilà ce qu'on dit. Pour le croire il faudrait l'entendre, il faudrait le voir, il faudrait toucher ses pieds percés par les clous. Nous l'avons trop bien vu mort : tout est fini pour lui... Déjà les pêcheurs retournent à leurs barques, et nous, nous retournons à la charrue.

— Cœurs endurcis ! dit l'étranger, vous n'avez guère de sens et vous n'avez pas de foi. Lisez mieux les lois, les prophètes, et les psaumes.

Si le Christ a tant souffert, si le Rédempteur est mort, c'est qu'il le fallait. Il ne pouvait pas entrer sans douleur dans la gloire de son royaume...

Avec eux il repassa toutes les prédictions, depuis Adam, le premier père, jusqu'à saint Jean-Baptiste, et il leur fit comprendre la mission du Christ.

— Il n'y a qu'un Dieu qui puisse désarmer la justice divine, il n'y a qu'un innocent qui puisse laver nos vices. Ce sang a payé pour toutes les nations ; ce sang qui répare les désastres du péché. Les peuples seront frères et ne feront qu'un troupeau, ils n'auront qu'un bercail, ils n'auront qu'un Dieu et qu'une foi.

Et pendant qu'il leur parlait, l'un et l'autre sentait que son cœur s'échauffait. Mais déjà l'on voyait les maisons d'Emmaüs. Sur la droite un sentier conduisait au pied d'une colline.

— Nous nous séparons ici, voici votre bourgade ; descendez dans la plaine, je vais sur la montée.

Tous deux, le priant, dirent avec feu : Reste avec nous : il se fait nuit ! les chemins sont mauvais, et il y a beaucoup de larrons ; tu ne trouveras point d'abri pour te reposer : viens dans notre demeure... Nous sommes pauvres, nous avons peu, mais nous donnons de bon cœur le pain que nous avons, *pecaire !* reste avec nous : il se fait nuit !

Avec eux, il resta. Qu'ils furent heureux ! La nuit était sombre quand ils arrivèrent. Vite ils cherchèrent le pain, l'huile, le vin pour les mettre sur la table et ils la chargèrent de leur abondance. L'hôte qu'ils voulaient fêter ne semblait pas de ce monde ; en le voyant seulement, ils ressentaient tant de douceur qu'ils disaient : C'est peut-être un ange du Seigneur !

Il n'eut pas besoin de paroles quand, prenant le pain sur la table, il le leur partagea par moitié. Tout-à-coup, leurs yeux s'ouvrirent ; émus, ils le reconnurent ; il ne touchait plus la terre !... **Ils crièrent : Tu es notre seigneur Dieu, le Christ ressuscité !**

II

Seigneur, nous aussi nous marchons dans les ténèbres. Le bien a peur, le mal déploie sa bannière. On se fait un horrible jeu de te railler !

Partout le ciel s'obscurcit et les arbres pâlissent ; il souffle un vent de tempête, et les nuages s'épaississent : Reste avec nous, il se fait nuit !

LXXXIII

A LA TOUSSAINT.

Tout se flétrit, tout se lamente ; le peuplier jette ses feuilles au mistral ; il plie comme un osier, et craque au grondement du vent de terre.

Plus d'épis dans les champs ; les fourmis ne sortent plus de leurs trous ; l'escargot n'allonge plus ses petites cornes : il s'enferme en sa maison.

Sur l'yeuse, pas de cigale : le froid gèle ses *miroirs* (1) et sa chanson ; l'enfant de la ferme pleure. Plus de mûres ; dans les buissons plus de nids.

Mais un vol de cochevis effrayés monte et piaule dans les nues ; les chiens aboient : de tous côtés, les chasseurs tirent des coups de fusil.

Dans le tertre qu'ils démolissent, retentit la cognée des bûcherons ; la bise souffle la fumée et la flamme des fourneaux du charbonnier.

Plus ne s'égare, en allant paître, sur la hauteur, le troupeau dans les landes ; le berger enferme ses brebis dans les claies : il accote la porte du bercail.

Les hommes, à l'abri, charpentent, et vident les flacons ; devant une meule de paille, est un beau cercle de filles qui babillent et tressent des guirlandes d'aulx.

Derrière les bois sans ombre et sans ramage, s'est caché le soleil ; dans les vignes grapillées et taillées, les femmes lient le sarment à faisceaux.

Les pauvres amassent des bûchettes et l'écorce des arbres pour leur foyer ; ils vont rôder par les villages, les métairies, las, en haillons, pieds nus.

A la fillette orpheline, maigrelette, donnez quelque chose : elle a faim ! Dans sa main pâlie et honteuse, laissez choir un morceau de pain.

De la fournée aux blonds quignons faites part à la veuve qui

---

(1) En provençal on appelle MIRAU miroirs, deux petites membranes luisantes et sonores que les cigales ont sous l'abdomen, et qui, par leur frottement, produisent le bruit connu sous le nom de chant.

pleure ; elle ne moud jamais farine, la malheureuse : jamais elle n'a du pain à cuire au four.

Le temps est noir, vers le sud... Quelle averse ! Il tonne, il pleut, le Rhône croît : la Mort marche, elle s'empresse ; de sa faulx elle fauche les jeunes et les vieux.

LXXXIV

CASSIS.

Je suis de Cassis, ville de mer et clef de France. Dans l'ombre pour vous tous est caché le nom de ma patrie ; mais, serait-il à mille lieues, nul de ses fils ne la renie, car *tel a vu Paris*, compagnons, *qui peut dire, s'il n'a pas vu Cassis : Je n'ai rien vu*.

Cassis est pauvre ; son terroir, trop montueux pour la charrue, seulement au hoyau se cultive en parcelles. Peu de troupeaux : ni prairie, ni regain ; peu de blé : néanmoins assez pour vivre ; peu de vin : de reste pour boire... Nous en embarquons même quelques tonnes sur la mer.

Car notre vin, et vous n'êtes pas sans avoir de cela connaissance, tellement est fameux que Marseille, lorsqu'elle veut faire un présent au Roi, demande aux Cassidiens ce qu'elle lui envoie : notre muscat, diaphane boisson, et nos faucons qui dans (l'île de) Rieu nichent par bandes.

Oh ! si vous en goûtiez ! L'abeille n'a pas de miel plus doux ; il brille comme un diamant limpide, et sent le romarin, la bruyère et le myrte qui recouvrent nos collines, et danse dans le verre... Certes, j'en viderais maintenant un flacon, si je l'avais.

Entre des rochers roux et blancs qui forment une crique en demi-lune, le front en plein midi et les pieds dans la mer, ainsi qu'une brune baigneuse qui se récrée à pêcher des girelles, Cassis, petite ville de pêcheurs, jette le *sardinal*, tire le *carrelet*.

A gauche de son étroite rade, se voit le cap Canaille ; à droite, s'entend gronder parfois, signal des nautoniers, un creux où la vague s'engouffre, chassant un vent qu'une autre issue dégorge : « *Martin souffle*, disent les pêcheurs, gare le grain ! »

En face de la luisante mer, sans cesse présente à ses yeux, de la mer, là-dedans, un petit peuple vit, toujours joyeux, quand elle est calme, toujours ému à ses menaces, et lorsque, blanchissante, elle se dresse, luttant gaillardement, à la garde de Dieu.

Je voudrais que vous les vissiez partir, les Cassidiens ! A peine se dissipent les dernières chaleurs de la journée, cent, deux cents bateaux ou barquerolles, tels qu'une bande de pluviers qui prend l'essor loin de la rive, gagnent, silencieux, et doucement, le large, sur les flots clapoteux.

Dans les petits travaux d'adresse qui, pour être achevés, demandent goût, main d'or et patience angélique, aux Cassidiennes il n'est pas d'ouvrières qui se puissent dire pareilles. Devant leurs portes, dans la rue, les unes tressent prestement des cabas,

Des cabas de sparterie, où l'onctueuse olive est entassée, lorsqu'on la passe des mâchoires de la meule aux serres du pressoir ; d'autres, piquant la fine toile, font le *boutis*, ouvrage divin qui ressemble à un pré, dont le givre broda de blanc les feuilles et les pousses ;

D'autres polissent le rouge corail que leurs époux, dans les gouffres farouches, vont ramasser en plongeant sous les flots, merveilleuse, vivante arborescence qui se plaît dans nos grottes marines... Les hommes partent donc, embarquant avec eux filets de toute sorte et câblières et cordelles.

Il y a du large pour tous ; entre eux ils se partagent les ondes : ceux-là exercent le *grand art*, et ceux-ci l'*art menu*. Filent d'abord les grands pêcheurs sur les *lahuts* (luths), et lorsqu'on voit, oblique, leur antenne choir, et pendiller les drisses sur le ventre creux

De la voile, et que le vent accorde bruit de cordages, cris de commandements, on les prendrait de loin pour de vrais *luths*... Ho de la grande voile ! Quand, disposée latinement, elle est tendue par ses trois angles, et qu'à brassées tirant, lâchant de poupe, ils déploient, attentifs,

De la *tartane* ou du *gangui* les longues ailes, nonchalant, à la grâce des brises, le navire s'en va, et parmi les algues branchues, richement colorées, gigantesques, à la dérive il entraine en silence une splendide meute de poissons de toute écaille.

Sous les falaises cueillant son butin, plus près des côtes s'éparpille la flotille menue ; tous égaux, bien d'accord, car l'abondance est fille de la paix, chacun se tient à sa distance et de chacun la station même échoit, au court fétu, à qui échoit le sort.

Bref, sur le clapotis des flots la nuit jette un réseau d'étoiles. Pour contempler l'éclat de ce divin palais, alors, soulevant l'algue lourde, le poisson, race innombrable, erre entre les pointes ; alors se lèvent, des profondeurs des mers, des monstres de toutes les formes.

LXXX

LE VER-A-SOIE ET L'ESCARGOT.

Un ver-à-soie paresseux, sortant de la seconde mue, était enfermé dans la litière des feuilles ; il fut jeté par la petite Marie sur un fumier, où le malheureux en souffrit de rudes ! Soudain, les poules, qui n'avaient pas soupé, arrivent affamées pour le dévorer. Le coq d'abord, le voit et le becquète ; puis il s'éloigne un peu pour s'en délecter.

Mais voici qu'un gros chien de la ferme voisine saute en jappant sur la gent volatile, le vermisseau tomba vivant, du bec d'une poule dans un endroit profond, et fut ainsi sauvé.

Quand il s'est un peu remis de ses meurtrissures, il y met tant de biais, qu'il parvient à sortir de son trou. Le grand air lui ouvre l'appétit; il épie aussitôt afin de voir si la feuillée ne verdit pas dans le voisinage. Il découvre un mûrier, quel contentement! ce n'est pas sans crier ahi! ahi! que le pauvret se traîne, s'enroule, s'allonge et va clopin-clopant; à le voir, vous diriez qu'il chasse à la tirasse. Puis, quand il faut se hisser sur le mûrier, oh! quels efforts! il est découragé pour essayer une aussi pénible entreprise.

Par bonheur, un escargot passe près de là, glissant avec lenteur sur un chemin argenté, ses cornes agiles se meuvent de tous côtés : « Joli petit escargot! Aie pitié de moi! lui dit-il, si tu veux bien m'aider, je grimperai sur cet arbre. Va, bien sûr, je te le rendrai; car je ne suis pas destiné à rester longtemps vermisseau. Un jour, je serai revêtu de la plus blanche hermine; tu me verras comme un citadin à coquille : j'épanouirai mon luxe dans un château resplendissant comme l'or, tout tapissé de soie; tu peux venir me trouver alors si tu es indigent! »

Notre petit escargot s'apprête lestement, il sait qu'en obligeant avec promptitude, on oblige deux fois. Le ver-à-soie, en s'efforçant, monte sur l'impériale de son char, et soudain, il y prend ses délices. Quand le chargement est fini, la bête compatissante échelle, ils arrivent tous deux sur l'arbre tant désiré; notre petit escargot pose bien doucement sa charge et avant de se séparer, ils se jurent amitié.

Après les remercîments, les adieux d'usage, chacun retourne à sa demeure; car il y a longtemps qu'ils n'ont rien goûté. Puis, sans que rien autre ne l'excite, le ver-à-soie fait deux sommeils à perdre la mémoire... Enfin, quand il est devenu couleur d'or, clair, rebondi, il attache bien ses bouts et file son cocon. Pendant que le parvenu se cache comme un dieu, le pauvre escargot ne connaît plus l'heure où l'on dîne; la grande sécheresse a causé la famine dans son pays. Que faire dans une telle extrémité?

Il s'en va implorer la compassion de ce ver-à-soie qu'il avait porté, tout malade, sur son dos.

— « Petit vermisseau, te souvient-il de l'escargot bienfaisant qui te sauva la vie autrefois? Ce n'est point une chose qui s'oublie, lui dit-il! là-bas, les pariétaires sont brûlées par le soleil, il n'y a plus un brin d'herbe à ronger... ne pourrais-tu pas m'assister?

Notre ver-à-soie ouvre la porte : « Qui m'appelle ainsi, s'écrie-t-il. Il n'y a pas de vermisseau dans la maison! la peste soit de l'escargot qui m'outrage et me ravale! Je suis un papillon, je suis un personnage important! tiens! voilà un coup de mon aile! tiens! voilà de la poudre d'argent!

Le pauvre escargot renferme alors ses cornes, et roule au bas du mûrier...

Combien n'y a-t-il pas de gens qui n'ont été jadis que des vermisseaux, et qui tournent ainsi le dos à leurs vieux amis, dès qu'ils ont pris un peu d'aile et qu'ils sont argentés !

LXXXVI

LES ESCLAVES.

— Oh ! quel bon soleil ! il resplendit éblouissant ! Au fond de nos fosses de toute l'année il n'entre pas ! Que le ciel est magnifique ! que la terre est chaude ! Ah ! pour l'heure nous voici échappés ! Pour ne plus souffrir, que faut-il faire ? Où êtes-vous, notre Sauveur ? car on vous dit arrivé.

Quelle file de gens ! — qui monte, qui descend, — de la crête des collines au bas du vallon. Tous portent quelque chose sur la tête ou l'épaule ; ils entrent dans une petite étable : marchons sur la même voie. — Et ils virent sur un peu de paille un joli petit nu et blond.

Qui est le maître, ici, dites, qui est le maître ? Quel est celui qui vient pour nous désenchaîner ? C'est toi, peut-être, bon vieillard ?... Si ce n'est toi, qui ce peut-il être ? Pour l'atteindre où faut-il aller ? — Pas bien loin ! Pour sauver le monde, il faut, auparavant, que trente ans il se cache, l'enfant né dans la bergerie.

— Quoi, c'est toi, pauvre enfant ! Et que viens-tu faire dans une méchante étable ? Et l'on dit que tu es Dieu. Mais de t'envoyer ainsi, à quoi songe ton père ? C'est vouloir la mort de son fils. Pourras-tu fuir la colère des Césars qui, maintenant, sur la terre, crient : — Tout cela est à moi !

Pour nous quel sort ! et il y a longtemps qu'il dure ! Mieux vaut être, à coup sûr, leurs chiens ou leurs chevaux ! Aux lamproies des viviers ils nous jettent en pâture, tout vifs, car nous sommes les esclaves ! Ah ! la mort ne vient que trop tardive ! Ce n'est jamais que dans sa nuit que nous trouvons quelque repos.

Puis arrivent les jours de grande réjouissance, jours de malédiction, qui n'ont point leurs pareils. De César, de son fils, on célèbre la naissance : enfants, hommes, jeunes filles, épouses, une foule désordonnée, dans l'amphithéâtre, à pleines arcades, gravit les énormes gradins.

La ville semble vide. Et tout le peuple guette : la bête d'Afrique attend la proie... Entendez-les hurler dans leurs cavernes de pierre ! La faim les torture, quel aiguillon ! On les lâche... La bataille, cependant que bâille César, écharpe l'esclave et le lion.

Nous sommes accablés de maux, nous sommes chargés de chaînes ; pour guérir tout cela que peux-tu, enfantelet ? Et pourtant si tu étais Dieu, cela te serait si facile !... Fais voir si tu l'es ou non ! — Aussitôt la Vierge Marie prend le Messie dans la crèche : les esclaves tombent à genoux.

— C'est moi, pauvres esclaves, qui suis votre Sauveur. Vos maux, je les savais ; quand ils vous ont frappés, je voyais tout de là-haut, et je dis à mon Père : — Ce qu'ils souffrent, je le veux souffrir. A cette heure, le monde attend ; laissez-moi descendre sur la terre ; mon Père, laissez-moi mourir !

Me voici ! Je suis venu porter vos misères et manger le pain noir de vos douleurs ; je suis venu vous signer du même baptême, du baptême de mon sang. Mais attendez que je grandisse, pour qu'un jour, homme, moi je souffre ce que je ne puis, encore enfant.

Aussi bien, je mourrai entre deux larrons ; sur la croix des esclaves, je mourrai cloué. Pour mère, sur ma croix, je vous donnerai ma mère : nous serons comme frères de lait ! — Et les esclaves tressaillirent, et dans l'étable, ils crièrent : — César, à toi de trembler !

LXXXV

LE PSAUME DE LA PÉNITENCE

I

Seigneur, à la fin ta colère lance ses foudres sur nos fronts ; et dans la nuit notre galère heurte sa proue contre les rocs.

Seigneur, par le fer des barbares tu nous fais hacher comme un beau blé ; et à notre défense pas un qui accoure, des escogriffes que nous défendions !

Seigneur, tu nous tords comme l'osier, et tu romps aujourd'hui tout notre orgueil ; et il n'est plus personne qui nous porte envie, nous qui, hier encore, faisions les fiers !

Seigneur, dans la guerre et la discorde se ruine notre pays ; et, sans ta miséricorde, se mangeront petits et grands.

Seigneur, terrible tu nous frappes ; dans un trouble effrayant tu brises notre puissance, et tu nous forces à confesser le mal passé.

II

Seigneur, des lois et voies antiques nous avions quitté l'austérité : vertus, coutumes domestiques, nous avions tout détruit, démoli.

Seigneur, donnant mauvais exemple être niant comme des païens, un jour nous avions fermé tes temples, et nous nous sommes ri de ton Christ saint.

Seigneur, laissant derrière nous tes sacrements et commandements, nous n'avons, brutaux, plus voulu croire qu'à l'intérêt et au Progrès !

Seigneur, nous avons, dans le ciel désert, voilé ta lumière de notre fumée ; et de leurs pères nus et chastes aujourd'hui les fils vont se moquant.

Seigneur, nous avons soufflé sur ta Bible avec le vent des faux docteurs ; et nous dressant tels que des peupliers, nous nous sommes, chétifs, déclarés dieux !

Seigneur, nous avons quitté le sillon, mis tout respect sous les pieds ; et du gros vin qui nous offusque nous souillons les innocents.

III

Seigneur, nous sommes tes enfants prodigues ; mais nous sommes tes vieux chrétiens : que ta justice nous châtie, mais au trépas ne nous laisse point !

Seigneur, au nom de tant de braves qui sont partis sans défaillir, et valeureux, dociles et graves, ensuite sont tombés dans les combats ;

Seigneur, au nom de tant de mères qui pour leurs fils vont prier Dieu, et qui, ni l'an prochain, hélas ! ni l'autre année ne les reverront ;

Seigneur, au nom de tant de femmes qui ont au sein un petit enfant, et qui, pauvrettes ! de larmes mouillent la terre et le drap de leur lit :

Seigneur, au nom des pauvres gens, au nom des forts, au nom des morts qui auront péri pour la patrie, pour leur devoir et pour leur foi !

Seigneur, pour tant de revers, pour tant de pleurs et de douleurs ; pour tant de villes ravagées, pour tant de sang vaillant et saint !

Seigneur, pour tant d'adversités, de massacres, d'incendies ; pour tant de deuil sur notre France, pour tant d'affronts sur notre front,

IV

Seigneur, désarme ta justice ! Jette un regard par ici-bas ; et enfin écoute les cris des meurtris et des blessés !

Seigneur, nous ne sommes pas les auteurs du mal : envoie ici-bas un rayon de paix ! Seigneur, viens en aide à notre Cause, et nous revivrons, et nous t'aimerons.

LXXXVIII

LES FOURMIS.

I

Entendez le coq qui chante ; c'est l'heure où l'on dresse les gerbes sur l'aire, l'aube va poindre ; si le soleil darde, aujourd'hui nous foulerons trois jonchées d'épis avant le coucher du soleil.

Allons ! donnez vite des gerbes ! prenez-les par la barbe, attaquez ferme cette meule ! Hardi, dressons ! hardi, foulons ! les hommes, les valets !

Pressées l'une contre l'autre, les gerbes sont debout : Bon Dieu, comme c'est chargé de grains ! La pointe de la faucille tranche tous les liens.... En avant ! vous pouvez dépiquer !

Anes, mulets et cavales, la *roue* ardente escalade.. et de tourner ! Et les gerbes hachées jaillissent à grands jets sous les pieds ferrés.

II

Chevaux et mulets de courir, les yeux bandés, l'écume au mufle ; si l'un s'abat, il faut qu'il se relève sous les coups de fouet. Aussi, dans le sillon, au bout de la longe, chaque bête tressaille et tout le sang lui bout, quand claque un coup de fouet. Ah ! hi ! ah ! hi !

Les fourmis folles, entre les fourches, entre les râteaux, jusque sous les fers des bêtes, vont chercher les grains les plus beaux.

L'une, d'aventure, rencontre une butte et pose son fardeau : la montée est rude ; il lui vient une aide et elle traîne encore.

L'une, toute fière, sur l'aire charrie un beau grain jumeau ; une autre l'arrête.... De patte et de tête, elles vont rampant.

Voilà la bataille ! Toutes sont en émoi... Peuple du travail et de la fatigue, peuple des fourmis, tu ne recules jamais !

Chevaux et mulets de courir, les yeux bandés, l'écume au mufle ; si l'un s'abat, il faut qu'il se relève sous les coups de fouet. Aussi dans le sillon, au bout de la longe, chaque bête tressaille et tout le sang lui bout, quand claque un coup de fouet. Ah ! hi ! ah ! hi !

Têtes rouges et noires, la chaleur les ébaudit, le peuple entier sort ; et bientôt deux armées, toutes furibondes, se heurtent à mort.

Pour faire la guerre, de leurs souterrains elles montent de toutes parts : longue traînée en queue de lézard, qui n'a pas de bout.

Toutes sont en campagne ! Autour des portes, aux bords du trou, il en est peut-être mille qui gardent la ville avec un général.

Les autres, fluettes, s'en vont à la mêlée sans fin, sans retard. Au soleil qui étincelle, luisent dans la poussière les noirs soldats.

Chevaux et mulets de courir, les yeux bandés, l'écume au mufle ; si l'un s'abat, il faut qu'il se relève sous les coups de fouet. Aussi, dans le sillon, au bout de la longe, chaque bête tressaille et tout le sang lui bout, quand claque un coup de fouet. Ah ! hi ! ah ! hi !

III

Mais l'épi est assez broyé, le long d'une haie, sous un gros mûrier, on mène les bêtes lassées, qui mangent au sac comme à un râtelier.

De la jonchée aplanie, le grand trident enfourche la paille à meulons, et le beau blé apparaît blond sur l'aire que nettoie le **balai des serviteurs.**

Que la moisson est belle ! Le grain blond s'accumule aux criblures encore mêlé : Soudain une main forte d'un coup de balai emporte fourmis et grains de blé !

Et dans les nuages farouches, le soleil large et rouge descend toujour plus bas : Aux bêtes l'avoine, aux hommes la salade, à tous du repos !

LXXXIX

PROMÉTHÉE.

I

Prométhée, antique statuaire de la Grèce, poëte du ciseau, merveilleux créateur, savait tirer du marbre et accomplir l'œuvre du corps humain dans toute sa beauté ; à la vue de ses œuvres on était émerveillé, ébloui !

La pierre, adroitement pétrie, s'incarnait sous ses doigts de fée doués d'une habileté prodigieuse. Son goût lui donnait le mouvement : les hommes avaient des nerfs, des muscles et de l'audace ; les femmes étaient des fleurs de grâce et d'amabilité. Le statuaire lui-même était ravi de voir devenir chair des blocs qu'il avait si bien taillés ; l'esprit seul leur manquait pour qu'ils eussent la vie. Le soleil était là-haut, répandant sa lumière dans les profondeurs du ciel, le soleil de feu qui pouvait faire sortir son œuvre de la nuit. Prométhée, dévoré d'inquiétude et d'envie, contemplait d'ici-bas la splendeur flamboyante.

« Un rayon pour mes enfants ! oh ! rien qu'un petit rayon, et
« ils pourront vivre et sentir, s'écriait-il, et surtout ils penseront !
« Je verrai dans ses belles livrées se produire l'essaim des idées
« comme des abeilles d'or, aux rayons du cerveau, butinant le
« parfum et le miel. Un rayon ! oh ! rien qu'un rayon ! et l'humble
« ouvrier, glorieux pourra voir son œuvre achevée. »

Les dieux restèrent sourds dans l'Olympe fermé.

« S'ils ne viennent pas vers moi, j'irai les trouver ; s'écria
« Prométhée, retranché dans son orgueil sublime ; j'aurai le feu
« du ciel ou que le ciel m'abîme ! Je ne crains ni l'ouragan, ni
« le tonnerre, ni l'éclair. Mon essor atteindra les plaines célestes.
« Je franchirai les remparts de ces cimes orgueilleuses ; je sai-
« sirai le char du soleil resplendissant ; j'apporterai dans ma
« main le rayonnement d'or, la chaleur immortelle dérobée à son
« foyer, et je viendrai allumer, lampe mystérieuse, l'esprit que
« je recueille dans le marbre ; et, belle comme le jour, nous
« verrons la pierre froide frissonner, tressaillir de joie, d'amabilité
« et d'amour. »

Enivré d'enthousiasme, emporté par l'audace, Prométhée ose affronter la face du soleil ; sans ressentir aucun trouble, sans baisser les paupières et fermer l'œil ébloui, il enjambe l'arc-en-ciel, et d'un élan s'élève vers les nuages effrayants pour rechercher la clarté blonde et vive ; il porte une main hardie au céleste flambeau et dépouille le soleil d'un rayon éblouissant. Oh ! cependant quelque chose oppresse son âme quand il ravit au soleil un jaillissement de son foyer, et pénétré d'effroi, il descend rapidement ici-bas ; hors d'haleine, il communique la flamme dérobée aux figures de pierre ou de marbre sculptés. L'étincelle subtile embrase tous les cœurs ; les figures, qui avaient la froideur de la mort, ouvrirent vite leurs veines au tressaillement de la vie lorsqu'elles ressentirent l'éclair de ce feu divin.

II

Et les dieux, qui sans cesse le regardaient du haut de leurs demeures, étaient stupéfaits de cet enchantement.

III

Quelle bénédiction ! quel miracle ! quelle effervescence ! quel spectacle ! tout respire et se meut sous un souffle divin : on voit les figures gracieuses prendre des tournures et se poser comme des êtres vivants, puis les yeux s'épanouir, puis les lèvres parler.

Quelle merveilleuse production ! vous diriez une couvée avancée qui tressaille, et piaule, et sautille au soleil : la grâce fleurit sur les lèvres, le sang colore la face, mille propos s'envolent dans l'air comme un ramage d'oiseau.

La hardie création, qui sort du rêve, sous le blond jaillissement de lumière, paraît toute enjouée ; elle s'échappe de cette lueur, dans son premier épanouissement, émerveillée et toute transportée du plus agréable enthousiasme, elle s'étonne de son existence.

IV

Mais les dieux jaloux, là-haut dans l'Empyrée, ont juré d'anéantir ce que l'homme a produit. Pour eux, Prométhée devient trop puissant, pénétrant dans l'Olympe élevé, il eut la témérité d'en scruter les mystères, et du feu céleste il anima la matière... Le ciel courroucé, terrible et vengeur, assemble les tempêtes et frappe le coupable ! L'éclair rapide jaillit en déchirant les nuages, et fait briller dans l'air ses serpents de flammes vives ; le tonnerre perçant l'obscurité où ils étaient cachés, renverse les gonds du monde épouvanté ; il précipite Prométhée entre les créatures aimées de son génie, et roulant dans les flammes livides, sous une pluie abondante, Prométhée va tomber au loin sur la pointe d'un roc.

Au loin, entre les cimes du Caucase, un escarpement affreux

s'élève comme une tour, portant jusqu'au plus haut du ciel la crête gigantesque d'un éternel glacier ; sans cesse le vent de la tempête y rugit en faisant frissonner les os jusqu'à la moelle, et, assourdissant les airs de son trouble! Les hulottes, les vautours, les chouettes, les sacres et les chauves-souris hantent le crépuscule et volent dans les ténèbres. Prométhée gît enchaîné sur ces hauteurs ; hiver, été, sans cesse l'infortuné se plaint. Son corps de géant recouvre le rocher, et sa large poitrine est ouverte, fumante, ensanglantée !

Un vautour, fouillant avec son bec crochu, fouillant sa douleur profonde, morcelle les entrailles de Prométhée, et puis il engloutit au fond de son gésier, la chair vive et saignante de chaque lambeau qu'il becquète avec rage. La chair grince sous les crocs aigus de son bec ; les gémissements de Prométhée attendrissent le roc.....

Quand la poitrine rongée est vide, les entrailles renaissent et, dans la poupe chaude du foie renaissant, le vautour replonge son bec crochu : et les entrailles ne peuvent se lasser de naître, et le vautour n'est jamais rassasié.

VI

Ce mythe cruel renferme une grande vérité : Prométhée, le sublime créateur ! vit toujours ; en ce bas monde, le génie est souvent un crime, et l'esprit qui veut conquérir l'étincelle qui brille au firmament, est forcé de lutter avec le temps, la jalousie et l'adversité.

Ce visage hideux et froid, ce monstre tordu et froncé, la maigre et soupçonneuse Envie dont la prunelle est injectée de sang, avec ses yeux de bête noire, que toute clarté éblouit, elle observe des profondeurs de son antre toute aile qui pousse aux épaules pour la mordre, toute voix qui chante pour l'étouffer !

Ainsi, les précurseurs qui découvrent les idées, ressentent dans leur cerveau le bouillonnement d'un reflux fécond de l'esprit créateur ; la matière en flot d'or comme un métal sautille dans le creuset... vient alors une secousse qui détruit l'espoir.

Dans le moule béant, quand l'ouvrage va se fondre, le moule fendu éclate au moment de se joindre et tout espoir est brisé.

Ainsi les penseurs sublimes, les inventeurs divins, ainsi tout génie créateur a son vautour dans la poitrine. Les envieux de la pensée, aveuglés par la lumière, les enchaînent sur le roc, rongent leur cœur et leur foie ; et continuellement dans la poitrine vide, le foie renaît entre leurs crocs.

Le vautour plane sur toute la terre meurtrie ; et partout, son cou hideux porte l'horreur ; il dévore les poitrines béantes où le génie étincelle. L'horrible vautour de l'Envie se démène, sombre et menaçant : le génie se lamente toujours ; car la tourmente est sans fin, et Prométhée, éternel.

XC

LES INNOCENTS.

TRILOGIE

I

LE CHIEN DE SAINT JOSEPH

Le soleil tourne, et tout le monde, hors des maisons, va chercher un peu de fraîcheur. Quels bons rires ! Voyez, ils font plaisir les petits enfants qui, au milieu de la rue, dansent une ronde en se tenant par la main. Un chien, continuellement, hurle, là-bas, d'un cri plaintif. Il fait trembler les mères, il arrête les enfants, son cri qui gèle les moelles !

— Pourquoi, mère, ce chien a-t-il aboyé ? — Je n'en sais rien ! Je ne sais pas ce que cela veut dire. — Oh ! quel effroi ! — Eh ! ne vous effrayez pas ; vous pouvez sauter, mes enfants, vous pouvez rire : dans le quartier, il n'y a pas de malades. — Et, de nouveau, le chien hurle, plaintif, de nouveau retentit comme un tonnerre sans éclair, son cri qui gèle les moelles !

— Il n'y a pas de quoi nous donner tant de peur. Ce n'est, après tout, qu'un chien dans cette étable ; on l'a enfermé : (il pourrait en devenir fou!) voilà pourquoi il fait un sabbat d'enfer! Ouvrez la porte, allez quérir la clef, et vous verrez s'il hurle encore. — Et on lui ouvre... et il jette, en bondissant du seuil, un cri qui gèle les moelles !

— Tiens ! c'est Labri, le chien de saint Joseph, qu'un pauvre pâtre amena des montagnes C'est bien cela, car il a, comme vous voyez, le museau blanc et la tête châtain. La nuit passée, en partant on l'a laissé, et d'ennui le chien hurle et se plaint, et je croirais pourtant que quelqu'un va trépasser, tant son cri gèle les moelles !

— Labri! Labri! criaient les enfants, faisons ensemble quelques cabrioles... Mais tu ne t'en soucies point, tu boudes ; peut-être as-tu faim ? Voilà du pain. — De leurs belles menottes, les innocents aussitôt l'ont caressé... Oh ! mais le chien hurle toujours plaintivement, et il les regarde, et il crie, et il ne veut rien manger, et son cri gèle les moelles !

— Labri! Labri! Mais tu ne nous connais plus? — Et chaque enfant, lors, s'émoustille, et fait des bonds pour lui sauter dessus, tire sa queue, se pend à ses oreilles... Toujours plus fort cependant crie le chien ; mais ce n'est pas pour rien qu'il hurle, plaintif : cet aboiement de chien est un aboiement de mort, aboiement qui gèle les moelles !

Là-bas, que vois-je ?... Est-ce de la poussière ou de la fumée, sur le chemin... C'est le tourbillon d'une armée. Entendez de loin croître le tremblement du sol. Voyez combien d'épées tirées ! Hommes et chevaux arrivent tout en nage. Et soudain le chien aux hurlements plaintifs partit hurlant au fond de Bethléem... Son cri gelait les moelles !

II

LE MASSACRE

Fermez à clef, accotez vos portes, car les brigands qui courent la campagne, vous ignorez, mères, où ils vont ? Cachez, ôtez de devant eux, et les berceaux et les enfants, emportez-les loin de ce lieu !... Ce sont les bourreaux envoyés par notre roi Hérode ! Ni larmes, ni cris ne les feront reculer.

Cachez les enfants de lait, mères, ils vont les égorger !

O mères, dans les rues, pour fuir, ne soyez pas lentes ; courez, fuyez sans défaillir : Bethléem va s'anéantir ! Sur votre cœur tremblant, serrez votre enfant qui sommeille ; étouffez avec la main ses cris, s'il vient à geindre ! Le grand massacre commence... N'entendez-vous pas hurler ?

— Où sont-ils, les enfants de lait ? Car nous voulons les égorger !

Brisons les portes barrées ! Un peu d'aide, camarades ! Dans la porte de cette maison, jouons, jouons de la hache ! — Il n'y a personne ! dit, sur le seuil, une femme toute blême. Mais la horde déjà montait dans la maison : — Dans les chambres d'en haut, nous avons ouï crier !...

Nous le voulons, ton enfant de lait ! nous le voulons pour l'égorger !

Oh ! quels coups ! quel combat ! Ils ne sont pas assez forts ; la mère est preste, elle a pris l'enfant ; mais le bourreau, qui tient la mère par les cheveux, frappe l'enfant, qui à la mamelle tirait encore une gorgée. Bon Dieu ! que son épée était bien aiguisée !... Et l'enfant roule, en deux tronçons, là-bas !

— Où y en a-t-il encore des enfants de lait, que nous allions les égorger !

Et, chose incroyable ! Hérode, à la nuit, vint voir si l'on avait égorgé tout l'essaim. Bethléem muet faisait peur ! De temps à autre, son pied, par le sol, se heurtait aux jambes d'un gars. Hérode, en marchant, disait ainsi : — Est-ce drôle de n'entendre, cette nuit, ni souffle, ni parole !...

Où sont-ils, les enfants de lait ? On les a égorgés tous !

O Roi ! à cette heure, tu es maître ! Que t'importe Bethléem qui pleure ? Que t'importe d'être couvert de sang ? Dis à tes bourreaux : Grand merci ! Dans ton palais, à ton loisir, va faire un somme sur l'hermine. Un jour, qui n'est pas bien loin, mangé par les vers, de ton siège si haut nous te verrons descendre...

Ils ne sont pas tous égorgés, Hérode, les enfants de lait !

III

LES LAMENTATIONS.

Nous sommes mères, nous ne pourrons jamais nous consoler. Ils ont massacré nos beaux enfants de lait ! — Aïe !

— L'enfant que j'aimais tant, l'enfant que j'ai allaité, que j'ai emmaillotté, dans mes bras ils l'ont égorgé ! — Aïe !

— Le mien, quoique non sevré, était déjà grand ; ses doigts se cramponnèrent à mon sein. — Aïe !

L'enfant criait d'effroi, et, d'un coup de couteau, le bourreau l'arracha de la mamelle ! — Aïe !

— Du mien avaient percé les deux premières dents... Pauvre enfant ! je suis couverte de son sang ! — Aïe !

— C'était mon beau prenier-né. Je luttai vainement,.. Ils l'ont foulé, sous leurs pieds ils l'ont écrasé ! — Aïe !

— Je suis veuve, et pour consolation, je n'en avais qu'un dans la maison, tout malade : ils lui ont donné le coup mortel ! — Aïe !

— J'en avais deux : ils étaient beaux, mes enfants, ils étaient blonds... Où sont-ils, mes pauvres petits jumeaux ? — Aïe !

— Nous ne les reconnaissons plus, tellement on les a transpercés ! Il faut chercher sans pouvoir les découvrir. — Aïe !

Et je cours de partout, je ne sais plus ce que je fais, et je m'en vais, regardant du nord, du midi ! — Aïe !

— Sans te voir, enfant, je ne veux pas m'en retourner... Où aller ? Moi, je ne puis plus marcher ! — Aïe !

Et pourtant, je voudrais bien encore t'embrasser, et bercer tes petits membres déchirés ! — Aïe !

— As-tu vu mes enfants ? — Je n'ai vu ni les tiens ni les miens : les mères n'ont plus de fils ! — Aïe !

— Nous sommes mères, et jamais nous ne pourrons nous consoler : ils ont massacré nos beaux enfants de lait ! — Aïe !

XCI

A LA GRANDE CHARTREUSE.

Grandement affamé des caresses du Christ, de la douce beauté des perfections divines, ici, Bruno chercha le grand trésor d'élite, la rare rose sans épines.

Ici où la Nature lance des rochers le mugissement des torrents et couve la tempête, en silence sublime, il trouva la haute Paix, et l'Allégresse du bon sage.

Car ému enfin par ce rauque fantôme, avec son vaillant cœur et une voix sévère, il s'écria : « Arrière, arrière, vils soins terrestres ! « A la flamme, ô ivraie !

« Vain or ! basse ambition ! ô fumée ! ô fange ! « séparez-vous vite de mon âme épanouie ! » Et soudain il entra au sentier rocailleux et dans l'ombre de l'horrible vallée.

Brûlés du même feu d'autres vinrent bientôt, indifférents au plaisir, se moquant de la gloire, et cette ville sainte, à la face du ciel, ils la bâtirent, chantant la victoire.

Et tels que des alcyons couchés sur les ondes, ils couvent, en méditant, au milieu des forêts de pins, blancs d'habit, blancs de cœur, comme la neige qui au loin revêt les hautes falaises.

Perdus dans l'Idéal, bienheureux, jour et nuit, ils portent penchées leurs joues rêveuses ; leurs genoux sont calleux ; leurs yeux limpides miroitent la belle sérénité du Seigneur.

Et enivrés de délices ils répandent sans cesse, ainsi que les fleurs suaves, des odeurs embaumées, ils répandent des splendeurs d'espérance et d'amour autour des portes étoilées.

Ils prient, ils chantent sans cesse, aussi bien, quand Août lance ses aiguillons sur le cloître étincelant, que quand l'orage balaie, sous les ténèbres de Janvier, la terre qui sommeille morne.

Ainsi, depuis mille ans, leurs refrains ont résonné, comme l'accord égal des grandes vagues purpurines ou la voix des étoiles...
Et, aujourd'hui, loin de périr, leurs chansons deviennent immortelles !

XCII

L'ERMITE DU VENTOUR.

Réginel poursuit des brigands sur le mont Ventour ; pendant ce temps sa sœur Annonciade vient à la maison paternelle, où elle prie avec sa vieille mère en attendant le retour du jeune héros. Elles voient paraître l'ermite de Sainte-Croix et lui demandent ce qui est arrivé dans la montagne. Il en fait le récit : impossible de s'imaginer les mauvais traitements qu'ils ont soufferts, lui avec Antonin le père d'Annonciade. Que sera devenu le vaillant Réginel devant lequel Oursan, chef de la bande, d'abord avait fui ? Annonciade et sa mère en sont désolées. Soudain, un brave vieillard Siffrein, réunit toute sa parenté, et ils partent pour la délivrance d'Antonin.

Il y avait cinq jours qu'elle était enfermée la malheureuse Annonciade ! cinq jours que son cœur subsistait de douleur. Aussi, quand l'aurore s'est levée, elle a ouvert sa fenêtre et vers la montagne a tourné ses beaux yeux pleins de mélancolie.

Là-haut, qu'a-t-elle vu, la pauvrette ? Des genêts elle a vu les fleurs blondes secouant leurs rameaux d'or d'une façon désespérée sous le souffle impétueux du vent. Et le vent qui, autrefois s'entendait soupirer à peine, tel qu'un doux chalumeau, aujourd'hui souffle à tout renverser !

Mais elle n'y tient plus, la blonde adolescente. Elle noue ses cheveux, se lace, et sans en parler à personne, va à la maison paternelle chercher des nouvelles de son frère. Elle arrive, et comme elle pose le pied sur le seuil : « A Dieu soyez, mère ! dit-elle. Eh bien ! du côté de la montagne

Nul n'est venu ? « Annonciade, répond la mère désolée, nous ne savons rien, vois-tu, nous sommes mourants ! voilà cinq jours qu'il est parti, mon bel enfant ! Ah ! sur ses traces j'irai, toute seule, s'il le faut, dussé-je y trouver la mort ! »

La pauvre vieille inclina son front pensif. Elle s'assit sous (le manteau de) la cheminée, sa main abandonna le fil et le fuseau, essuya ses yeux meurtris par les veilles. L'adolescente, vite ramassa le peloton et dit : « Ne pleurez plus, Réginel reviendra. »

Dans ses mains elle prit la quenouille, et comme elle avait l'âme pieuse, en filant le chanvre ainsi elle pria Notre-Dame-de-la-Chandeleur : « O mère de mon Dieu ! ton cœur fut accablé de sept douleurs, quand le bourreau crucifia

Ton fils sur le pic du calvaire ! Dissipe loin de nous l'orage ; Vierge des vierges, au nom de Jésus sur la croix, consolation des âmes en alarme ! » Et toutes deux ensemble : « Ayez pitié de nous ! » dirent-elles, en faisant le signe de la croix.

« Tous les ans, reprit la jouvencelle, j'apporterai une chandelle neuve pour la brûler devant vous... Je vous apporterai de la prairie les premières fleurs ! « Ayez pitié de nous ! » dirent-elles ensemble en faisant le signe de la croix.

En priant, du chanvre de sa quenouille, sa main fine et zélée faisait un joli fil roux..... Pauvrette ! elle prit l'air joyeux, et son cœur avait grand soif de larmes ! c'était pour consoler la mère. Et sur le rebord

De la fenêtre grande ouverte, en soupirant elle est allée... L'orage de la veille a reverdi les champs et rafraîchi la matinée. Il est neuf heures au soleil. Déjà dans les landes, des pâtres on n'entend plus ni les flûtes ni les chants.

Aussitôt que le soleil donne, le troupeau chôme, se réunit, et, la face contre terre, sous les pins silvestres, le pâtre dort. La jeune fille regardait le Ventour immense, nu et muet. Il y avait deux ou trois aigles là-haut comme cloués dans l'azur.

Mon Dieu ! mon Dieu ! disait-elle, comme il est désert, le sentier où nous voyions aller et venir les charbonniers ! Et les clochettes de leurs mules, maintenant nous ne les entendons plus ! Tout est mélancolie ! Mon Dieu ! si Réginel aujourd'hui revenait !...

« Qui peut savoir où il est à cette heure ? S'il savait que sa mère pleure, pauvret ! il reviendrait, tant son cœur est tendre... Si je l'appelais ? Le temps est doux, il m'entendrait. Mais non, il est loin, parce qu'il a juré de ramener mon père mort ou vif ! »

Et elle demeure muette. Et sur le sentier elle regarde si personne ne passe. Et personne ne bouge là-bas. Il y a quelques papillons ; le soleil dans les branches tamise et verse dans la vallée l'or de ses purs rayons, et le fil de la Vierge ondoie et brille là-haut.....

Mais tout à coup le merle siffle, et deux perdrix épouvantées passent venant du côté du Ventour. Mère, dit la jeune fille joyeuse, Dieu fera que nous le verrons de retour aujourd'hui. Voyez, quelqu'un va paraître là-bas au détour (du chemin).

Car, juste de là se sont levées deux perdrix rouges effrayées. Ah ! si c'était Réginel ! Faites-le, ô mon Dieu ! Annonciade a les mains jointes. Priez un peu pour moi, saint Loup, patron de Murs ! Ah ! s'il ramenait mon père ! » Ainsi la mauviette,

Cherchant l'ombre claire de l'arbre qui a fleur cendrée, jette un cri dolent... Aussitôt sur le sentier, là-bas, loin comme une étoile, il semble que quelqu'un vient. — Mon Dieu ! il porte le deuil ! il est vêtu de noir, et son front vers la terre

Tout pensif, est incliné ! Grand saint Elzéar, sainte Delphine, couple pieux, grands saints, patrons du Luberon, sortez-nous de l'obscurité ! » disent les femmes. Et puis, la tête à la fenêtre, elles regardent le pèlerin qui dévale des montagnes.

— « Bah ! dit l'adolescente, c'est notre ermite ! au moins s'il pouvait, puisqu'il l'habite, nous dire s'il n'a point vu Réginel dans le Ventour... Et, tenez, mère, il se devine que j'ai brisé mon chapelet, il y a quelques jours ; je vais le lui faire raccommoder ; cela le mettra de bonne humeur...

— « Hé ! l'ermite, comme vous passez vite ! » — « Belle enfant, jamais d'ici je ne passe sans donner le bonjour à Siffrein. Adonc permettez que je quitte un instant le sentier, et si cela vous agrée, je boirai à votre cruche un filet (d'eau) du frais surgeon. »

— « Dieu vous préserve de boire l'eau crue du puits du lierre ! Entrez, asseyez-vous ; posez votre besace sur le pétrin. Malédiction ! quoique nous ne soyons pas riches, nous avons un verre de vin et un morceau de pain frais à vous offrir, bon pèlerin. »

Elle dit cela la jeune fille, d'une voix harmonieuse, doucette comme un chant de la mésange gaie et jolie qui se suspend à la ramée. — « Oh ! comme il y a longtemps que je n'ai ouï un aussi doux parler, répond l'ermite exténué.

« Voilà six mois et trois semaines que je n'ai entendu que les vents cisalpins, et les cris des aiglons sur les pics altiers. Je n'ai vu passer que les orages qui lancent grêle, éclairs et tonnerres épouvantables. Car tel que vous me voyez, j'arrive de Sainte-Croix (1).

La jeune fille, pâle en se dressant comme une branche nouvelle, lui dit : « S'il est bien vrai que vous veniez du Ventour, si vous descendez de la chapelle (de Sainte-Croix), vous devez, dans votre

---

(1) Sommet du Ventour.

voyage, avoir vu sur les cimes nos gens de Saint-Trinit, qui depuis cinq jours

Dans la montagne sont allés chercher un malfaiteur dont le pareil ne s'était jamais vu ! Il a brûlé Verdolier comme un tas de feuilles mortes. D'effroi, ma mère est encore dans le lit ! Sainte Mère de Dieu ! que nous voulait-il donc ?

La maison en feu, dans la lande nous nous sommes sauvés, pâtres et maîtres, tous ensemble, moitié nus ; ici nous arrivons croyant y trouver le bien-être... Mais, comble de douleurs ! c'est ici que nous apprenons que, si le malheur est grand, c'est que Dieu y consent !

— Voilà six jours que de mon père personne ne nous parle. Pauvret ! Il partit le matin avec sa grosse hache, car il était las de ne plus rien faire. Il s'en alla dans le bois nous abattre des fagots pour nourrir les brebis, les chèvres et les taureaux,

L'hiver quand il fait si froid, qu'il gèle à pierre fendre et que les lieux abrités sont couverts de neige. Depuis, personne ne l'a revu. Et moi, je cours comme une folle, et mes cris ne font qu'épouvanter les perdrix ! O mon Dieu, dis-moi s'il est dans ton paradis !

Et Réginel — j'en suis sûre — que vous avez entendu louer sur les cimes, pour sa vaillance et aussi pour son bon cœur, lui que l'amour du bien excite, s'est mis tout de suite à la recherche avec les cent plus forts de nos charbonniers. Ils sont, hélas ! peut-être tous morts ! »

Cela disant, elle se couvre la figure avec son tablier, et, fontaine d'amertume, son œil si serein, si limpide, verse à flots des pleurs. La mère avec sa fille chérie mêle alors ses sanglots et les rochers des alentours, les forêts et les vallées redisent leurs clameurs.

Voyant cela, le brave ermite se lève et dit : « Je vous visite pour vous dire où sont vos gens. Car, bonnes femmes, il se devine (hélas ! pour mon malheur !) que, cinq jours durant, j'ai vu de près les brigands... Mais j'aperçois là-bas Siffrein,

Mon brave et vieil ami, qui arrive. De la fosse son pied touche le bord : il est comme moi, pauvret ! Et cependant sa hache renverse encore les hauts peupliers. ... Eh bien ! où en sommes-nous Siffrein ? J'apporte la consolation dans ta demeure, car je descends de la montagne.

J'ai tout vu, et je veux te le dire. » — Que le bon Dieu te bénisse ! Parle, je mettrai dans ta gourde du bon vin, du pain dans ta besace. Que j'entende encore une fois son nom ! Dis-moi le chemin qu'il faut suivre, et bien que je tienne quatre-vingts ans,

A travers monts et vallées, je volerai comme si j'avais des ailes pour le rejoindre. Où es-tu, ô mon fils ? Cela disant, de ses épaules il décharge sur le sol le tronc d'un if gigantesque, qui, lorsqu'il était encore debout, dominait les nues.

Alors, il s'assied, et notre ermite ainsi leur conta son voyage : —
« Cette lune touchait à son premier quartier. J'allais vendre mes
bimbelots, la besace sur l'épaule et la gourde au bâton. Lorsque je
vis dans la combe un troupeau.

De mille têtes, et sans pâtre ! Holà ! jamais chose pareille sous
l'astre, je me dis, ne s'était vue !.. Et je poursuis mon chemin à
travers ravins, rocs et menthes sauvages. Comme j'arrive aux Trois-
Croix (il était grand matin), je vois, licol au vent, trois mulets qui
des ronces

Tondent les pousses... Point de maître encore ! Diable ! je dis,
qu'est-ce que cela pourrait bien être ? Mais, malheur à mes os ! ce
que c'est, je l'apprends vite. Soudain sortent de la lande trois
estafiers hardis comme jamais peut-être pareils ne s'étaient vus
sous la cape du soleil.

Ils me renversent sur le sol, me meurtrissent, me tordent jambes
et bras, m'attachent avec un simple bâton à la manière des pâtres.
Puis, non contents, les gueux me lancent un coup de pied chacun,
et la face contre terre m'abandonnent et gagnent la cime des monts.

D'ici vous voyez l'affreux supplice que je subis tout le jour.
Envain, je crie au secours ! L'écureuil des noyers m'entend, mais
il s'en moque. Je souffre de faim et de soif. Pour comble, une
fourmilière vient m'attaquer la figure ! Alors, mon Dieu, il fallait

Qu'au bord d'un abime je pusse me traîner, et me précipiter. Les
fourmis m'entrent dans les yeux, dans la bouche, le nez ! Envain
je me tors et me roule : plus je remue, plus il me semble que (des
épines) d'argousier s'enfoncent dans mes chairs. Ainsi dans la
lande,

Enflé, couvert de meurtrissures, le ventre sur le dur rocher, sans
pouvoir remuer, mourant de soif et de faim, tout un jour dans telle
posture, ils me laissent martyriser. A l'heure où sur les pics géants
la nuit s'assied, les brigands arrivent,

Me délivrent... à coup de bâton, ils me font aussitôt marcher
devant eux comme une bête de somme. Je vais les yeux fermés.
Alors, j'entonne le cantique du grand saint Gens l'ermite. Jusqu'à
minuit nous allons dévalant les ravins, gravissant les pics.

Puis nous arrivons à la caverne d'où personne jamais ne retourne. Mais le croirez-vous ? je me trouve tout à coup dans une
baume vaste et sombre où je vois Antonin, ton père, belle enfant !
Et l'un de ces misérables à grands coups de verge

Le faisait travailler au pilon. Je le reconnais aussitôt le voir, et
je m'avance pour lui parler, mais je reçois un soufflet, mon Dieu !
qui m'éblouit ! « Arrière ! » me crient les bourreaux. Et sous le roc
qui forme la caverne sombre, j'avance de quelques pas :

Là, comme à ton père, ils me font battre la poudre avec le pilon,
nuit et jour, sans pouvoir prendre haleine un instant. Ils nous
laissent à peine le temps, pauvrets ! de ronger, sans boire, un morceau de pain. Cependant des levrauts, de beaux antenois

Rôtissent devant la braise, et les goujats les dévorent et boivent selon leurs désirs de pleines urnes de vin. Sans cesse ils se divertissent de la sorte, et sans cesse nous autres au travail sans fin nous devons nous massacrer. Passent un jour, deux, trois, cinq !..

Le sixième jour de mon martyre, je ne puis me tenir de dire à mes hideux bourreaux leurs quatre vérités : « Race de loups ! et de pis encore, je leur crie, vous osez de la sorte, d'un vieillard qui fait pitié, rire, malheureux que vous êtes. Cela n'est que prêté.

« Chacun aura ce qui lui revient, je vous le dis, foi d'ermite ! La vengeance arrivera, tenez-vous-le pour dit ! comme la flamme ressuscite, quand une brise favorable souffle sur le brasier, tels, hardis se lèvent contre moi les lâches bandits..

Mais, je les cloue en un clin d'œil : « Malheur, je leur dis, si quelqu'un bouge, à la poudre je suis prêt à mettre feu ! Sortez d'ici, et que les rameaux des hêtres superbes que le Siroco ébranle, en vous voyant passer, fassent retentir les rochers.

Criant du haut des nues qu'ils déchirent : « Voilà les gueux d'Oursan qui passent ! Allons, allons, hors d'ici ; ou bien je frappe le silex. » Aussitôt, les lâches se traînent le long du roc, tremblant peureux comme des renards, et sans ajouter un mot, ils sortent sur le seuil.

Mère de Dieu, vierge Marie ! quand tout ce ramassis fut hors de la caverne, avec enthousiasme nos bouches agonisantes, car nous nous mourions de faim, dévorèrent tout d'abord le baiser fraternel qui part du fond du cœur !

Le pauvre Antonin alors ne fait que dire : Mon Dieu, pourquoi du plus grand des malheurs, à la fin de mes jours, es-tu venu me surcharger ? Et il me raconte son martyre. Il me disait comment vous vous étiez sauvés, lorsqu'un bruit du dehors vint l'interrompre.

Je me lève aussitôt, et vers la porte bouchée par une touffe de clématite je m'avance à pas de loup. Que vois-je, grand Dieu ? Je vois toute la séquelle d'Oursan, armée de haches, de frondes, de fusils, et soufflant tous comme salamandres et la sueur coulant à fil.

Sous un vieux chêne qui s'élève devant la caverne, et que tous les vents déchaînés ensemble ne pourraient ébranler, s'asseyent les bandits. Mais, malheur ! voici ce que dit un grand vieux éclopé, qui est cependant le mieux harnaché de la troupe :

« Hommes, si vous avez dans le ventre le feu du tonnerre, vous le ferez voir à Réginel le fou, qu'Oursan vous amène de là-bas. Cependant j'ai un pressentiment : nous aurons grand'peine à dompter l'homme qui à tour de bras lance d'un val à l'autre de tels blocs de rochers !

Vite, apprêtez vos carabines, collègues ! car sur l'échine du mont Ventour, dénudé, je vois Oursan arriver avec Réginel qui le traque. Voyez-les dans le lointain L'étourneau est tombé dans notre piége, aïe ! aïe !... » Et comme le reflet

Du soleil le contrarie, il étend sa main ras de ses sourcils et braque ses yeux, et tous font comme lui. Un long moment des oisillons s'entendent les chants joyeux dans l'ombrage des rameaux... Soudain un grand cri fait retentir les cimes.

Oursan, que Réginel poursuit, refuse le combat, et se blottissant derrière la bergerie du *Gerbaud* pour arrêter celui qui le chasse furieux, la frende en main et le front altier, il jette ce cri qui fait retentir tous les rochers :

« Pitié, Réginel, grâce ! Oursan fera retentir l'espace en chantant tes louanges et ta grande vaillance. A tes pieds, je courberai mon front et les arroserai humblement de mes larmes. Ah ! laisse-moi la vie, enfant du mont Ventour ! »

Comme s'ils étaient fouettés avec des orties, colères comme des fourmis qu'un enfant espiègle détourne du travail, effrayés comme les épis d'un champ de blé mûr quand le vent cisalpin souffle, aïe ! aïe ! tels sont les estafiers. L'arme au poing, tous se lèvent

Pour secourir le misérable qui a jeté ce cri épouvantable... Alors j'appelle Antonin, et je lui dis : « A l'instant, il faut partir. Brigand ni diable ne peuvent nous arrêter. Tout-à-l'heure en écoutant j'ai ouï dire que Réginel arrivait triomphant. »

Pauvre Antonin ! aussitôt que j'ai nommé celui qui remplit votre cœur, vierge de Verdolier, il se dresse ravivé et m'embrasse en pleurant. Mais voilà cinq jours qu'il se meurt de faim : quand il veut marcher, ses jambes, à chaque pas, fléchissent.

Ne voyant pas d'autre parti à prendre, sur mes épaules, vite, pauvret, je le charge, et nous nous sauvons !... O Ventour ! qu'ils sont grands tes écueils. Comme ton air est pur ! Qu'il est bon de respirer, de courir en plein soleil, quand, cinq jours de suite, on a avec l'orteil

Sucé la roche humide et sombre, et qu'on n'a eu dans la caverne, pour reposer son front, que le lit de la douleur, et que la faim a détourné le sommeil et que vous avez dévoré votre rage et que vous avez bu vos larmes ! Comme il est suave, ton soleil, ô Ventour !

Cependant, nous arrivons sans encombre (si ce n'est la peine que mes jambes ont d'en porter deux) ,jusqu'à la bergerie de Mian. Une fois là, le tonnerre flamboie sur les rocs, l'orage avec des grelons se déchaîne affreux et tord les frênes gigantesques.

Vite, nous rentrons dans la bergerie pour nous abriter de l'orage. Alors je couche Antonin sur un lit fait de branches de lavandes et de thyms. Puis, comme la claie ne se ferme pas au verrou, je la bâcle avec un rocher pour nous garder des loups.

Cependant le soleil bientôt brille encore. J'éveille Antonin qui sommeille : « Allons ! nous sommes en partance, notre ciel est de nouveau serein ! » Mais lui, plus sage, me conseille de partir seul, car parmi les buissons il ne pourrait cheminer. Je suis son conseil.

Je lui laisse une petite gourde et deux beaux pains de pur froment. Je le couvre de lavandes, et puis, avec des branches, je l'abrite de tous les vents. Et comme la claie ne ferme pas au verrou, je la bâcle avec un rocher pour le garder des loups.

Et, braves gens, il n'est point nécessaire que maintenant je dise le reste. Je marche depuis hier vers la fin du jour, et voilà comment vous me voyez arriver ici des cimes du Ventour, pour vous donner l'espérance et sécher vos pleurs.

Aussitôt qu'il a dit, Siffrein se lève et s'écrie : Il en est encore temps ! Je vais jusqu'aux *Michouilles*, et, s'il le faut, jusqu'à *Aurel :* dans la plaine qu'on laboure, je compte quinze neveux ou germains, qui ont eux aussi la force et la vaillance, comme Réginel.

Je vais leur conter ce qui se passe. Cette nuit, ni le tonnerre, ni l'orage ne pourront nous arrêter. Nous serons à la bergerie de Mian. Et, vive Dieu ! la méchante race des scélérats verra pour le coup ce que nous valons !!! Et l'ermite, en faisant le signe du chrétien,

Dit : « Que le bon Dieu nous bénisse, et qu'il disperse les méchants ! Siffrein, je te suivrai. Le noyer des Peytrauds pendant longtemps dira aux ravins comment deux vieillards prennent le Ventour d'assaut. » Adonc, ils s'arment chacun d'une grande hache,

Et partent...... Alors sur la colline, d'une fille affolée et d'une pauvre mère, ont retenti les cris !... O vous qu'un pur amour désole, ô femmes qui voyez le bonheur en vos enfants, de tels cris dans vos cœurs auront un écho !...

XLIII

LE MÉDECIN DE CUCUGNAN.

I

C'était un médecin qui en savait long, car il avait beaucoup appris ; et pourtant, dans Cucugnan, où, depuis deux ans, il s'était établi, on n'avait pas en lui confiance. Que voulez-vous ? on le rencontrait toujours un livre à la main, et les Cucugnanais se disaient : Il ne sait rien de rien, notre médecin ; sans discontinuer il lit. S'il étudie, c'est pour apprendre. S'il a besoin d'apprendre, c'est qu'il ne sait pas. S'il ne sait pas, c'est un ignorant.

On ne pouvait pas les tirer de là...

Ils n'avaient pas confiance en lui.

Un médecin sans malades est une lampe sans huile. Il faut pourtant gagner la misérable vie, et notre pauvre homme ne gagnait pas l'eau qu'il buvait.

II

Il était bien temps, certes, que cela finit.

Un jour, pour en voir la fin, il fit dire dans tout Cucugnan que sa science était si grande, et si puissante, et si souveraine, qu'il était capable, non-seulement de guérir un malade, — ce qui était un jeu d'enfant, — mais de ressusciter un mort, ce qui peut s'appeler un beau miracle de Dieu ! — Mais, oui, un mort, disait-il, mort et enterré !... Et je le ressusciterai quand on voudra, en plein jour, en plein cimetière, *coram populo !*

III

Ah ! peu de Cucugnanais le crurent. Les incrédules, pourtant, se disaient : Que risquons-nous de le mettre à l'épreuve ? Il faut le voir à l'œuvre : à l'œuvre, on reconnaît l'ouvrier. Il peut réussir : c'est un homme qui a tant lu !... Et l'on fait, à l'heure présente, tant de belles inventions ! Peuh ! s'il fait le miracle, nous battrons des mains. S'il le rate, nous le huerons. Qu'il en ressuscite un seul ! Là nous verrons s'il a tété du bon lait.

Bast ! il fut convenu que, le dimanche suivant, midi sonnant, M. le Médecin, en plein cimetière de Cucugnan, devait ressusciter un mort, deux s'il le fallait. Mêmement, il y eut des femmes qui dirent neuf ou dix.

IV

Donc, bien avant l'heure dite, ce dimanche-là, le cimetière fut plein comme l'église, à la messe du beau jour de Pâques. La répétition de midi n'avait pas sonné encore que M. le médecin, fidèle à sa promesse, arriva, de noir tout habillé. Il eut assez de peine et assez il joua des coudes pour se frayer un chemin vers la Croix et se faire une place sur le piédestal.

Là, il salua, essuya son front, et :

V

— Mes amis, dit-il, je vous ai promis de ressusciter un mort : je tiendrai ma parole, je vous le jure, main levée. Voyons ! et silence !... Il ne m'est pas plus difficile, à dire vrai, de ressusciter Jacques ou Jean, que Nanon ou Babé, que Claude ou Simon... Voulez-vous que je vous ressuscite.... Simon ? Comment l'appeliez-vous donc ?... Simon Cabanié, mort d'une mauvaise pleurésie, il y aura bientôt un an.

— Excusez, M. le médecin, dit Catherine, veuve du pauvre Simon. Assurément c'était un brave homme, il faisait mon bonheur, et je le pleurerai tant que Dieu me conservera les yeux de la tête. Mais, ne le ressuscitez pas, voyez-vous ! En effet, vienne la fin du mois, je quitterai le deuil, car on veut me marier avec Pascal-le-long. D'aujourd'hui en huit, on nous publiera, dispense de deux bans. J'ai reçu les présents (de noces).

— Ah ! vous faites bien de m'en prévenir, Catherine. Eh bien ! alors, ressusciterons-nous Nanon aux cheveux rouges, que l'on enterra le beau jour de la Chandeleur ?

— Gardez-vous en bien, M. le médecin ! s'écria Jacques Lamèle. Nanon était ma femme, nous avons vécu dix ans ensemble, dix ans de purgatoire, tout Cucugnan le sait. Une têtue, Monsieur, et paresseuse, et querelleuse, et avec ça, les mains percées, et une langue ! une langue de serpent, Monsieur, qui aurait fait battre la sainte Vierge et saint Joseph. Et je suis loin de tout dire.

— Mais, pourtant, mes amis...

— Excusez-moi si je vous interromps, M. le médecin. Femme morte, chapeau neuf. Comme Nanon me laissa trois enfants, qui, assurément, ne ressemblent pas à leur père, et comme — vous le comprenez — je les avais sur les bras, je me suis remarié. Il est donc fort inutile....

— Ça va bien Je comprends. Il est évident que ce serait un horrible martyre pour toi, si tu avais deux femmes dans ta maison ! Il y en a assez d'une... Eh bien ! alors, je ressusciterai... car, finalement, il faut bien que j'en ressuscite un.... Tenez, le brave Maître Pierre.

— Maître Pierre du Mas-vieux ? dit Félix Bonne-poigne.

— Lui-même.

— Ah ! mon pauvre père !... Que Dieu le repose, M. le médecin !.. Un saint homme, assurément ! Gardez-vous bien de le ressusciter, car, s'il revenait à la vie, il trouverait nos affaires assez embrouillées, et il en aurait le cœur percé, lui qui, *pecaire!* aimait tant à nous voir d'accord ! Nous nous sommes partagé, après bien des rixes et un gros procès, après nous être pris aux cheveux, quelques petits morceaux de terre, par là. Nous sommes six, quatre garçons et deux filles. Nous avons tous beaucoup d'enfants, et chacun tire de son bout et tourne l'eau à son moulin ; et, allez ! il n'y a personne de bien cossu, dans la famille.....

— Il ne sera donc pas possible.....

— Pardon !.. si vous nous le ressuscitiez, il faudrait faire, entre nous, une pension au pauvre vieux, rien de plus juste. Mais les années sont si mauvaises, M. le médecin ! Vous le savez, les vers-à-soie ne font que des chiques (s'ils font quelque chose !) les vignes ont la maladie, les blés n'ont rien fait, les olives ont le ver, il ne pleut pas, la garance se donne....

— Eh bien ! soit ! nous laisserons dormir Maître Pierre... Mais, comme je ne suis pas venu ici pour enfiler des perles, et vous tous pour me regarder faire, je réveillerai... Qui voulez-vous que je vous réveille ?

— Gathone ! réveillez-moi ma Gathone, s'écrie alors une brave femme, en pleurant comme une Magdeleine.

— Non ! non ! M. le docteur, dit une jeune fille... Ah ! ma belle vierge ! que tu as bien fait de mourir !.. Avant de mourir, elle me dit tout.. Nous lui mîmes ensuite sa robe blanche, et des fleurs sur la tête. Elle ressemblait à une mariée. En terre bénite laissez-là !.. car, son fiancé vient d'en épouser une autre...

— Pauvre, pauvre Gathone !... Voyez-vous, tout cela commence à m'ennuyer. Je vais finalement réveiller le Besuquet, qui avala sa langue en mangeant des coquillages, il y a un mois environ.

— Je ne veux pas, moi ! je ne veux pas ! cria Louiset, les deux bras en l'air. Il m'avait vendu sa vigne et son *masel* à fonds perdus. Je lui en ai payé plus que la valeur, dix ans consécutifs, en beaux écus blancs, et il ne lui a jamais manqué un sol. Il me faudrait lui payer encore sa pension ? Ce ne serait pas juste, M. le médecin !

— Tu m'en diras tant !... Eh bien ! soit.. .voyons .. j'en sais un qui mourut, ne laissant ni femmes ni enfants, ni frères ni sœurs, mais l'exemple de toutes les vertus, et qui légua ses quatre sous à votre hôpital : votre bon curé, qui tant vous aimait et que vous pleurâtes tant ! et qui fit, pour l'amour de vous, il vous en souvient, un si rude voyage dans l'autre monde, cherchant, pauvre pèlerin ! cherchant dans tout coin et tout recoin, ses Cucugnanais, et les trouvant tous, tant qu'ils étaient, aïe ! malheur ! dans l'enfer tout ouvert. Le ressuscitons-nous ?

— Non pas, non pas ! s'écrièrent, l'une d'ici, l'autre de là, quelques dévotes du gros grain. Non ! non ! M. le médecin...

— Car, dit Mademoiselle Rousseline, mère de la Congrégation, il était vieux, ah ! pauvre ! et sourd comme un pot, bien tant que, quand je me confessais, si je lui parlais figues, il me répondait raisins. Laissez-le dans la gloire de Dieu ; car enfin, nous avons à cette heure un curé jeune, plein de bonne grâce ; il est brave comme un sou ; et il chante comme un orgue, prêche comme un séraphin et mène sa barque comme on doit la mener..,

— Que vous dirai-je ?... Puisqu'il en est ainsi, tournons-nous d'un autre côté. Je vois, là, devant moi, une petite croix de bois : on dirait que l'herbe fleurie et les petits escargots blancs ont voulu en dérober au regard la triste couleur noire, tant, partout, petits escargots blancs s'y sont collés, et tant, à son entour, a grandi et fleuri l'herbe. C'est le tombeau d'un enfant de lait ; il avait dix mois quand il mourut, l'épitaphe le dit. Le ressusciter, ce serait dommage : il est bien heureux d'être mort, de ne pas vivre dans un monde où l'on entend..... ce que vous me dites, mes amis ! Si pourtant vous voulez que je le ressuscite, je le ressusciterai tout de même.

— M. le docteur, dit alors en pleurant une pauvre vieille femme, ce petit mort est nôtre, hélas ! et je suis sa mère-grand ; ma fille ne l'avait pas sevré encore, et il perçait ses dents de l'œil, quand, *pecaire !* il mourut. Ah ! si vous aviez vu comme il était beau, notre nourrisson ! Dieu nous l'a repris. Eh bien ! soit faite sa volonté !... Voyez-vous, nous en avons maintenant un autre qui tète. Dieu fait bien ce qu'il fait, et il nous rend d'une main ce que, de l'autre, il nous prend. Ne le ressuscitez pas, car nous ne pourrions pas en allaiter deux, et nous sommes trop pauvres pour le mettre en nourrice.

VI

Alors le médecin :

— Assez pour aujourd'hui, dit-il. Puisque vous ne voulez pas que nous opérions maintenant le miracle, j'essaierai de l'opérer un autre jour, non pas en ressuscitant un trépassé, car cela m'est véritablement impossible, vous le voyez, mais en protégeant la vie contre les assauts de la mort. Adieu !

Et il s'éclipsa.

VII

Qui ne vous a pas dit que, depuis ce mémorable dimanche, notre médecin fit des miracles dans Cucugnan ! Il ne ressuscita pas les morts, mais il sauva la vie de plus d'un. Les Cucugnanais eurent en lui grande confiance, car enfin, s'il ne tint pas sa promesse, au cimetière, ce n'est pas lui, soyons justes, qui en fut cause.

Et c'est la belle fin de mon histoire.

XCIV

LES SAINTES.

Les saintes Maries racontent comment, après la mort du Christ, ayant été livrées à la merci des flots avec plusieurs autres disciples, elles abordèrent en Provence et convertirent les peuples de cette contrée. — La navigation. — La tempête. — Arrivée des Saints proscrits à Arles. — Arles romaine. — La fête de Vénus. — Discours de saint Trophime. — Conversion des Arlésiens. — Les Tarasconais viennent implorer le secours de sainte Marthe. — La Tarasque. — Saint Martial à Limoges ; saint Saturnin à Toulouse ; saint Eutrope à Orange. — Sainte Marthe dompte la Tarasque et ensuite convertit Avignon. — La papauté à Avignon. — Saint Lazare à Marseille ; sainte Madeleine dans la grotte ; saint Maximin à Aix ; les saintes Maries aux Baux. — Le roi René — La Provence unie à la France. — Mireille, vierge et martyre.

« L'arbre de la croix, ô Mireille, était encore debout sur la montagne de Judée : baigné du sang de Dieu, dominant Jérusalem, il criait à la cité coupable, endormie là-bas dans l'abîme : Qu'as-tu fait, qu'as-tu fait du roi de Bethléem ?

« Et des rues apaisées ne montaient plus les clameurs retentissantes ; le Cédron seul se lamentait au loin et le Jourdain mélancolique allait se cacher aux solitudes pour exhaler ses plaintes à l'ombre des lentisques et des verts térébinthes.

« Et le pauvre peuple était triste, car il reconnaissait son Christ dans celui qui, sortant de la tombe, était venu se montrer vivant à ses disciples, et, laissant à Pierre les clefs de son royaume s'était comme un aiglon envolé dans le ciel !

Ah ! qu'on le plaignait, dans la Judée le beau charpentier Galiléen, le charpentier aux cheveux blonds, qui captivait tendrement les cœurs avec le miel des paraboles et nourrissait la foule assemblée sur les collines avec l'abondance du pain azyme ; qui guérissait les lépreux et ressuscitait les morts.

« Mais les docteurs, les rois les prêtres, la horde entière des vendeurs que le Maître avait chassés de son temple saint, se disaient en murmurant. « Qui retiendra la multitude, si dans Sion et Samarie, la lumière de la croix n'est promptement éteinte. —

« Alors la rage des Juifs s'envenima, et le sang des martyrs fut répandu, alors saint Etienne était lapidé, saint Jacques expirait par l'épée ; d'autres étaient écrasés sous un bloc de pierre !.....
Mais sous le fer ou dans les brasiers, tous criaient en mourant :
« Oui Jésus est fils de Dieu !

Et nous, frères et sœurs de Jésus, qui le suivions quand il parcourait la Judée, nous fûmes exposés à la fureur des flots sur un léger navire sans voiles et sans rames ; les femmes versaient un ruisseau de larmes et les hommes portaient leur regard vers le ciel.

Déjà, déjà nous voyons fuir, les bois d'oliviers, les palais et les tours, puis les cimes du Carmel qui disparaissaient à l'horizon. Tout-à-coup un cri se fait entendre, nous nous retournons et sur la plage, nous apercevons une jeune fille. Elle élevait ses bras.

En nous criant avec ardeur. « Oh ! emmenez-moi dans la batelée, maîtresses emmenez-moi ! Pour Jésus moi aussi, je veux mourir de mort amère ! » C'était Sara notre servante ; et maintenant tu la vois dans le ciel avec son front qui resplendit comme une aube d'avril.

L'aquilon nous pousse au large avec violence ; mais Salomé que Dieu inspire a jeté son voile aux vagues de la mer. O puissante foi ! la jeune fille sur l'eau, qui sautille bleue et blonde, vient du rivage à notre frêle embarcation.

Et l'aquilon la poussait, et le voile la portait. Lorsque pourtant nous vîmes disparaître tour-à-tour dans la brume éloignée les cimes de notre doux pays, quand la mer nous entoura de son immensité, ah ! il faut l'éprouver pour la connaître, l'amertume profonde que nous ressentîmes en ce moment.

Adieu ! adieu, terre sacrée ! adieu nation maudite qui bannis tes justes et crucifies ton Dieu ! Désormais tes vignes et tes dattes seront la pâture des lions fauves, et tes murs deviendront le repaire des serpents monstrueux ! Adieu, chère patrie ! adieu adieu !

Le vent de la tempête chassait le bâteau sur la mer assombrie : Martial et Savournin sont agenouillés sur la proue ; le vénérable Trophime, pensif, s'enveloppe dans son manteau ; l'évêque Maximin est assis auprès de lui.

Debout sur le tillac, Lazare qui conservait encore la pâleur mortelle du tombeau, semblait affronter les mugissements de l'abîme ; avec lui la nef perdue emmène aussi Marthe et sa sœur Madeleine inconsolable dans sa douleur.

La nef, poussée par les démons, conduit Eutrope, Sidoine, Joseph d'Arimathie, et Marcelle, et Cléon ; tous appuyés sur les tolets, au silence du royaume bleu, faisaient ouïr le chant des psaumes, et nous répétions ensemble : *Laudamus te Deum.*

Oh ! comme la nacelle glissait rapidement sur les eaux scintillantes, il nous semble entendre encore le bruit de la tempête, et voir tourbillonner l'embrun de l'abîme, puis l'écume des flots se dresser en colonnes légères qui s'évanouissaient au loin comme des esprits.

Le soleil s'élevait de la mer puis il disparaissait à l'horizon, et toujours poussés au gré du vent, nous errions sur la vaste plaine salée : mais Dieu nous préserve des écueils, car sa Providence nous destine à porter sa loi sainte aux peuples provençaux.

Un matin surtout, le ciel était calme ; nous voyons fuir la nuit avec sa lampe à la main, comme une veuve matinale qui va cuire au four sa rangée de pains ; l'onde aplanie comme une aire battait à peine les bords de notre esquif.

Dans le lointain, se forme un sourd mugissement ; il approche, il gronde épouvantable et nous pénètre de terreur, ces hurlements redoublent et nous restons glacés d'effroi ; notre vue seule aussi loin qu'elle pouvait s'étendre, guettait les flots.

Et sur les eaux tourmentées, la rafale s'approchait rapide, formidable ! autour de nous, les vagues étaient tranquilles, et comme un présage funeste, par une puissance inconnue, elles tenaient la barque immobile ; soudain, au loin, une montagne liquide se dresse à une hauteur effrayante.

La mer agitée, couverte de sombres nuages poussait des gémissements affreux et, à la course, fondait sur nous ; subitement nous sommes précipités au fond d'un gouffre, puis sur la pointe des vagues nous revenons mourants, épouvantés.

Ah ! quel bouleversement ! quelle frayeur ! des milliers d'éclairs sillonnent l'obscurité, et coup sur coup éclatent d'épouvantables tonnerres. Tout l'enfer se déchaîne pour engloutir notre nacelle. La tempête siffle, gronde avec plus de violence, et dans la tourmente, nos têtes allaient frapper contre le pont.

Tantôt la mer nous hisse au sommet de ses houles ; tantôt elle nous précipite au fond des noirs abîmes où errent les phoques, les paons-de-mer et les grands requins ; là nous entendons les plaintes lamentables des naufragés que l'onde entraîne sans cesse, hélas !

« Nous nous vîmes perdus. Une vague énorme furieuse s'abat sur nos têtes et Lazare s'écrie : Mon Dieu, toi qui m'as retiré du sépulcre, aide-nous ! la barque tombe ! ce cri, comme l'essor du ramier, fend l'orage et vole jusqu'aux cieux.

Du haut palais où il triomphe, Jésus l'a vu, sur la mer gonflée par l'orage. Jésus voit son ami, son ami qui va être enseveli sous le flot ; ses yeux nous contemplent avec une pitié profonde. Soudain à travers la tempête jaillit un long rayon de soleil.

« *Alleluia !* sur l'onde amère nous montons et descendons encore, et ruisselants, et harassés, nous vomissons l'amertume. En même temps l'effroi s'évanouit, les lames fières se dispersent, les nuées au lointain se dissipent, la terre verdoyante éclot de l'éclaircie.

« Longtemps les vagues nous ballottent avec des chocs affreux ; puis elles se courbent enfin devant la mince nef, sous un souffle qui les calme ; la nef comme un colymbe sille entre les brisants et perce avec sa quille de larges flocons d'écume.

« La barque touche à la rive sablonneuse. *Alleluia !* Prosternés sur l'arène humide, nous nous écrions : Tu nous a sauvés de la tempête, nous voici prêts à soutenir ta loi jusqu'au martyre, ô Christ ! nous le jurons.

« A ce nom de joie la noble terre de Provence paraît tressaillir ; les forêts et les landes ont tressailli dans tout leur être ; ce pays glorieux, a reconnu son maître, il le reçoit, avec l'enthousiasme de sa foi nouvelle.

« La Providence nous offrit pour apaiser notre faim les coquillages que la mer avait jetés ; elle fit jaillir une fontaine limpide pour étancher notre soif, et cette source miraculeuse coule encore dans l'église où sont nos ossements.

« Animés par la foi qui nous enflamme, nous prenons aussitôt la berge du Rhône, cheminant au hazard et le long des marais ; puis joyeux, nos regards découvrent les sillons que la charrue a tracés, et au loin sur les tours d'Arles, nous voyons flotter l'étendard des Empereurs.

Et à cette heure tu es moissonneuse, Arles ! immortelle cité, couchée sur ton aire, tu rêves avec amour à tes gloires anciennes ; tu étais reine alors et mère d'un peuple de marins si riches que le vent mugissant ne pouvait traverser l'immense flotte de son port.

Rome te couvrait de monuments bâtis en pierres blanches : elle avait couronné ton front de tes grandes Arènes aux cent portes ; princesse de l'empire tu avais, pour charmer tes caprices et varier tes plaisirs, les pompeux Aqueducs, le Théâtre, le Cirque et l'Hippodrome.

Lorsque nous entrâmes dans la cité, la foule s'empressait d'accourir au Théâtre ; nous montons avec elle ; au milieu des palais à l'ombre des temples de marbre. Le peuple avide de spectacle s'élançait, comme le torrent qui rugit dans les ravins à l'ombre des érables.

O malédiction ! ô honte ! sur la scène du Théâtre, au son langoureux de la lyre, un vol de jeunes filles tournoyait, et sur un refrain que répétaient en chœur leurs voix stridentes, en danses ardentes elles se tordaient autour d'un bloc de marbre qu'elles nommaient Vénus.

L'ivresse populaire leur jetait ses clameurs et tous répétaient : Chantons Vénus, la grande Déesse, de qui toute allégresse vient, chantons Vénus, la souveraine, la mère de la terre et du peuple arlésien.

L'idole au front superbe, couronnée de myrte, paraissait s'enfler d'orgueil et voiler sa divinité dans un nuage d'encens, lorsque indigné de cette impudence, le vénérable Trophime interrompant les danses et les cris profanes, en levant ses deux bras sur la foule stupéfaite, s'écrie d'une voix forte :

« Peuple d'Arles, écoute ma voix, écoute au nom du Christ. Le silence succède à ces paroles de Trophime ; au froncement de son grand sourcil l'idole chancelle, gémit et se précipite du piédestal ; avec elle les danseuses sont tombées d'effroi.

« Il n'y a qu'un cri, on n'entend que hurlements : La multitude s'engouffre vers les portails du temple et répand l'épouvante dans la cité ; les patriciens laissent tomber leurs couronnes, et les jeunes arlésiens furieux nous environnent et nous menacent ; au même instant mille poignards étincellent dans l'air.

« Cependant, la vue de nos vêtements où le sel s'était figé, l'aspect de Trophime dont le front serein portait une auréole d'une céleste clarté, et Magdeleine bien plus belle que leur froide Vénus, tout cela les fit un instant reculer.

Aussitôt le vénérable Trophime s'écrie : Arlésiens, écoutez mes paroles ; après, faites de moi ce que vous voudrez. Peuple d'Arles, au nom du mien ton dieu fragile s'est brisé ; n'attribue pas une telle puissance à ma voix : nous ne sommes rien.

Le Dieu qui a brisé ton idole n'a point de temple bâti sur la colline ; mais la nuit et le jour ne voient que lui sur les hauteurs du firmament ; sa main sévère pour le crime s'ouvre généreusement à la prière. C'est lui seul qui a fait la terre, c'est lui qui a fait le ciel et la mer et les monts.

Un jour, de sa demeure élevée, il a vu son bien dévoré par de hideux insectes ; il a vu l'esclave boire jusqu'à la lie la coupe de ses pleurs et de sa haine ; et personne n'est venu le consoler. Il a vu le mal s'asseoir sur les autels en répandant ses funestes doctrines.

Et pour purifier de telles souillures ; pour mettre fin au long supplice de la race humaine attachée au pilori, il nous a envoyé son Fils, pauvre, humilié, et le Christ est descendu dans le sein d'une vierge ; il est né sur du chaume !

O peuple d'Arles pénitence ! et reconnais ton Sauveur ; nous l'avons suivi dans les plaines qu'arrose le blond Jourdain, nous l'avons vu, dans sa blanche robe de lin, au milieu d'une foule avide, répandre les célestes enseignements de sa doctrine, et témoins de ses miracles nous pouvons te les affirmer.

Il nous disait : Aimez-vous tous comme des frères, il nous parlait de Dieu tout-puissant et infiniment bon, du royaume de son père que ne sera point pour les trompeurs, les orgueilleux, les usurpateurs, mais dont la jouissance est promise aux petits, aux simples, à ceux qui pleurent.

Et il confirmait sa doctrine en marchant sur la mer ; d'un seul regard il guérissait les infirmes ; les morts à sa voix revenaient, malgré le sombre rempart de la tombe ; voyez Lazare, enseveli depuis trois jours, il éprouvait la corruption du tombeau..... mais pour ces bienfaits merveilleux, enflés de jalousie,

Les gouverneurs de la nation juive, l'ont condamné à une mort ignominieuse ; abreuvé d'amertume, accablé d'outrages, chargé d'une pesante croix il a gravi la montagne du Calvaire ; des juges iniques l'ont cloué sur un bois infâme, puis l'ont élevé dans l'espace en le raillant..... Grâce ! grâce ! s'écria tout ce peuple en sanglotant.

Grâce ! grâce ! que devons-nous faire, pour désarmer le bras de Dieu, parle homme divin, parle, et s'il veut des victimes nous lui offrirons une hécatombe ! Le saint se prosternant répondit aussitôt : « Immolez-lui vos délices coupables ; immolez-lui vos passions et vos vices.

Non, Seigneur ! ce qui te plaît ce n'est point l'odeur du sang, ni le râle des victimes, ni les temples de pierre, mais tu préfères le morceau de pain que l'on présente à l'affamé, ou la jeune vierge qui, douce et craintive, vient offrir sa chasteté comme une fleur de mai.

La parole céleste comme une huile sainte coula des lèvres du grand Apôtre ; les pleurs ruisselaient de tous les yeux ; les infirmes et les plébéiens attachés à la glèbe, baisaient pieusement sa robe ; les idoles renversés couvraient les dalles du temple.

Alors en témoignage, Sidoine l'aveugle-né, raconte aux Arlésiens comment Jésus l'avait guéri, Maximin parle du Christ ressuscité et enseigne la nécessité de la pénitence pour devenir ses disciples... Arles ce même jour se fit baptiser !

Mais tel qu'un vent rapide, qui chasse devant lui les flammes d'un feu d'émondes ; l'Esprit de Dieu nous pousse vers d'autres pays. Et voici qu'au moment de notre départ, une ambassade empressée tombe à nos pieds, et nous supplie. Envoyés de Dieu, disent-ils un instant, veuillez bien nous entendre.

Le bruit de vos merveilles et de vos oracles est parvenu jusqu'à notre malheureuse cité ; elle nous envoie vers vous, exténués de fatigue, obsédés par des craintes mortelles ; un monstre avide de sang humain et de cadavres, un fléau de Dieu, ravage nos bois, nos ravins et désole nos campagnes..... Ayez pitié !

La bête a la queue d'un dragon, les yeux plus rouges que le cinabre ; son dos est couvert d'écailles et d'une rangée de dards qui font peur ; son mufle ressemble à celui d'un gros lion, et six pieds humains soutiennent son corps agile. Dans sa caverne, située sous un roc qui domine le Rhône, elle emporte et dévore tout ce qu'elle peut rencontrer.

Chaque jour quelqu'un de nos pêcheurs devient sa proie. Hélas ! et les habitants de Tarascon se prennent à pleurer ; sans hésiter Marthe s'écrie : J'irai avec Marcelle, le cœur me presse de courir vers ce peuple et de le délivrer.

Nous nous embrassons pour la dernière fois sur la terre, et nous nous séparons dans l'espérance de nous revoir au ciel. Martial devint l'apôtre de Limoges, Toulouse fut confiée à Saturnin, et dans Orange la pompeuse cité des Romains, Eutrope le premier jeta la semence du christianisme.

Mais toi, où vas-tu douce vierge ? Armée de la croix et d'un simple aspersoir. Marthe d'un air serein marchait droit à la Tarasque : les Barbares ne croyant pas qu'elle eût la force de se défendre, montèrent sur les pins des environs, pour être spectateurs de ce combat singulier.

Oh ! si, éveillé en sursaut, harcelé dans son antre, tu avais vu bondir le monstre ! vainement il se tord sous l'ondée sainte ; en vain il siffle, souffle et grogne ; Marthe avec une mince laisse de mousse, l'enlace et l'amène s'ébrouant..... Le peuple tout entier, courut pour adorer sa libératrice.

« Qui es-tu ? la chasseresse Diane ? disaient-ils à la jeune chrétienne, ou la chaste Minerve ? Non, non leur répondit la jeune fille, je ne suis que la servante du Seigneur, et aussitôt elle les instruit et, avec elle devant Dieu, ils fléchirent le genou.

De sa parole virginale Marthe frappa la roche avignonaise. Et la foi en jaillit avec tant d'abondance, que les Clément et les Grégoire viendront y puiser avec leur saint calice ; et Rome, là-bas, septante années en trembla pour sa gloire.

Cependant, une renaissance mystérieuse s'accomplissait dans la Provence, et l'hymne qui s'en élevait réjouissait Dieu. N'as-tu pas remarqué, dès qu'il est tombé quelques gouttes de pluie, comme tout arbre et toute plante relèvent vite leur gai feuillage. Ainsi tout cœur brûlant courait se rafraîchir.

Toi-même, altière Marseille dont le regard est sans cesse dirigé vers la mer ; toi que rien ne peut distraire d'un tel spectacle ; en dépit des vents contraires, tu ne songes qu'à l'or enfermé dans ton sein ; mais à la parole de Lazare, tu abaissas les yeux et tu vis ta corruption dans toute son horreur.

Et dans l'Huveaune qui s'alimente avec les pleurs de Magdeleine, tu lavas devant Dieu ta hideuse immondicité. Aujourd'hui tu relèves la tête. Avant que la tempête souffle, souviens-toi dans tes réjouissances que les pleurs de Magdeleine baignent tes oliviers !

Collines d'Aix, crêtes abruptes, vieux genièvres de la Sambuque, grands pins, dont la verdure couvre les escarpements de l'Estérel, vous *morvens* de la Trevarèsse, redites-nous de quelle joie vos vallées tressaillirent quand passa Maximin précédé de la croix.

Mais vois-tu dans l'éloignement cette jeune femme qui serre ses bras blancs contre son sein, en priant au fond d'une Grotte? Ah! pauvre infortunée! ses genoux se meurtrissent à la roche dure; elle n'a pour tout vêtement, que sa blonde chevelure, et la lune la veille avec son pâle flambeau.

Et pour la voir dans la grotte, la forêt se penche et fait silence, et des anges, retenant le battement de leur cœur, la considèrent par une interstice, et lorsque sur la pierre ses pleurs tombent en perles, en grande hâte ils vont les recueillir et les verser dans un calice d'or.

Assez! assez, ô Magdeleine! le vent qui respire dans le bois, t'apporte depuis trente années le pardon du Seigneur; la roche elle-même, baignée de tes larmes pleurera éternellement, et tes pleurs éternellement sur tout amour humain, comme un vent de neige, jetteront la blancheur.

Mais du regret qui les consume, rien ne consolait la malheureuse, ni les petits oiseaux, qui pour être bénis, au Saint-Pilon nichaient en foule, ni les anges qui sept fois le jour, l'enlevaient dans leurs bras, et la berçaient au-dessus des vallons.

A toi Seigneur, à toi revienne toute louange! puissions-nous te contempler à jamais, dans la splendeur de ta vérité : pauvres femmes exilées! mais enivrées de ton amour, nous avons nous aussi répandu quelques rayons de ton irradiation éternelle.

Collines des Baux, Alpines bleues, vos mornes, vos aiguilles, garderont à jamais de notre prédication le souvenir gravé dans la pierre. Aux solitudes paludéennes, au fond de l'île de Camargue, la mort nous allégea de nos jours de labeurs.

Comme en tout ce qui tombe, l'oubli cacha bientôt nos tombeaux; alors la Provence chanta, le temps courut, et de même qu'au Rhône la Durance perd à la fin son cours, le gai royaume de Provence dans le sein de la France à la fin s'endormit.

France, avec toi conduis ta sœur, dit son dernier roi, je meurs, dirigez-vous ensemble, là-bas, vers l'avenir; à la grande œuvre qui vous appelle.... Tu es la force, elle est la beauté ; vous verrez la nuit rebelle fuir devant la splendeur de vos fronts réunis.

Réné accomplit ce beau fait. Un soir qu'il sommeillait dans son lit de plumes, nous lui montrâmes le lieu où étaient nos ossements : le roi accompagné de douze évêques, suivi de ses pages et de sa brillante cour vint sur la grève et trouva nos fosses sous les salicornes.

Adieu Mireille, l'heure s'enfuit, nous voyons la vie trembloter dans ton corps comme une lampe qui va s'éteindre. ... Avant que l'âme la quitte, partons mes sœurs avec empressement! vers les cimes célestes, il est nécessaire que nous arrivions avant elle ; hâtons-nous, il est temps !

Préparons lui des roses avec une robe de neige. Vierge et martyre en sa fleur, la jeune fille va mourir ! fleurissez-vous célestes avenues ! saintes clartés de l'Empyrée, épanchez-vous devant Mireille ! Gloire au Père et au Fils et au Saint-Esprit.

FIN.

Avignon. — Imprimerie-Aubanel frères. — 1876.

En préparatio

Première et Deuxième Partie Cours

OUVRAGES QUI COMPLÉTERONT CETTE NOUVELLE MÉTHODE
D'ENSEIGNEMENT DU FRANÇAIS

1º Traduction en provençal de Télémaque et fragments traduits des plus beaux poèmes épiques de la littérature universelle.

2º Epopée provençale.

www.ingramcontent.com/pod-product-compliance
Lightning Source LLC
Chambersburg PA
CBHW070540160426
43199CB00014B/2310